KB201079

구원의 사중국면

The Four-fold Aspect of Salvation

구원의 시작에서 완성까지

Salvation : Its Beginning to the Completion

초기 구원
충만한 구원
계속적 구원
궁극적 구원

右星 손택구
김상인 편집

예수교대한성결교회 총회

우성(右星) 손택구 목사 약사

우성(右星) 손택구 목사는 1920년 10월 23일 강원도 철원에서 순교자 손갑종 목사의 아들로 태어났다. 우성의 부친이셨던 순교자 손갑종 목사는 경성성서학원을 졸업하고, 개성을 초임지로 시작해 강원도 철원, 경기도 안성, 충남 은산교회 등에서 목회를 한후 1943년 하나님의 부르심을 받았다. 어려서부터 성결교회 목회자인 아버지를 통해 성결한 삶과 충성된 삶을 가르침 받은 우성은 일평생을성결의 증인으로 살아갔다.

우성을 회고하는 사람들은 "손 목사님은 말과 글로만 성결을 강조하신 것이 아니라 그의 삶 자체가 거룩한 삶으로 우리에게 믿음의 본을 보여 주셨다"고 전하고 있다. 이렇듯 우성은 1952년에 군산 해망동교회와 1973년에 서울 신광교회를 개척해 청빈과 진실, 체험적 신앙생활을 실천한 목사였다.

우성은 서울신학대학교의 전신인 서울신학교와 서경대학교 전신인 국제대학교 영문과를 졸업했다. 이후 미국 Asbury Theological Seminary에서 M.Div. 학위 취득 후 Kansas City College and Bible School에서 학위 받고(S.T.D.), 성결신학교 교수와 교장, 성결교신학대학원 교수로 재직하면서 후학양성에 매진하며, 한국보수주의신학회 회장과 예수교대한성결교회 총회장을 역임했다.

우성을 기억하는 사람들은 그의 신행일치(信行一致)의 삶 때문에 성결인으로 불렸다. 이는 성결한 삶을 살아내기 위한 치열한 자기 부정과 자기 헌신이 있었기에 가능했을 것이다.

우성은 "신약성경 중 사도 바울이 쓴 서간서의 중심 내용은 신자들이 성결한 생애를 살아야 한다는 권면의 말씀이며, 사실상 성경 66권 전체의 핵심은 하나님이 거룩하신 것 같이 그의 자녀들도 거룩해야 한다" 것을 강조하고 가르치며 그렇게 살아갔다.

우성은 평생을 사중복음의 선포자로, 특히 스스로 성결의 삶을 삶으로써 전파하면서 헌신했다. 그는 회고록에서 "우리가 언제나 사중복음을 말할 때, 이론적 · 신학적 · 교리적으로 설명하고 이해하는 것도 필요하지만, 무엇보다 각자의 일상생활에서 체험적으로 「성서적 실천적인 성결의 삶」을 실행하는 것이 더 중요하다." 라고 강조했다. 이처럼 우성은 실천적인 성결 신학자로 성결교단의 스승으로 삶을 살아간 목회자로 기억되고 있다.

추천사

소크라테스의 가르침은 그의 제자 플라톤에 의해 훌륭한 작품으로 세상에 소개되었습니다. 우리의 영원한 스승이신 예수님의 생애와 교훈도 그의 제자들에 의해 기록되었습니다. 우성 손택구 목사님의 신학사상도 제자들에 의해 정리되고 출판하게 되었으니 감사한 일입니다.

인생여정의 마지막 부분에서 평생을 모아왔고 귀중하게 보관하던 서적과 그동안 심혈을 기울여 작성한 교안(教案)이며 써왔던 원고를 어떻게 처리할까? 하는 것이 적지 않은 걱정거리입니다. 우성 선생님의 이런 걱정을 덜어드린 제자가 김상인 목사입니다.

우성 선생님은 일제시대를 사셨던 분이시기에 일본어는 물론, 미국 유학을 하셨기에 영어를 유창하게 구사하시면서 애독하시던 책도 한글로 된 것 외에 일본어와 영어로 된 귀중본이 많았을 것입니다. 버리기엔 아깝고 또 누구에게 주어도 활용도가 낮고 처치 곤란한 물건이 될 확률이 많은 것이 사실입니다.

우성 선생님께 신학을 배운 제자로 한국과 미국에서 학문적 성취를 이룬 학자로 교수활동을 하며 많은 저서를 낸 분이 김상인 박사입니다. 김 박사의 노력으로 스승님께서 넘겨주신 자료들을 정리하여 우성의 신학사상의 요체라 할 수 있는 '구원의 사중국면' 을 출판하게 되었습니다.

신학의 양대 산맥이라 할 수 있는 칼빈신학과 웨슬리 신학에서 예정과 선택의 문제는 첨예한 대칭을 이루고 있습니다. 예수교대한 성결교회는 헌장의 제2장 신조, 제3절 사람, 제15조에서 “자유의지에 대한 인정 여부로 말미암아, 극단적 ‘예정설’과 ‘예지예정설’과의 차이가 생기게 되는데 「성경」에 일관된 사상인 자유의지를 인정하는 우리는 또한 ‘예지예정설’을 인정한다.”고 우리의 신학적 입장을 밝히고 있습니다.

그러나 인간의 ‘자유의지’와 하나님의 ‘예지’에 관하여 그리 많은 논의를 하지 못한 것이 사실입니다. 칼빈신학에서는 타락 후 인간은 자유의지는 소멸되었고, 하나님의 예지와 예정은 같은 내용이라고 가르칩니다. 우성 선생님께서는 많은 부분을 할애하여 자유의지와 예지에 관한 문제를 다루고 계십니다. 그리고 구원의 첫 단계인 중생으로 시작해서 성결한 삶을 강조하고 신유와 재림에 이르기까지 구원의 네 가지 국면을 소상히 밝히고 있습니다.

교실에서 받은 신학수업 외에 물려받은 자료를 정리하여 김 목사님이 우성 신학의 핵심인 「구원의 사중국면」을 출판하게 되었으니 웨슬리 알미니안 신학의 특징인 하나님의 예지예정과 인간의 자유의지에 대한 이해와 더 깊은 연구가 이어지기 바랍니다. 편집의 수고와 출판을 위해 물심간 봉사하신 이들에게 감사하면서 은사님의 신학사상이 출판됨을 축하합니다.

2024. 5.

(전) 성결대 총장 성기호 목사

추천사

우리 예성교단은 사중복음 신학을 기초로 한 믿음의 생활을 강조하고 있습니다. 초창기 믿음의 선배들은 힘든 고난의 일상을 보내면서 이 땅에서의 삶의 어려움을 극복하려는 신앙심으로 천국을 사모하는 가운데 재림의 주님(Christ Our Coming Lord)을 기다렸습니다. 그런가 하면, 지금과 달리 육신의 질병을 치료할 만한 병원이 부족했을 때, 성령이 충만하여 의료적 처치보다는 치유하시는 하나님 앞에 기도로 고침을 받으려는 신유(Divine Healing) 복음을 사모하였습니다. 이에 더하여 성결교회는 회개와 구원의 복음을 외치면서 성결의 복음을 선포하는 교단입니다. 사실 성결의 복음을 설교하고 말하는 것이 쉬울 수 있으나 성결한 삶을 산다는 것은 쉬운 일이 아닙니다. 더욱이 성결의 삶은 인간의 의지와 수양으로는 가능한 삶이 아닙니다. 도덕적인 삶은 될지언정 하나님이 요구하시는 성결한 삶을 어렵습니다. 이러한 딜레마에 대해 고민하는 우리에게 왜 성결의 삶이 필요한지, 성결의 삶이 어떤 삶인지에 대한 이론적 설명은 가능하지만, 성결의 삶을 실천한다는 것은 쉽지 않습니다. 또한 성령 충만함으로 성결의 은혜를 받았을지라도 그 은혜를 유지하는 것 역시 인간의 노력으로 어려운 일입니다.

본서를 읽으면서 재차 알게 되고 은혜를 받은 부분은 우성 손택구 목사는 고집스러울 만큼 성결의 은혜를 반복적으로, 지속적으로 강조하고 있다는 점입니다. 우성이 마지막까지 우직하게 강조하고 연구하려 했던 성결의 복음은 오늘날 시대적 상황에 필요한 복음이라고 생각합니다. 본서를 읽는 독자들에게 구원의 영적 여정을 따라 은혜를 체험할 뿐만 아니라 전파하는 복음 전도자가 되기를 권면하고 기도합니다. 본서가 출간되기까지 수고한 김상인 목사에게 감사드리며 우성의 옥고가 계속해서 출간되기를 소원하면서 온 세상에 성결의 복음이 전파되기를 기도하면서 적극 추천합니다.

2024. 5.

예수교대한성결교회 102회기 총회
총회장 조일구 목사

추천사

"내가 거룩하니 너희도 거룩하라" 이 말씀은 하나님의 명령이자 성결교회 뿌리가 되는 말씀입니다. 우리 주님께서 이 시대를 향해 거듭 강조하시고자 하는 말씀은 "여호와께 성결"일 것입니다. 성경은 주님의 재림을 고대하는 신자들에게 흠 없는 성결의 삶을 명령하고 계십니다. 20세기 교회가 중생과 신유 복음, 축복을 사모했다면, 21세기 교회는 성결한 삶으로 재림을 준비해야 합니다(살전5:23).

본서는 평생 성결을 연구했을 뿐만 아니라 성결의 삶을 살았던 우성(右星) 손택구 목사님의 영적 유산입니다. 특히, 하나님의 예지 예정과 선행적 은총의 진리 가운데 『구원의 사중국면』 관점에서 『중생 성결 신유 재림』이 조명되고 있다는 측면에서 고무적입니다. 손 목사님을 가까이 보아온 분들은 손 목사님을 "성결 바보"라고 호칭하고 있습니다. 본서를 읽고 은혜를 받은 분이 성결 바보가 되길 바라는 마음 간절합니다.

본서는 『구원의 사중국면』를 성경 중심의 해석 하고 있을 뿐만 아니라 조직신학의 주제들에 대해 간략하고도 명확하게 웨슬리안-알미니안(Wesleyan-Arminian) 입장을 성경 말씀을 중심으로 해석하고 있다는 측면에서 영적 가치가 있습니다. 특히 본서는 성경이 말씀하고 있는 구원의 전체적인 여정과 구원의 수직적 은총과 점진적・계속적 은총, 전천년설, 구원의 전체계획, 인간의 구원 과정의 영적 여정에 대해 그림 도표로 제시하고 설명하고 있어 어려운 신학적인 주제들을 쉽게 이해할 수 있도록 편집되었습니다.

『구원의 사중국면』의 책이 편집되는 과정을 들으면서 하나님의 예비하심이 있었음에 감사했습니다. 본서가 세상에 나오기까지 울타리를 만들어 준 「우성 기념사업회」와 2년 동안 기도하면서 편집에 주력했던 김상인 목사에게 감사한 마음을 전합니다. 아무쪼록 본서를 통해서 우리 교단의 성결 복음의 정체성 회복과 성장에 도움 원동력이 되는 옥고가 되었으면 하는 마음으로 적극 추천합니다.

2024. 5.

예수교대한성결교회 제103회기 총회
총회장 김만수 목사

추천사

신구약 성경의 핵심 내용은 죄인 된 인간을 향한 하나님의 사랑 안에서의 구원입니다. 하나님의 구원은 창세 전부터 예지예정(豫知豫定)되어 진행되고 있는 은혜입니다. 전적 타락한 인간을 구원하시기 위한 하나님의 선행적 은총이 우리 가운데 주어진 것은 한없는 축복이자 은혜입니다. 우성 손택구 목사님은 이 구원의 여정을 한눈에 볼 수 있도록 「구원(救援)의 사중국면(四重局面)」이라는 과정을 상세하게 도표로 만드셨습니다. 구원의 사중국면은 중생·성결·신유·재림의 사중복음에 대한 교리를 초기 구원, 충만한 구원, 계속적 구원, 궁극적 구원이라는 관점에서 접근했습니다. 우성이 구원의 사중국면에서 특별히 강조하고 있는 것은 성결의 은혜인데 이 성결의 은혜는 성령세례와 성령 충만으로 받게 되는 충만한 구원입니다. 성결의 은혜가 수직적으로 임하고 점진적·계속적 성장으로 진행된다는 우성의 성찰에 대해 주목해야 합니다.

우성은 '성결의 복음'에 대한 확고한 신념을 가지고 연구를 지속하면서 많은 글을 남긴 성결 복음의 학자입니다. 특히 그의 설교와 소논문 등에 성결의 복음에 대한 논증이 많은 것은 우성의 성결에 대한 신념을 잘 반영하고 있습니다. 많은 연구물 가운데 성결과 관련한 주제가 가장 많았을 뿐만 아니라 대부분 글은 성결의 복음, 성결의 삶으로 귀결되고 있습니다. 본서 6장인 우성의 성결 신학에 그러한 마음이 잘 담겨있습니다.

본서는 우성이 남긴 옥고를 수집하여 「구원(救援)의 사중국면(四重局面)」이라는 구조 안에서 편집되었습니다. 이는 구원의 영적 여정을 쉽게 이해할 수 있는 또 하나의 '구원 과정의 해석집'이라고도 할 수 있다는 점에서 매우 의미가 있습니다. 오늘날 성결의 신앙이 절실한 상황에 본서가 출간된 것은 더욱더 의미가 있다고 생각합니다. 본서를 발간하기까지 수고한 김상인 교수에게 감사한 마음을 전하면서 성결한 삶을 염원하는 분들에게 추천합니다.

2024. 5.

성결교대학교 총장 김상식 목사

편집·발간사

우성(右星) 손택구 목사는 "「성결」은 성경 전체 핵심 되는 진리이며, 구약성경은 구약의 '성결'이요, 신약성경은 신약의 '성결'이며, 성도는 이 진리를 지적(知的)으로 바르게 알고, 성결의 보화(寶貨)의 삶을 살아야만 한다."라고 주장할 뿐 아니라 그렇게 살다가 하나님 앞에 가신 성결 신학의 학자이자 목회자입니다. 본 편집자는 교수님이 소천하시기 2년 전에 문병차 사택을 방문한 적이 있습니다. 그때 교수님은 당신이 평생을 보물처럼 아끼셨던 서적들을 보관하고, 관리할 사람이 없어서 큰 걱정이라고 말씀하셨습니다. 그때 나는 성령의 세미한 음성을 듣고 순종하기로 했습니다. 그 후 14년 동안 교수님의 유품을 보관 관리하면서 교수님에 대한 존경심과 아쉬움을 가지고 서적을 볼 때마다 기도했습니다.

교수님은 평생 간직하신 서적과 자료들을 역사적 자료부터 제자들을 가르치시던 자료에 이르기까지 너무나도 세심하게 친필로 남기셨습니다. 교수님의 보화와 같은 자료들을 보면서 언젠가는 이 자료들이 우리 교단의 미래 세대를 위해 정리되어 출판되어야 한다는 생각을 가지고 기도했습니다. 교수님은 1998년 2학기에 100여 명의 학생을 대상으로 사중복음에 대해 강의하셨을 때 학생들이 이 복음에 대해 관심이 많은 것을 직감하시고 그때부터 그동안 가르치셨던 구원(救援)의 사중국면(四重局面)에 대해 재정립하시기 시작하셨습니다. 구원의 사중국면의 시작은 교수님이 미국 Asbury 신학교(1964-1967)에서 수학하실 때 조직신학 시간에 3페이지 정도의

"The-fold Aspect of Salvation" 이라는 유인물이 어린 시절부터 성결교단에서 들었던 "사중복음((四重福音)" 과 깊은 연관이 있다는 생각에 강한 감동과 인상을 받은 것으로부터 시작되었습니다. 이 구원의 사중국면은 19세기 중후반(1861-1865) 미국교회의 자유주의 신학의 물결이 교회에 혼돈을 주고 있을 때 감리교회를 중심으로 성결-오순절 운동(Holiness Pentecostal Movement)이라는 명목하에 강조된 것입니다. 교수님은 1968년 2월에 귀국해서 신학교에서 조직신학 강의를 준비하면서 구원의 여정에 대해 한 눈으로 보기 위해 「구원(救援)의 사중국면(四重局面)의 도표」를 만드셨습니다. 이 도표는 거듭되는 강의 준비와 기도 가운데 반복 수정, 보완하여 완성되었습니다(최종본 페이지 23). 본서는 바로 이 도표를 중심으로 편집하였습니다. 즉, 그동안 손택구 교수님께서 발표하셨던 논문과 강의 자료집을 구원(救援)의 사중국면(四重局面)의 도표를 중심으로 편집한 것입니다.

교수님의 논문과 자료집은 한글을 비롯하여 한문, 영어와 일본어로 기록되었습니다. 부족하지만 이 언어들에 대해 훈련이 되어 있었다는 것에 하나님의 준비하심과 어린 시절부터 성결교단에서 신앙생활을 하고 신학 공부를 하였다는 것 자체가 하나님의 준비하심이었습니다. 편집 과정은 교수님이 말씀하시고자 의도하신 것을 유지하려고 노력했으며, 고어와 한자 표현은 풀이하여 편집한 부분도 있습니다. 그러나 성경 구절은 더 권위가 있고 무게감이 있다고 판단되는 부분은 원문 그대로를 편집하였습니다.

교수님은 구원(救援)의 사중국면(四重局面)의 여정과정 설명 부분에 대해 성경 구절만을 언급하시거나 통상적인 단어 표현, 즉 "믿음, 은혜, 사죄, 양자, 각죄, 개변" 등으로 함축하셨습니다. 따라서 편집과정에서 교단 헌장이나 관련 문헌을 참고하여 보완 편집했습니다. 이는 신학을 공부하지 않은 평신도들을 배려한 것입니다. 특히 사중복음과 구원(救援)의 사중국면(四重局面)이 교차 되는 『중생, 성결, 신유, 재림』 부분은 교단 헌장을 참고하여 편집하였습니다. 소제목에서 구원의 시작부터 "결승점 goal" 까지는 구원의 "완성 completion" 으로 수정했습니다.

저는 1982년 성결대에 입학하여 김응조 목사님과 전영식 목사님께 공부한 것을 기억하고 있습니다. 김응조 목사님은 성경 말씀에 매우 집중하셨던 분으로, 전영식 목사님은 논리적인 관점을 가지고 신학생들을 지도하신 분, 우성(右星) 손택구 목사님은 내성적인 분으로 언어와 품행에서 성결의 삶을 실천하신 분으로 기억하고 있습니다. 저는 「성결교신대원」에서 M.Div. 과정을 공부하면서 연구실에 찾아가서 자주 질문했던 학생이었습니다. 그때마다 교수님은 매우 낮은 목소리로 성실하게 답변해 주셨고, 저에게 존대로 답변해 주셨던 것을 기억하고 있습니다. 그때는 몰랐는데 지금 돌이켜보면, 그 또한 성결한 삶의 한 모습이었습니다.

우성(右星) 손택구 교수님은 한국성결교회의 성결 신학의 성장과 웨슬리의 성결 운동을 계승하시는 성결 신학자요 실천가이셨습니다. "이 시대는 중생의 은혜를 입은 자는 많으나 성령 충만함으로 「성서적 성결」의 은혜를 입은 자가 많지 않다." 라고 한탄하셨던 교수님의 외침에 대해 본서를 통해서 전달하고자 노력했습니다. 강의 시간에 신학 원서의 일부를 번역한 적이 있었는데 그때 교수님께서 번역을 잘했다고 칭찬해 주셨던 것을 기억하고 있습니다. 교수님이 본서를 보셨다면, 그때와 같이 낮은 목소리로 격려와 칭찬해 주실 것을 믿고, 귀한 옥고에 대해 편집할 기회를 주신 우리 주님께 감사드립니다. 한국성결교회의 성결 신학의 선두주자였던 손택구 교수님의 "구원(救援)의 사중국면(四重局面)"에 대한 자료를 수집하고 편집하는 과정은 하나님의 섭리이며 은혜로운 영적 시간이었습니다.

본서가 옥고가 될 수 있었던 것은 바쁘신 중에 거듭 읽으시고 감수해 주신 차주호 목사님, 신학생 시절에 강의 노트를 자료로 주셨던 장영은 목사님, 부족한 자료를 챙겨주셨던 증경 총회장 김윤석 목사님, 격려를 아끼지 않으셨던 증경 총회장 문정민 목사님에게 감사드립니다. 또한 본서의 귀한 가치를 전달하기 위해 추천의 글을 써주신 102회기 총회장 조일구 목사님, 성결대 김상식 총장님, 전) 성결대 총장님이셨던 성기호 목사님, 그리고 본서 출간을 위해 격려의 마음으로 기도와 출판비 지원을 해주신 103회기 총회장 김만수 목사님에게 진심으로 감사드립니다.

본서를 통해 우리 「예성교단」 뿐만 아니라 이 시대를 살아가는 교회가 「성서적 성결 운동」이 불 일 듯이 일어나길 기도 합니다. 이 일을 추진한 「우성기념사업회」에 깊은 감사를 드리며, 우성 손택구 교수님의 옥고가 성결을 사모하는 분들에게 널리 전파되기를 간절히 기도드립니다.

2024. 5.

우성(右星) 손택구 교수님을 기리며
편집자 김상인

= 목 차 =

우성의 약사
추천사
추천사
추천사
추천사
편집·발간사

구원의 사중국면(四重局面) 여정 도표 21

제1장 하나님의 예지예정

Ⅰ. 예지예정 이해 25
Ⅱ. 성결학파 신학자들의 관점 30
Ⅲ. 칼빈주의 관점 45

제2장 선행적 은총

Ⅰ. 선행적 은총의 이해 59
Ⅱ. 선행적 은총의 예비적 과정 70
1. 자신의 죄로부터 각성과 각죄 70
2. 죄인의 회개 73
3. 전적 순복 76
4. 믿음: 구원으로 이끄는 믿음 78
5. 개변 82

제3장 구원의 사중국면

Ⅰ. 구원의 사중국면 87

Ⅱ. 초기 구원 89

1. 초기 구원의 필요성과 인간의 태도(인간 편) 89
   죄 가운데 있는 인간 90
   하나님께 대한 회개 99
   예수 그리스도를 구주로 믿음(영접) 102

2. 초기 구원을 하나님의 은혜(하나님 편) 104
   주권적 : 사죄 104
   법 적 : 의인 105
   부성적 : 중생 106
   가족적 : 양자 119
3. 초기 구원의 진행적 과정 123

Ⅲ. 충만한 구원 127

1. 인간의 상태와 궁극적 구원의 필요성 127
2. 충만한 구원을 위한 인간의 태도(인간 편) 129
   성결 은혜의 필요성 인식 129
   헌신과 거룩한 산 제사 131
   성령 충만과 성령세례 132
3. 충만한 구원을 위한 하나님의 은혜(하나님 편) 135
   소극적인 면: 정결 135

적극적인 면: 성령의 내충 136
4. 온전한 성결 137
5. 중생과 온전한 성결 139

Ⅳ. 계속적 구원 144

1. 하나님의 백성들을 위한 성결 146
2. 그리스도인의 완전, 온전한 사랑 154
3. 마음의 정결 157
4. 충만한 복음 158
5. 성령세례 159
6. 그리스도인의 성결 161
7. 계속적 구원과 신유 166

Ⅴ. 궁극적 구원 169

1. 과거 구원(의인) 170
2. 현재 구원(성결) 172
3. 미래 구원(영화) 173

Ⅵ. 물세례 · 불세례 175

Ⅶ. 구원의 사중국면과 수직적 · 점진적 은총 178
1. 하나님의 수직적 · 점진적 은총과 계획적 성장 178
2. 수직적 · 점진적 양국면의 은총의 상호성 181

제4장 영원한 천국

Ⅰ. 예수 그리스도의 공중재림 188
Ⅱ. 그리스도의 재림과 교회의 휴거 189
1. 공중 휴거의 견해 189
2. 그리스도의 재림과 교회의 휴거 191

제5장 우성의 성결 신학

Ⅰ. 성결의 전기(輕機)와 성장(成長) 201
Ⅱ. 성결은 하나님의 창조와 구원의 목적 204
Ⅲ. 온전한 성결의 전기(轉機)와 성장(成長) 214
Ⅳ. 이득신의(以信得義)와 이신성화(以信聖化) 234
Ⅴ. 온전한 성결의 길 243
Ⅵ. 구원과 신앙 성장의 단계 247
Ⅶ. 성결교회와 사중복음의 역사적 고찰 261
Ⅷ. 성결교회의 신학적 배경 268

부록 (그림·표)

구원의 수직적 은총과 점진적 · 계속적 은총 179
전천년설 197
구원의 전체계획 206
인간의 구원과정의 영적여정 227

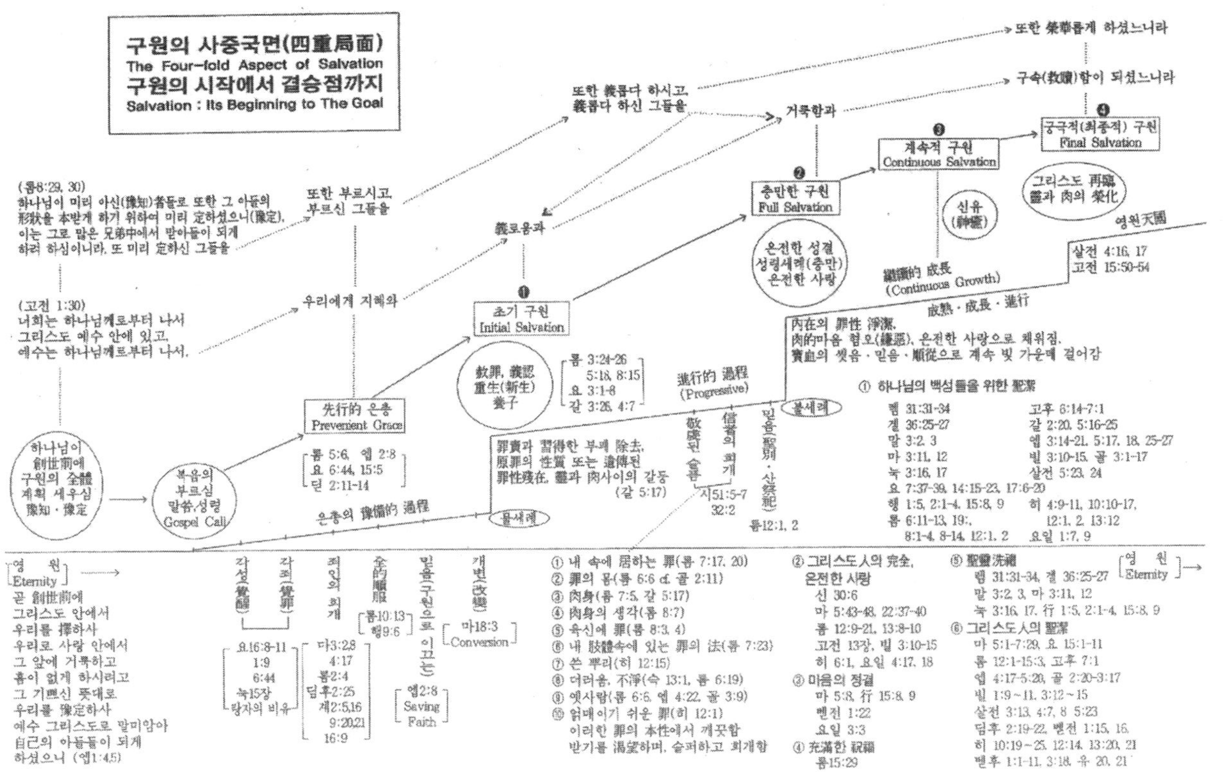
구원의 사중국면(四重局面)
The Four-fold Aspect of Salvation
구원의 시작에서 결승점까지
Salvation : Its Beginning to The Goal
(롬8:29, 30)
하나님이 미리 아신(豫知)者들로 또한 그 아들의 形狀을 본받게 하기 위하여 미리 定하셨으니(豫定), 이는 그로 많은 兄弟中에서 맏아들이 되게 하려 하심이니라. 또 미리 定하신 그들을
(고전 1:30)
너희는 하나님께로부터 나서 그리스도 예수 안에 있고, 예수는 하나님께로부터 나서,
또한 부르시고, 부르신 그들을
우리에게 지혜와
또한 義롭다 하시고, 義롭다 하신 그들을
義로움과
거룩함과
또한 榮華롭게 하셨느니라
구속(救贖)함이 되셨느니라
하나님이 創世前에 구원의 全體 계획 세우심 豫知·豫定
복음의 부르심 말씀,성령 Gospel Call
先行的 은총 Prevenient Grace
롬 5:6, 엡 2:8
요 6:44, 15:5
딛 2:11-14
은총의 豫備的 過程
❶ 초기 구원 Initial Salvation
赦罪, 義認 重生(新生) 養子
롬 3:24-26
5:18, 8:15
요 3:1-8
갈 3:26, 4:7
罪責과 習得한 부패 除去, 原罪의 性質 또는 遺傳된 罪性殘在, 靈과 肉사이의 갈등 (갈 5:17)
물세례
進行的 過程 (Progressive)
敬虔된 슬픔
信者의 회개
믿음(聖別·산祭祀)
시51:5-7
32:2
롬12:1, 2
불세례
❷ 충만한 구원 Full Salvation
온전한 성결 성령세례(충만) 온전한 사랑
内在의 罪性 淨潔, 内的마음 혐오(嫌惡), 온전한 사랑으로 채워짐, 寶血의 씻음·믿음·順從으로 계속 빛 가운데 걸어감
❸ 계속적 구원 Continuous Salvation
신유(神癒)
繼續的 成長 (Continuous Growth)
成熟·成長·進行
❹ 궁극적(최종적) 구원 Final Salvation
그리스도 再臨 靈과 肉의 榮化
영원天國
살전 4:16, 17
고전 15:50-54
① 하나님의 백성들을 위한 聖潔
렘 31:31-34
겔 36:25-27
말 3:2, 3
마 3:11, 12
눅 3:16, 17
요 7:37-39, 14:15-23, 17:6-20
행 1:5, 2:1-4, 15:8, 9
롬 6:11-13, 19:,
8:1-4, 8-14, 12:1, 2
고후 6:14-7:1
갈 2:20, 5:16-25
엡 3:14-21, 5:17, 18, 25-27
빌 3:10-15, 골 3:1-17
살전 5:23, 24
히 4:9-11, 10:10-17,
12:1, 2, 13:12
요일 1:7, 9
영원 Eternity
곧 創世前에 그리스도 안에서 우리를 擇하사 우리로 사랑 안에서 그 앞에 거룩하고 흠이 없게 하시려고 그 기쁘신 뜻대로 우리를 豫定하사 예수 그리스도로 말미암아 自己의 아들들이 되게 하셨으니 (엡1:4,5)
각성(覺醒)
각죄(覺罪)
요16:8-11
1:9
6:44
눅15장
탕자의 비유
죄인의 회개
마3:2,8
4:17
롬2:4
딤후2:25
계2:5,16
9:20,21
16:9
全的順服
롬10:13
행9:6
믿음(구원으로 이끄는)
엡2:8
Saving Faith
개변(改變)
마18:3
Conversion
① 내 속에 居하는 罪(롬 7:17, 20)
② 罪의 몸(롬 6:6 cf. 골 2:11)
③ 肉身(롬 7:5, 갈 5:17)
④ 肉身의 생각(롬 8:7)
⑤ 육신에 罪(롬 8:3, 4)
⑥ 내 肢體속에 있는 罪의 法(롬 7:23)
⑦ 쓴 뿌리(히 12:15)
⑧ 더러움, 不淨(슥 13:1, 롬 6:19)
⑨ 옛사람(롬 6:6, 엡 4:22, 골 3:9)
⑩ 얽매이기 쉬운 罪(히 12:1)
이러한 罪의 本性에서 깨끗함 받기를 渴望하며, 슬퍼하고 회개함
② 그리스도人의 完全, 온전한 사랑
신 30:6
마 5:43-48, 22:37-40
롬 12:9-21, 13:8-10
고전 13장, 빌 3:10-15
히 6:1, 요일 4:17, 18
③ 마음의 정결
마 5:8, 行 15:8, 9
벧전 1:22
요일 3:3
④ 充滿한 祝福
롬15:29
⑤ 聖靈洗禮
렘 31:31-34, 겔 36:25-27
말 3:2, 3, 마 3:11, 12
눅 3:16, 17, 行 1:5, 2:1-4, 15:8, 9
⑥ 그리스도人의 聖潔
마 5:1-7:29, 요 15:1-11
롬 12:1-15:3, 고후 7:1
엡 4:17-5:20, 골 2:20-3:17
빌 1:9~11, 3:12~15
살전 3:13, 4:7, 8 5:23
딤후 2:19-22, 벧전 1:15, 16,
히 10:19~25, 12:14, 13:20, 21
벧후 1:1-11, 3:18, 유 20, 21
영원 Eternity

1장 하나님의 예지·예정

제1장

하나님의 예지·예정

Ⅰ. 예지·예정(豫知豫定)의 이해[1]

하나님의 예지·예정(God's Foreknowledge and Predestination) 은 하나님의 구원계획을 설명하기 위한 신학적 주제이다. 예지는 하나님께서 미리 알고 계신 것을, 예정은 하나님께서 미리 정하신 것을 의미한다. 구원론은 칼빈주의(Calvinism)의 예정론과 웨슬리안-알미니안(Wesleyan-Arminian)의 예지예정론이 있다.

칼빈주의는 하나님께서 창조 이전에 구원받을 자와 멸망 받을 자를 무조건적으로 예정하셨다고 주장했다. 칼빈주의가 주장하는 '절대예정'은 '전택설'로 하나님의 절대주권과 영광

1) 데일 요컴, 손택구 공저 『예지·예정에 대한 웨슬리안 알미니안적 교리해석』, 1972. 성청사. 발행.

을 강조한다. 절대예정은 구원이 오직 하나님의 은혜로 말미암아 이루어짐을 강조한다.

웨슬리안-알미니안주의는 하나님께서 창조 후에 죄가 세상에 들어올 것과 인간들이 어떻게 반응할 것인지를 미리 알고(예지) 계셨다는 것이다. 웨슬리안-알미니안주의가 주장하는 예지·예정은 구원과 관련하여 하나님의 은혜와 인간의 자유의지(自由意志: free will)를 믿는다. 즉 '예지·예정'은 '후택설'로 구원은 하나님의 선행적 은총으로 주어진 인간의 자유의지를 가지고 복음을 믿을 때 결정된다는 것이다.

"하나님이 미리 아신(예지: 豫知) 자들을 또한 그 아들의 형상을 본받게 하기 위하여 미리 정하셨으니(예정: 豫定), 이는 그로 많은 형제 중에서 맏아들이 되게 하려 하심이니라, 또 미리 정하신 그들을 또한 부르시고 부르신 그들을 또한 의롭다 하시고 의롭다 하신 그들을 또한 영화롭게 하셨느니라." (롬 8:29-30)

"곧 창세 전에 그리스도 안에서 우리를 택하사 우리로 사랑 안에서 그 앞에 거룩하고 흠이 없게 하시려고, 그 기쁘신 뜻대로 우리를 예정하사 예수 그리스도로 말미암아 자기의 아들들이 되게 하셨으니" (엡 1:4, 5)

예지·예정은 창세 전 하나님의 구원계획으로 웨슬리안-알미니안(Wesleyan-Arminian) 구원신학이다. 성결교회는 이 예지·예정론을 기초한 구원론을 믿는다. 그러나 칼빈주의 신학은 절대예정(絶對豫定) 또는 이중예정론(二重豫定設)으로 구원신학을 주장한다. 장로교에서 주장하는 절대예정 즉, 이중예정은 구원받을 자도 지옥에 떨어질 자도 하나님이 절대적으로 선택하신다는 입장이다. 이는 하나님의 구원 과정에 있어서 인간의 어떤 선택이나 의지가 전혀 개입될 수 없다는 것을 의미한다.

반면 예지·예정은 제시한 복음을 하나님께서 선행적 은총 가운데 주신 자유의지로 선택할 수 있도록 허락해 놓으셨다는 것을 믿는다. 구원의 선택이 하나님께 있는 것이 아니라 인간에게 있다는 것이다. 예지·예정은 성령의 역사로 복음을 제시했을 때 믿을 자들이 누군지, 믿지 않을 자들이 누군지를 하나님은 다 아시고 그것을 근거로 예정하셨다는 것을 강조한다.

칼빈의 이중예정은 성경 전체의 맥락에서 볼 때 맞지 않는 교리이다. 그에 비해 웨슬리의 예지·예정은 설득력이 있다. 그것은 하나님이 믿는 자들을 미리 아시고 인간의 자유의지 선택의 결과에 주목하기 때문이다. 예지·예정론은 예정을 받은 자들이 불순종하게 되면 그 구원은 무효가 될 수 있다. 즉, 인간의 선택과 믿음에 따라 지옥에 떨어질 수도 있다는 것이다. 그런 측면에서 웨슬리가 주장한 예지·예정론이 더 성경적이라고 할 수 있다. 그러나 예지·예정론 역시 정확하게 성경과 일치한다고 볼 수 없는 측면들이 있다. 그 예로 하나님은 이스라엘 민

족이 배신할 것을 아시고 선택하셨다. 즉, 하나님이 이스라엘 백성들이 배신할 것을 알고도 그들을 선택하였다면 문제를 제기할 수 있다. 예수님이 가룟 유다가 자신을 배신할 것을 알고도 제자로 선택하였다면 그것은 어떻게 이해할 수 있는가? 전능하신 하나님 선택의 오류에 대한 설명이 필요하다. 이방인 기생 라합과 가나안 여인들이 구원받아 이스라엘 회중으로 들어오게 된다(수 6:1-21). 이런 성경의 사건들은 예지 · 예정론으로 설명될 수 없는 부분이다. 이는 예지 · 예정이 되었다더라도 중도에 넘어지고 하나님을 떠나버리면 하나님의 계획이 무산되기 때문이다. 따라서 하나님의 근본적인 구원은 예지 · 예정이라는 말로만 설명하기에도 부족한 측면은 있다.

요한 계시록 말씀을 통해서 우리가 알 수 있는 것은 끝까지 성결한 삶으로 믿음을 지키는 것이다. 계시록의 말씀은 자기 목숨을 바쳐서 주님을 위해 순교한 자들이 천국에 올라가 있는 것을 기록하고 있다. 신약성경 요한 계시록 어디를 보아도 선택받거나 예정된 자들이 올라왔다는 기록된 곳은 없다. 요한 계시록은 목 베임을 당하고, 끝까지 정절을 지키며, 우상 숭배하지 않은 자들이 올라왔다고 말씀하고 있다. 이처럼 하나님의 구원은 이중예정이니 예지 · 예정이니 하는 주장만 가지고 논쟁하기보다는 말씀에 순종하는 가운데 성결한 삶으로 구원을 받는 것이 더 중요하다.

"호세아 글에도 이르기를 내가 내 백성 아닌 자를 내 백성이라 사랑치 아니한 자를 사랑한 자라 부르리라 너희는 내 백성이 아니라 한 그곳에서 저희가 살아 계신 하나님의 아들이라 부름을 얻으리라 함과 같으니라." (롬 9:25~26).

이 말씀에 보면, 예정이라는 의미가 사라진다. 왜냐하면 "내 백성" 은 예정된 자들이지만 하나님께 불순종함으로 버림을 당하고 "내 백성 아닌 자" 는 예정되지 않았지만 결국 하나님의 백성이 되었다는 말씀이다. 그렇다면 하나님의 예정 여부가 무슨 의미가 있느냐 하는 것이다. 따라서 하나님의 구원 기준은 하나님 말씀에 순종하며, 성결한 삶으로 하나님의 뜻대로 사느냐가 더 중요하다. 이 말씀은 예정론이나 예지·예정론보다도 믿는 자가 구원의 완성을 위해 믿음을 가지고 성결한 삶을 사는 것을 강조한 것이다.

특히 하나님께서 알려 주시지 않는 한 누가 예정이 되었는지, 예지·예정이 되었는지 모른다. 또한 예정이나 예지·예정이 된 것을 알더라도 불순종하고 회개하지 않으면 구원받지 못하는 것이 성경의 가르침이다. 그렇다면 예정이나 예지·예정을 논하는 것 그 자체가 무슨 큰 의미가 있는가? 하나님은 모든 사람이 구원받기를 원하시기 때문에 누구든지 예수를 믿고 회개하는 자를 다 구원으로 인도하신다.

오히려 예정론에 빠져 버리면 선민사상에 빠진 유대인처럼, 자기들만 구원이 있다고 생각하는 바리새인처럼 구원에서 떨어질 수도 있음을 명심해야 한다. 하나님의 구원에 예정과 계획이 인간의 순종과 불순종 여부에 따라 성사되기도 했지만, 실패로 끝나거나 무산될 경우도 있음을 성경을 통해 볼 수 있다. 하나님의 구원에 대한 해석을 좀 더 깊게 알아보기 위해 성결학파 신학자들의 입장과 칼빈주의 신학자들의 입장을 논할 수 있다.

II. 성결학파 신학자들의 관점

요한 웨슬리(John Wesley)는 "절대예정(豫定)에 대한 엄숙한 고찰(Serious Consideration on Absolute Predestination)이라는 소책자에서 "어떤 이들은 주장하기를 하나님은 영원불변한 결정으로서 인류의 훨씬 많은 부분의 사람들을 영원한 멸망으로 예정하셨다. 이는 그들의 행함과는 전혀 관계없이, 오직 하나님의 공정한 영광을 보이시기 위한 것이다. 이를 성취하기 위하여 하나님은 불쌍한 영혼들을 그 사악한 길로 행하도록 정하셨다. 하나님의 정의가 그렇게 정하신 것이다." 라고 말하였다.

이러한 교리는 전에 없던 새로운 것으로 예수님 탄생 후 400년 동안은 그리스도 교파의 어느 분파나 어떤 저자도 이러한 교리를 말한 일이 없었다. 이 교리의 바탕은 어거스틴(Augustin)의 후기에 시작되어 요한 칼빈(John Calvin)에 의하여 채택되었다. 이와 같은 교리는 하나님을 올바르게 믿는 것을 방해한다. 하나님이 마치 죄인의 죽음을 기뻐하시는 것처럼 제시하기 때문이다. 이는 성경이 말씀하는 하나님의 근본적인 구원의 계획과 상반되는 주장이 된다.

"너는 그들에게 말하라 주 여호와의 말씀이니라 나의 삶을 두고 맹세하노니 나는 악인이 죽는 것을 기뻐하지 아니하고 악인이 그의 길에서 돌이켜 떠나 사는 것을 기뻐하노라 이스라엘 족속아 돌이키고 돌이키라 너희 악한 길에서 떠나라 어찌 죽고자 하느냐 하셨다 하라" (겔 33:11)

"하나님은 모든 사람이 구원을 받으며 진리를 아는 데에 이르기를 원하시느니라" (딤전 2:4)

위 말씀에 근거하면 예정론의 교리는 예수 그리스도 십자가의 공로를 무시하게 될 수 있다. 구원에 있어서 예정론은 예수 그리스도의 복음을 들었을지라도 이미 믿지 않기로 결정된 것 때문에 변경될 수 없다는 논리에 빠질 수 있다. 즉 하나님이 죄인의 구원을 위해 베푸시는 은총을 하나님 스스로가 받지 못하게 하셨다는 함정에 빠지게 될 수 있다. 만일 그렇다고 한다면, 복음은 하나의 속임수에 불과한 것이다. 하나님은 모든 사람이 구원받기를 원하셨고, 그의 독생자를 주심으로 그를 믿는 자는 누구든지 구원받을 수 있게 하신 복음이 잘못된 것이 되는 것이다.

성경이 자주 명백하게 반복하는 말씀에 주목해야 한다. 예수 그리스도의 복음은 모든 사람을 구원하시는 "기쁜 소식" 이다. 만약 그리스도의 구원 복음이 절대적인 소수의 사람에게만 국한된 것이라면, 그 복음은 대다수 사람에게는 큰 슬픔의 소식이 될 수밖에 없다.[2)]

와일리(H. Orton Wiley) 박사는 그의 저서 『기독교 신학 개론』에서 "알미니안주의 예정(豫定)은 모든 인류를 전적 멸망에서 구원하기 위한 하나님의 은혜로운 목적이다. 그것은 일정한 수의 사람을 구원 얻게 하시고, 그 이외는 버리시는 하나님의 임의적(任意的) 무분별한 행동이 아니다. 알미니안주의 예정(豫定)은 잠정적으로 모는 사람을 그 범위에 포함하며, 예수 그리스도 안의 믿음에 전적으로 좌우된다." 라고 하였다.

"하나님이 세상을 이처럼 사랑하사 독생자를 주셨으니
이는 저를 믿는 자마다 멸망치 않고 영생을 얻게 하려 하심이니라"
(요 3:16)

2) H. Orton Wiley, *Christian Theology*, Vol. Ⅱ. p. 338.

알미니안주의 예정(豫定)은 그리스도로 말미암아 모든 사람을 하나님의 자녀로 삼는 것이다. 이는 예수 그리스도를 주님으로 그를 믿는 자에 대한 구원의 은혜로써 하나님의 선행적 은총의 계획이다. 복음의 선택은 하나님 앞에 거룩하고 흠이 없는 택함을 입은 자에게 속한 것이다. 선택받은 자의 증거는 성경에 나타나는 열매에 있다. 교회는 예정되었고 선택되었다. 교회가 예정되었다는 것은 우주적 부르심에 나타난 구속의 계획을 말한다. 선택되었다는 것은 자비의 제공을 받아들인 택함을 입은 자를 말한다. 선택된 자는 택함을 입은 것이며, 그 택함은 하나님의 일방적인 결정에 의해서가 아니라 부르심의 조건을 받아들임으로써 이루어진다는 것을 의미한다.[3]

위에 인용한 말에서 특히 세 가지 사실을 주목할 수 있다. 즉 예정은 모든 사람을 위하여 구원의 계획을 준비한 것이요. 이 구원은 선택된 자의 성결을 포함하고 있다. 또 이 구원은 그리스도 안에 있는 믿음에 의해 좌우된다는 사실이다. 그러므로 성결의 신학이 취하는 명백한 입장의 예정(豫定)은 모든 사람을 위한 구원계획이다. 하나님은 어떤 사람은 구원으로 어떤 사람은 멸망으로 예정하지 않으셨다. 하나님 사랑의 계획은 온 인류를 포함하고 있다.

하나님의 예지(豫知)와 예정(豫定)의 관계에 대하여 19세기 성

3) Wiley and Culbertson, *Introduction to Christian Theology*, pp. 258-9.

결 신학자 윌리암 포우프(William Burton Pope) 박사는 "기독교 신앙에 있어서 칼빈적 예정론 신봉자의 견해는 예지와 예정 사이에 아무런 구별을 하지 않는다. 만일 영원 전부터 하나님께서 모든 일이 어떻게 될 것을 미리 아셨다면 이 예지(豫知)하신 것과 모든 일을 위하여 결정된 불변의 운명은 분리할 수 없는 것으로 생각하는 것이다. 미리 아신 바 된 일은 예지된 그대로 다 발생 되어야만 한다는 것이다. 그러나 그러한 결론을 내리기에는 논리적으로 아무런 근거가 없다." 라고 하였다. "발생하는 일을 좌우하는 것은 하나님의 예지(豫知)하심이 아니라 발생하는 일이 하나님의 예지(豫知)하심을 좌우하는 것이다." 라고 주장하였다.[4] 또한 "하나님의 전지(全知)하심은 시간의 상황에 따라서 발생할지도 모르고, 안 할지도 모르는 장래의 모든 일을 아시는 것이다. 하나님 창조물의 자유로운 행동은 하나님께는 확실한 일로 알려지지만, 그 피조물들의 자유로운 행동으로 예지(豫知)하실 뿐이지, 하나님의 의지에 좌우된 행동으로 예지(豫知)하시는 것은 아니다." 라고 하였다.[5]

다시 말해서 포우프(Pope)가 주장하는 성결 신학은 발생한 사건들에 대한 하나님의 예지(豫知)하심이 그 발생한 사건들이 불가피하게 반드시 발생하도록 만드는 것은 아니라는 것이다. 즉

---

4) William Burtton Pope, *A Compendium of Theology*, vol. Ⅰ. p. 317.

5) Ibid., p. 319.

하나님이 시간의 제한을 받지 않으신다고 해서 우리가 어떤 사건들을 현재 관찰하는 그 일이 그 사건들을 그렇게 발생하도록 결정짓지 못하는 것과 같다. 어떤 사건들에 대한 하나님의 앞지른 지식, "예지(豫知)" 가 그 사건들이 일어나도록 결정짓는 것은 아니다.

이 경우에 있어서 사건들에 대해 예지(豫知)하심은 그 사건들 자체로부터 오는 것이지, 발생한 사건들이 그 일을 미리 알게 된 예지(豫知)하심으로 좌우되어서 발생하는 것은 아니다. 만일 우리가 하나님의 예지(豫知)하심에 관한 이 사실을 이해할 수 없다면 그것은 인간이 시간에 제한을 받고 있어 하나님의 영원하신 존재의 성격을 이해하지 못하기 때문이다. 하나님은 과거, 현재, 미래의 모든 일을 항상 현재의 일처럼 아신다. 그렇다고 해서 그 아시는 것이 그 사건들을 어떠한 상황으로 발생하도록 결정짓는 것은 아니다.

A. M. 힐즈(Hills)는 그의 저서 『근본적 기독교 신학』에서 "어떤 이들은 자유라 하면 하나님의 전지(全知)에 상반되는 것으로 생각하고 이를 부정(否定)한다. 그러나 하나님이 단지 아신다는 그것이 아무런 영향을 주는 것은 아니다. 어떠한 모양으로도 인간이 선택하는 일에 변동을 가져오게 하는 것도 아니다. 그것은 단순히 아신다는 것뿐이지. 아무런 영향이나 발생시키는 원인이 되지 않기 때문이다. 가령 오늘 오후에 A나 B라는 사람

또는 어떠한 사람이 하나의 자유로운 선택을 어떻게 할 것인가는 하나님께 영원 전에 확실하게 알려진 사실이다. 하나님 자신은 그 일을 자유롭게 선택한 것을 아시며, 또 그가 달리 선택했을 수도 있다. 만일 그가 달리 선택했다면 하나님은 또한 달리 그 일을 예지(豫知)하셨을 것이다. 즉 하나님의 예지(豫知)하심은 인간의 자유로운 선택으로부터 형성된 것이다. 인간의 자유로운 선택이 하나님의 예지(豫知)로부터 형성되는 것이 아니다. 한 사람이 오늘 오후에 자유롭게 했던 일을 옆에서 보고 있던 이웃 사람이 그가 하는 행동을 본 그대로 결정한 것이다. 또한 하나님께서 그가 취한 행동을 미리 보시고 아신 그대로를 결정한 것이다. 이같이 하나님이 인간이 장차 자유롭게 결정할 일을 어떻게 미리 아시는 가는 하나님 본성(本性)의 다른 모든 무한한 사실들과 같이 하나의 신비인 것이다." [6] 라고 주장했다.

저명한 신학자인 리차드 왓슨(Richard Watson)은 "예지(豫知)된 필요한 행동의 확실성은 그 행동에 대한 예지에 기인(起因)되는 것이 아니라 필연적 원인의 가동(動)으로부터 오는 것이다(from the operation of the necessitating cause). 같은 모양으로 자유로운 행동의 확실성은 그 일을 미리 아는 예지(豫知)로부터 생기는 것이 아니라 그가 그 행동을 자발적으로 취한 원인, 즉 의지의 결정으로부터 발생하는 것이다. 그 자발적 행위가 달리

6) A. M. Hilla, *Undamental Christian Theology,* Vol. P.209.

취해질 수도 있으나 이 순서에는 조금도 변함이 없다. 그 행동이 달리 취해졌더라면 거기에 대한 것도 달라졌을 것이다. 그러나 그 행동을 낳은 의지는 하나님에 의해서 좌우된 것이 아니라 그 행동에 대한 하나님의 예지(豫知)하심이 그의 의지(意志)가 선택할 것을 선견(先見)하신 것에 따라 이루어진 것이다. 의지(志)나 행동이 예지(豫知)에 좌우되는 것은 아니다. 그 행동은 예견(豫見), 예지(豫知)되고 여전히 자유로운 것으로 발생할 수도 있고, 발생하지 않을 수도 있는 것이다. 그러므로 하나님의 예지(豫知)하심은 아시는 것이지 영향을 주는 것이 아니다. 분명한 것은 행동의 자유나 확실성에 아무런 영향을 미치지 않는다. 따라서 행동은 확실히 예지(豫知)되어 진다. 그러나 그에 의해서 그 행동이 그렇게 이루어지는 것이 아니다." 라고 주장했다.[7)]

예지(豫知)와 예정(豫定)에 대해 말한 중요한 성경 말씀은 로마서 8장 29-30절이다.

> "하나님이 미리 아신(예지: 豫知) 자들을 또한 그 아들의 형상을 본받게 하기 위하여 미리 정하셨으니(예정: 豫定), 이는 그로 많은 형제 중에서 맏아들이 되게 하려 하심이니라, 또 미리 정하신 그들을 또한 부르시고 부르신 그들을 또한 의롭다 하시고 의롭다 하신 그들을 또한 영화롭게 하셨느니라." (롬 8:29-30)

---

7) Richard Watson, *Theological Institutes,* Vol. 1. PP 379ff.

이 성경 말씀은 거룩한 예정이 있음을 분명히 보여 주고 있다. 그러나 바로 이 예정의 성격에 대하여 칼빈 신학자들과 웨슬리안 신학자들 사이에 다른 해석을 하는 것이다. 사도 바울은 이 문제에 대한 그의 견해를 계속되는 로마서 9장-11장에서 부연 설명하고 있다. 그는 11장 2절에서 말하기를 "하나님이 그 미리 아신 자기 백성을 버리지 아니하셨다." 라고 하였고, 그것은 이스라엘이 하나님의 백성임을 보여 주고 있다. 그러면 이스라엘은 분명히 하나님이 예정하신 백성이었다. 만일 예지와 예정에 대한 칼빈적 견해가 옳은 것이라면, 오직 이스라엘 사람들만 구원받고 그 밖의 사람들은 영원토록 정죄될 수밖에 없는 것이다. 이스라엘 백성은 하나님의 미리 아신 백성이기 때문이다. 그러나 바울은 그렇게 생각하지 않았던 것이 분명하다.

이에 대하여 포우프(Pope)는 다음과 같이 주석을 하고 있다. 포우프(Pope)는 "신약성경 가운데는 현대의 논쟁점에 대하여 현저히 예견(豫見)되는 바가 있다. 이방인에 대한 복음 전파는 유대인 신자들의 분개를 샀던 것이니... 하나님의 선민(選民)으로서 언약(言約)된 백성의 특권 또는 이득(利得)을 침해당하는 것으로 생각했다. 이방인의 사도였던 바울은 로마서 가운데서 이 같은 무조건의 선택을 옹호하는 자들 즉 하나님의 결정하시는 뜻에 대한 참된 교리를 곡해하는 사람들의 말을 반대한 것이다. 기억할 것은 칼빈적 예정론자들이 발판으로 삼는 로마서

9~11장을 바울이 기술한 목적이다... 로마서 8장에서 11장을 주의 깊게 연구하면, 국민적 선택을 말함이요. 개인적 선택이 아니라는 결론을 얻게 된다. 특히 10장에서 이런 문제를 말할 때, 바울은 그의 교훈을 곡해하는 사람들에게 영광스러운 항변(抗變)을 하고 있다." [8]고 주석했다.

"한 주께서 <u>모든 사람의 주가 되사</u>, 저를 부르는 <u>모든 사람에</u>게 부요하시도다. <u>누구든지 주의 이름을 부르는 자는 구원을 얻으리라</u>" (롬 10:12-13)

19세기 초기 감리교 신학자이자 성경 주석가인 아담 클라크(Adam Clarke) 박사는 "하나님의 예정(豫定)은 먼저 유대인들이 대상(對象)이 되었고, 다음으로 이방인에게까지 확장되었다." 라고 주장했다. 로마서 8장 29-30절을 주석하는 가운데 하나님의 예정(豫定)에 대해서 말하기를, "하나님이 유대인을 위하여 하신 일은 무엇이든지 이방인을 위해서도 하시고자 목적하신 것이다. 그가 만일 유대인을 미리 아시고, 미리 정하시고, 부르시고 의롭다하시고 영화롭게 하셨다면, 이방인을 위하여서도 똑같이 그렇게 하신 것이다. 유대인들이 그 특권을 상실하였기 때문에, 지금 영광과 존귀와 탁월한 자리 대신에 퇴보, 강등(等), 멸시, 천대받게 되었다. 그들은 선택하심을 올바로 쓰지 못하였기

8) A. Pope, *Compendium of Christian Theology*, vol, Ⅱ. pp. 348-9.

때문에, 결국 버림받게 된 것이다. 마찬가지로 이방인들도 같은 모양으로 범죄를 하면, 같은 실패가 그들을 기다리고 있으니, 바울이 그들을 엄히 경고한 것은 바로 이것 때문이었다." 라고 주장했다." 9)

로마서 8장 29절에는 예지(豫知) · 예정(豫定의) 순서로 진술되어 있으나, 그렇다고 해서 하나님의 의가 예정(豫定)의 원인이라고 보는 것은 아니다. 여기서 말하는 것은 그 행동으로부터 형성되는 것이지 그 행동에서 완성(完成)되는 것은 아니기 때문이다. 하나의 제한된 의미에서는 하나님 의(義)가 자신 의(義)의 원인이 된다고 할지 모르나 하나님은 전 인류가 죄 가운데 말려들게 될 것을 아셨기 때문에 전 인류를 위하여 구원을 준비하시고 이루신 것이다. 그러나 개개인의 구원에 관해서는 하나님의 전지하심이 그의 원인이 되는 것은 아니다. 하나님은 모든 사람을 구원받도록 하셨으나(딤전 2:4)10) 누가 구원받을 것인지 예지하심은 한 사람 한 사람 자신의 자유로운 행동으로부터 유래 되는 것이다. 그의 예지하심은 물론 미리 아신 것이지만 어떤 의미로 인간 행동의 원인이 아니라 도리어 그 행동의 결과이다. 이런 일을 인간들이 이해하기 어려운 것은 우리 인간은 시간적 제한을 받으나 하나님은 그렇지 않으시기 때문이다.

---

9) Adam Clarke, *Commentary*, Vol. 1, pp. 106, 107,

10) "하나님은 모든 사람이 구원을 받으며 진리를 아는 데에 이르기를 원하시느니라"

칼빈적 교리의 개인에 대한 예정(豫定)은 로마서 9장 10-26절이다. 이 성경 구절은 18절에 요약되어 있다. "그런즉 하나님께서 하고자 하시는 자를 긍휼히 여기시고, 하고자 하시는 자를 강퍅게 하시느니라" 는 말씀이다. 이 구절을 주의 깊게 해석하면, 바울이 여기서 말한 것은 개인적 구원 문제가 아니다. 국민 전체적 선택에 대하여 말한 것임을 분명히 알게 된다. 하나님은 먼저 유대인을 그의 백성으로 선택하셨고, 그 후에 그들의 완악한 타락으로 말미암아 그들을 배제하셨다. 그리고 하나님은 이 방인들을 백성으로 받아들여 구원의 자비를 제공하셨다. 이러한 해석은 다음과 같은 사실로 뒷받침이 되는 것이다.

로마서 9장 10-13절은 하나님께서 야곱을 택하시고, 에서를 거절하신 사실에 관한 말씀이다. 하나님께서 리브가에게 말씀하신다. "두 국민이 네 태중에 있구나, 두 민족이 네 복 중에서부터 나누이리라. 이 족속이 저 족속보다 강하겠고. 큰 자는 어린 자를 섬기리라(창 25:23)" 라는 말씀이다. 하나님은 야곱과 에서 두 개인으로 대표된 두 국민에 대하여 분명히 말씀하셨다. 개인으로서 첫째인 에서는 야곱을 섬기지 않았다. 단지 국가적 의미에서 형은 동생을 섬겼다.

로마서 9장 17-18절은 이스라엘을 애굽의 노예에서 구출하신 역사에 대한 말씀이다. 하나님은 바로의 마음을 강퍅케 하시는데 관여하셨다. 아담 클라크(Adam Clarke)는 출애굽기 4장 21절에 대한 주석을 적절하게 하고 있다. "성경을 주의 깊게 읽는 사람들이 잘 알 수 있는 사실은, 하나님께서는 어떤 일을 이루시고, 허락하신 일을 행하시는 하나님으로 자주 나타나 있다는 점이다. 사람이 그의 성령을 근심되게 하고, 그의 은혜를 받지 않으려고 저항하기 때문에, 하나님은 그의 성령과 은총을 그로부터 거두신다. 그로 인해 그 사람은 죄악 중에서 더욱 담대해지고 죄에 집중하게 되는 것이다. 애굽 왕 바로도 이와 같은 모양으로 하나님을 거역하여 그 마음을 강퍅하게 한 것이다(출 9:34). 그래서 하나님은 그를 소경과 같은 상태에 내어 맡기신 것이며 그는 자신의 멸망을 향하여 완악하게 돌진한 것이다."

바로의 모든 행동으로부터 우리가 알 수 있는 것은, 그는 담대하며 거만하였다. 바로의 기질(氣質)은 하나님의 감화하시는 역사(役事)에 아무런 통제를 받지 않았다. 전적으로 바로 스스로가 자신의 마음을 지배하도록 허락하신 것이다. 그 결과는 하나님이 뜻하신 바가 이루어진 것이다. 바로는 이스라엘 백성을 놓아 달라는 요구에 즉시로 응하지 않았다. 바로가 그러한 행동을 취함으로써 하나님은 기사와 이적을 더욱 많이 보이시고 나타내셨다. 결국 애굽 사람과 이스라엘 사람들의 마음속에 하나님의 전능하심과 공의가 정당하게 인식되었다. 이 결과 진행된 전체 과정은 애굽과 이스라엘 양 국민에게 무한한 선을 베푸신 하나님 은혜의 계획이었다.

이스라엘 백성은 그들을 보호하시는 참되신 하나님을 섬기는 일에 만족하게 되었고 그들의 믿음은 더욱 강화되었다. 애굽 사람들은 그들이 섬기는 신(神)들이 이스라엘의 하나님을 거역함으로써 아무 일도 할 수 없음을 깨닫게 되었다. 애굽 백성들은 자신의 거짓 신(神)들에 대한 신뢰심이 흔들릴 수밖에 없었다. 만일 바로가 이스라엘 백성을 즉시로 놓아주었더라면 이런 위대한 결과들이 이루어지지 않았을 것이다. 이렇게 생각할 때, 오직 모든 신비로운 일들이 이해되고 설명이 된다. 또 알아야 할 사실은 여기에 애굽 왕의 영원한 상태에 대하여는 아무런 언급이 없다는 점이다. 하나님은 은총의 감화를 거역하는 바로의 마음을 직접 강퍅하게 하심으로써 바로 왕으로 하여금 범죄로 생을 마감하게 하였다. 다시 말해서 성경 기록에 바로를 지옥으로 가게 하였다는 믿을 만한 근거는 없다는 것이다. 다만 바로의 악행은 인간의 죄악으로 단순하게 돌려 버릴 수 없는 극심한 행악(行惡)이라 할 것이다." 라고 주석하였다.[11]

로마서 9장 21절에는 토기장이가 자기가 원하는 대로 귀한 그릇과 천한 그릇을 만들 권리에 대하여 말씀하고 있다. 본래 토기장이 비유를 사용한 곳은 예레미야 18장 1-11절이다. 이는 분명히 이스라엘 백성에 대한 언급이며, 개인에 대한 것은 아니다. 이 성구를 읽어보면 자비나 진노에 대한 어떠한 개인적 예

11) Adam Clarke, *Commentary*, Vol. 1, p. 313.

정(豫定)에 대한 아무런 암시도 없다.

로마서 9장 18절에 대한 아담 클라크(Adam Clarke)의 주석은 다음과 같이 요약하고 있다. "이것은 바울이 이미 기록한 사실들로부터 내린 결론이니, 즉 하나님은 그 자신의 뜻과 지혜를 따라 완전한 공의로써 자비를 베푸시는 것이다. 즉 인류의 한 부분에게 축복을 내리시는 한편 (옛날에는 유대인에게, 지금은 이방인에게), 다른 부분의 사람들에게는 (옛날에는 애굽 사람들에게, 지금은 유대인들에게) 그의 선하심과 인내하심을 계속 멸시하여 죄 가운데 자신들을 완악하게 하는데 방임하셨다는 것이다. 그들이 약속의 메시야 되시는 그리스도로 말미암아 참된 회개와 전반적으로 하나님께로 돌아오기까지는 그들 위에 가장 공정하고도 본보기가 될 만한 징벌을 내리시는 것이다" 라고 하였다.[12]

이상에서 본 바와 같이, 성결 신학자들에 의하면 예정(豫定)은 유대인과 이방인을 다 포함한다. 그것은 고정(固定)불변의 결과가 아니다. 모든 사람을 위하여 예비하신 지혜롭고 은혜로운 하나님의 계획이며, 이 계획을 내포하고 있다는 것을 우리로 하여금 알게 하신다. 로마 8장 29절에 그 계획이 제시되어 있다. "하나님이 미리 아신 자들로 또한 그 아들의 형상을 본받게 하기 위하여 미리 정하셨으니 이는 그로 많은 형제 중에서 맏아들이 되게 하

12) Ibid., Vol. IV. p. 113.

려 하심이니라." 여기에 아담의 후손인 개개인을 위하여 예비된 하나님의 영원한 계획이 있으니, 곧 그들이 이 세상에 사는 동안에 그리스도와 같은 성품을 가지게 되는 것이다. 그리스도의 형상에 일치하게 됨에 관하여 매튜 헨리(Matthew Henry) 박사는 말하기를 "성결은 그리스도의 형상에 일치하게 되는 데 있다. 이것이 성결의 전부를 축소한 것이며, 그리스도는 성결의 위대한 모범이시며, 본보기가 되신다." 라고 주석하였다.[13] 그렇다면 하나님의 예정은 그리스도를 닮음으로써 실질적으로 이루어지는 성결함과 영원한 영광을 위한 것이라는 사실을 깨닫게 되는 것이다.

Ⅲ. 칼빈주의 관점

칼빈주의자들은 예지(豫知)·예정(豫定)과는 다르게 예정론의 교리를 주장한다.[14] 칼빈은 "우리가 말하는 예정(豫)은 하나님의 영원한 결정(定)이다. 하나님은 인류의 개개인이 어떻게 될 것인가를 그 자신이 결정하신 것이다. 이는 그들이 다 똑같은 운명으로 창조된 것이 아니라, 어떤 사람에게는 영원한 생명이

13) Quoted in A. Skevington Wood, *Life by the Spirit*, p.128,

14) 여기서 알아야 할 것은, 칼빈주의자들 중에서도 그 주장하는 의견의 차이가 있다는 것이다. 여기서 지적하는 어떤 점에 대해서는 의견을 달리할 수 있다.

미리 정해져 있고, 그 밖의 사람들에게는 영원한 지옥 형벌이 미리 정해져 있다는 것이다. 그런고로 각 사람은 이 두 가지 결말 중(結末中)의 하나로 창조되었다. 다시 말해서 하나님이 영원한 생명과 영원한 죽음으로 인간을 예정(豫定)하셨다. 그러므로 성경의 명백한 교리와 일치하게 우리가 주장하는 것은, 영원하시고 변동할 수 없는 계획으로써 하나님은 구원으로 받아들이고자 하는 자와 멸망으로 정죄(罪)하시고자 하는 자를 단번에 결정하신 것이다." 라고 주장했다.[15)]

1643년부터 1648년 어간(於間)에 웨스트민스터 신앙 고백이 작성되었다. 이것이 수백년 동안 칼빈주의적 교회, 특히 장로교회에 지대한 영향을 주었다. 예정(豫定)에 관하여 이 신앙고백은 다음과 같이 말하고 있다.

① 하나님의 영광이 나타나기 위하여 하나님의 예정(豫定)하심으로써 어떤 사람들과 천사들은 영원한 생명으로 예정(豫定)되었고, 그 이외는 영원한 죽음으로 예정(豫定)되었다.

② 이렇게 예정(豫定)되고 미리 운명이 정해진 사람들과 천사들은 특별하게 또 변동될 수 없이 결정된 것이며, 그들의 수(數)는 확실하고 일정하여 증가될 수도 없고, 감소 될 수도 없다.

---

15) John Calvin, *Institutes of The Christian Religion*, Vol. I, Chap. 21.

③ 하나님은 창세 전에 그의 영원하시고 불변하신 목적과 그 비밀 된 계획과 기쁘신 뜻을 따라, 생명으로 예정(豫定)하신 사람들을 그의 영원하신 영광을 위하여 그리스도 안에서 택하셨다. 이는 그들이나 다른 어떤 피조물(被造物)의 믿음이나 선행(善行)이나 인내를 예견(豫見)하심이 하나님을 움직이는 조건(條件)이나 원인이 되지 않았다. 오직 하나님의 자유로운 은총과 사랑으로 택하신 것이요. 다만 그의 영광스러운 은총을 찬양하기 위함이다.

④ 하나님께서 택하신 자를 영광으로 정(定)하신 것과 같이, 하나님의 뜻(聖旨)은 영원하시다. 하나님은 자유로운 목적에 의하여 모든 방법을 미리 정하신 것이다. 그럼으로써 아담 안에서 타락하였으나 선택된 자는 그리스도로 말미암아 구속되고, 때가 이르러 역사(役事)하시는 그의 성령으로 말미암아 그리스도 안에서 효과 있게 믿음으로 부르심을 입게 된다. 구원받을 자는 믿음으로 말미암아 구원에 이르는 그의 능력으로써 의(義)롭게 되고, 양자(養子:하나님의 자녀가 되는 것)가 되고, 성화(聖化)되고, 보존되는 것이다. 이 선택된 자를 제외하고는 아무도 그리스도로 말미암아 구속받지 못한다. <u>이 선택자들 이외에</u> 효과적으로 부르심을 입어 의롭게 되며 성화(聖化)되고 <u>구원받지 못한다.</u>

⑤ 하나님은 그 나머지 인류를 하나님의 뜻의 측량할 수 없

는 계획에 따라, 그가 기뻐하시는 대로 그의 창조물에 대한 그의 능력의 영광을 위하여 자비를 확장도 하시고, 거두기도 하신다. 그의 영광스러운 공의를 찬양하기 위하여 그냥 내어버리시고, 그들의 죄를 부끄럽게 하시고, 진노하시기로 미리 정하신 것이다.16)

이와 같은 웨스트민스터 신앙 고백을 통하여 우리는 칼빈주의의 그 기본 바탕이 과연 무엇인가를 알 수 있다. 그러면 만약에 이와 같은 신학적 전제(前提)를 받아 수용했을 경우 거기에 뒤따르는 결과는 무엇이겠는가를 논하고자 한다. 리챠드 테일러(Richard Taylor) 박사는 그의 탁월한 저서인 『죄에 대한 올바른 개념』에서 앞서 언급한 칼빈주의의 바탕을 제시(提示)한 후에, 다음과 같이 분석하였다. 테일러 박사는 "하나님의 절대적 은총에는 아무것도 항거할 수 없다."라는 예정(豫定)의 견해를 설명하였다. 그는 또한 "이 견해는 자연적으로 또 불가피하게 다음 단계의 입장을 취할 수밖에 없도록 만드셨다. 즉 사람이 한 번 거듭나면, 그는 그 후로는 결코 구원을 상실하고 타락할 수 없는 것이다. 대개 만일 우리가 은총으로 구원받아서 우리가 하는 일이 어떤 요인(要因)의 일을 결정짓는 것이 아니라고 한다면, 우리가 구원받은 후에 행하는 아무것도 우리의 지위를 변동시킬 수 없을 것이다. 그리고 만일 우리가 하나님의 불변하신

16) Westminster Confession.

무조건의 결정(決定)에 의해서 구원받도록 예정(豫定)되었다면, 우리 생애 가운데서 하나님이 그 마음을 바꾸시고 우리로 하여금 구속받은 자의 반열(班列)에서 멸망 받을 자의 반열(班列)로 떨어지게 하신다는 것은 생각조차 할 수 없는 일이 될 것" 이라고 주장했다.

그러나 이와 같이 주장하는 신학자는 그 자신이 심각하게 난처한 입장에 서게 될 것이 분명하다. 그는 이 "한 번 은총 받은 자는 언제나 은총 가운데 있다." 라는 이론을 성결(聖潔)과 공의(公儀)의 성경적 말씀과 어떻게 조화시킬 것인가? 그는 많은 사람이 거듭난 후에 극심한 죄에 빠지는 일이 있음을 잘 알고 있다. 그런 사람들이 죄를 지어도 천국에 갈 수 있다는 것을 논리적으로 어떻게 주장할 것인가? 죄가 크리스천을 하나님께로부터 분리시키지 않고 동시에 어설픈 도덕률 폐기론(道德律廢棄論-不法)에 부착(附着)된 오점(汚點)을 피할 수 있도록 어떻게 논증(論證)할 것인가? 그는 속죄의 보상이론(補償理論: Satisfaction theory)으로부터 전가(轉嫁)된 의(Imputed Righteousness)의 교리를 끌어다가 이 문제를 해결하려 할 것이다. 즉, 그리스도는 우리를 대표(代表)하셨기 때문에 그의 의(義)는 우리의 의(義)로 간주(看做)되는 것이다. 이는 마치 우리 자신이 완전하게 순종하고 의(養)로웠던 것처럼 간주된다는 점이다. 추론(推論)에 의한 이 사실이 의미하는 바는 그 같은 간주 또는 '공로의 이양(移

讓)' 은 사실상 우리 자신이 실질적으로 의(義)롭게 되어야 할 필요성에 선행(先行)되어야 함을 의미한다.

그리스도의 의(義)로우심은 그 자신과 우리 양편을 위하여 충분하다. 우리가 그리스도의 십자가 위에서 이루신 일을 받아들이고 믿음으로 그 의(義)로우신 의에 숨는 것은 개인적인 우리의 죄나 의로운 것에 하등 아무런 상관이 없다. 즉 우리의 실제 마음 상태가 깨끗하지 못할지라도 하나님께서는 우리 자신을 보시지 않고, 그리스도로부터 우리에게 전가(轉嫁)된 그의 의(義)를 보신다. 만일 신자가 범죄하여도 영원한 형벌을 받지 않는 것은 인간의 죄는 그리스도에게 옮겨지고, 그리스도의 의(義)가 우리에게 옮겨지기 때문이라고 믿는 것이다.

이와 같이, 여기서 우리가 하나의 칼빈주의적 장방형(長方形)을 보게 된다면, 이 교리 조직의 한 귀퉁이 속에 있는 네 각(角)과 같이, 필연적으로 다른 귀퉁이(四角)를 요구하게 되는 것이다. 속의 네 귀퉁(四角)이라 함은 첫째로 우리는 의(義)의 교리를 가지고 있다. 다음은 이 은총에 대한 특수한 해석이 뒤따르고, 예정론(豫定論)을 뒷받침하기 위하여 인간의 자유의지(自由意志)는 부인(否認)할 수밖에 없다는 점이다. 다음은 이상 두 가지 주의(主義)에서 자연적으로 발전하는 결과이다. 사람은 한 번 구원받으면 결단코 상실(喪失)되지 않는다는 이론이 나온다. 이제 이상의 세 가지를 일치시키기 위해서 넷째로 전가(轉嫁)된

의(義)를 첨가(添加)하는 일이 가장 필요하게 되는 것이다. 이와 같은 네 가지 교리 중의 한 가지는 나머지 다른 이론을 다 요구할 수밖에 없다. 그중에 어느 하나도 고립될 수 없으며, 그 하나를 무너뜨리면 다른 셋도 무너지게 된다.17)

칼빈의 교리 조직은 논리적으로 일관된 것이 사실이다. 따라서 만일 우리가 무조건의 예정(豫定)이나 유기(遺棄)의 전제(前提)를 받아들이면, 그 나머지 교리도 결과적으로 반드시 뒤따르기 마련이다. 그러나 이러한 결과는 여러 가지 점(點)에서 하나님의 말씀과 극심하게 상충(衝)되기 때문에. 우리는 그러한 논리의 전제(前提)들이 잘못된 것임을 알게 된다. 어떠한 교리 조직이라 할지라도 그것이 하나님의 영원불변의 말씀과 중대하게 상반(相反)될 때 결코 받아들일 수 없다. 다음에 몇 가지 칼빈의 이론이 성경 말씀과 상충 되는 점을 주목해야 한다.

칼빈주의에 의하면, 신자는 아무리 극심한 죄를 지어도 하나님께로부터 분리되지 않는다. 미국의 저명한 설교가이자 편집자로서 칼빈주의 교리를 믿는 부흥사인 라이스(John R. Rice) 박사는 그의 저서 『하나님은 기억하신다.』(*And God Remembered*)에서 말하기를, 예수님이 오실 때 많은 다윗과 같은 사람들이 그들의 밧세바와 같이 처한 처지에서 주님의 재림에 좀 당황하겠지만, 그들은 다 하나님의 자녀인 고로 하늘로 들림을 받을 것이라고

17) Richard Taylor, *A Right Conception of Sin*, PP.13~15

말하였다. 다시 말하면 그의 주장은 간음하는 자들도 그 간음하는 현장에서 곧장 하늘로 들림을 받는다는 말이다. 그러나 성경은 무엇이라고 말하고 있는가? "미혹을 받지 말라, 음란한 자나 우상을 숭배하는 자나 간음하는 자는 하나님의 나라를 유업으로 받지 못하리라." (고전 6:9-10) 라이스 박사의 말은 칼빈의 가르침과 완전하게 일치할지 모르나 하나님의 말씀과는 근본적으로 상반된다는 사실에 주목해야 한다.

칼빈의 신학적 체계는 논리적으로 선택받지 못한 유아(幼兒)들은 영원토록 멸망 받는다고 주장한다. 그들이 도덕적으로 책임질 수 있는 나이가 되기 전에 죽더라도, 그들은 모두 지옥에서 영원한 처벌을 받게 된다는 것이다. 그렇게 되는 것이 하나님의 영광스러운 정의(定義)를 찬양하는 것이라고 본다. 그러나 예수님은 마태복음 19장 14절에서 "어린아이들을 용납하고 내게 오는 것을 금지하지 말라. 천국이 이런 자의 것이니라" 라고 말씀하셨다. 웨슬리안-알미니안 신학에 따르면, 어린 시절에 죽은 모든 아이들은 천국에서 그리스도를 영화롭게 할 것이라고 했다. 그러나 엄격한 칼빈주의에 따르면, 선택받지 못한 유아들이 지옥에 가게 될 것은 하나님께서 그의 주권(主權)으로 그들을 멸망으로 정하셨기 때문이라는 것이다. 우리는 어떤 교리를 택할 것인가?

칼빈 교리의 신봉자들은 일반적으로 가르치기를, 천국에 들어가는 최종적 구원은 거룩한 생애 여하에 있는 것이 아니라고 한다. 사실상 웨스트민스터 신앙 고백에는 거룩한 생애라는 것은 전적으로 불가능하다고 주장하고 있다. 웨스트민스터 신앙 고백에는 "아무도 이 현세에서 계명을 지키는 것은 자기 자신이나 받은 어떤 은혜로도 불가능하며, 사람의 말과 행동과 마음과 생각(言行心思)으로 매일 그것을 위반하게 된다." 라고 기록되어 있다. 이런 신조(信條)에 대하여 하나님 말씀에 분명히 나타나 있다.

"나의 자녀들아 내가 이것을 너희에게 씀은
너희로 죄를 범치 않게 하려 함이라" (요일 2:1)

"자녀들아 아무도 너희를 미혹하지 못하게 하라.
의를 행하는 자는 그의 의로우심과 같이 의롭고,
죄를 짓는 자는 마귀에게 속하나니 마귀는 처음부터 범죄함이니라,
하나님의 아들이 나타나신 것은 마귀의 일을 말하려 하심이니라.
하나님께로부터 난 자마다 죄를 짓지 아니 하나니,
이는 하나님의 씨가 그의 속에 거함이요. 저도 범죄치 못하는 것은
하나님께로서 났음이라" (요일 3:7-9)

나는 여기서 칼빈주의 교파에서 수련받은 미국 남침례회 목사인 로버트 생크(Robert Shank) 목사의 저서 『아들 안의 생명』(*Life in the Son*) 가운데서 그의 말을 소개하고자 한다. 그는 칼빈 교리 가운데 많은 상충 되는 점과 모순점을 발견하고, 그

의 성경에 대한 칼빈주의적 견해를 근본적으로 바꾸었다고 말하고 있다. 그 서문에서 그는 "이 책은 어떤 의미로는 성경을 연구하던 사람이 지금까지 가지고 있던 교리를 버리게 되었다는 간증(干證)이기도 하며, 모든 사람으로 하여금 그러한 중요한 교리를 재검토해 보는 용기를 일으켜 주기를 중심으로 바라는 바이다." 라고 기록하였고, 성결의 말씀에 관하여는 "우리가 하나님과 교제를 가지며, 궁극적으로 은총 가운데 계속 머무는 일은 죄에 대하여 부주의하거나 친근한 태도를 가지는 동안 불가능하다. 죄에 대한 무분별한 태도는 오늘날 많은 신도들과 교회들이 진정한 신앙을 파괴하는 일에 일익을 담당하고 있다. 오늘날 모든 기독교인들에게 절실히 필요한 것은 성경에 나오는 거룩한 가르침에 깊은 관심을 가져야 한다는 것이다. 오늘날 대부분의 교회에서는 이 성결 교리가 수치스럽게 무시되고 있다. 모든 사람이 스스로 자문자답(自問自答)해 보아야 할 것은 실천적 성결에 대하여 거의 관심이 없는 사람이 과연 "나는 여호와 너희 하나님이라. 내가 거룩하니 너희는 거룩하라(레 11:44)" 고 하신 하나님께 대하여 얼마나 정성스러운 마음을 가지겠느냐는 말이다." 라고 하였다.[18] 칼빈의 교리를 믿고 자란 사람이 이처럼 교리체계의 결함을 분명히 인식하고, 특히 그러한 교리(칼빈주의) 때문에 성결의 가르침이 소홀해졌다는 것을 바로 인식하는 것은 우리 마음을 시원케 한다.

18) Robert Shank, *Life in the Son*, 서문, P. Wilnert, P.3.

결론적으로, 우리는 많은 칼빈의 교리에 선 사람들이 가장 성실하고, 경건하며, 그리스도를 본받은 크리스천임을 잘 알고 있다. 그들은 그리스도를 사랑하고 많은 희생으로 그의 은총을 증명한다. 그들이 그렇게 좋은 기독교인이라는 것은 하나님의 은총이 어떤 교리적인 경계에도 국한되지 않는다는 사실을 증명한다. 모두가 진정으로 하나님을 갈망할 때, 그들은 하나님을 찾고 만나게 된다. 성스러운 삶을 사는 칼빈 교리를 지키는 이들은 교리를 초월한 삶을 살고 있는 것이다. 그러나 칼빈의 교리 자체는 성결한 삶에 도움이 되지 못할 뿐만 아니라 우리를 죄에 대해 무관심하게 만드는 경향이 있다는 사실을 깨닫게 된다. 우리가 모두를 사랑한다면, 잘못된 교리를 가진 자도 사랑해야 하지만 그렇다고 해서 그들의 잘못된 교리까지도 시인(是認)하고 인정해야 하는 것은 아니다. 오히려 그들이 성경에 합당한 교리를 고수하므로 더 유익하고 효과적인 기독교인이 되도록 해야 한다. 성경이 분명하게 말씀하고 있는 것은 하나님은 성결의 은혜로 하나님이 원하시는 거룩한 삶을 살아가야만 한다는 사실이다.

2장 선행적 은총

선행적 은총
先行的 恩寵

제2장

선행적 은총
(Prevenient grace, enabling grace)

Ⅰ. 선행적 은총(은혜)의 이해

선행적 은총(선행적 은혜 의미로도 사용함.)은 하나님의 은총이 인간의 결정에 앞서서 작용한다는 신학적 교리이다. 선행적 은총은 하나님께서 구원에 필요한 모든 것을 값없이 주셨다는 것이다. 하나님의 선행적 은총은 죄인 된 인간이 예수 그리스도를 믿고 구원받는 데 필요한 모든 것을 이미 준비하셨고 베푸셨다는 의미이다. 선행적 은총은 성령의 역사로 인간의 양심과 이성과 자유의지를 회복시키고, 인간이 하나님을 찾도록 준비하셨다는 기독교의 교리이다. 성경에 나타난 '은혜'의 의미를 논하는 것은 선행적 은총을 이해하는 데 도움이 된다.

구약성경의 은혜를 의미하는 히브리어 '헨(חֵן)' 은 '불쌍히 여김', '긍휼히 여김', '값없이', '공짜로', '까닭 없이', '이유 없이' 의 뜻을 의미하고 있다. "그러나 노아는 여호와께 은혜를 입었더라(창 6:8)." 직역하면, "노아는 주님(YHWH)의 눈 속에서 은혜(חֵן)를 발견했다." 이다. 이 말씀은 '왜?', '무엇 때문에?' 이다. 창세기 6장 9절은 '이것이 노아의 족보니라 노아는 의인이요 당대에 완전한 자라 그는 하나님과 동행하였으며' 이다. 노의 의인 됨은 하나님의 은총에서 비롯되었다.

신약성경의 은혜(grace)의 의미는 정의(justice)에 대한 이해에서 시작된다. 헬라어의 정의(justice)는 '디카이오쉬네(δικαιοσύνη)' 이다. 성경에서 이 단어는 주로 '의(righteousness)' 로 사용되었다. 이 의(義)는 정의(justice)로 공평(fairness)의 의미로도 통용된다. 성경의 은혜는 '정의' 와 '공평' 을 넘어선다. 은혜의 주체는 하나님이시며, 그 하나님의 은혜가 구원의 핵심이다. 죄인 된 인간이 하나님께 받은 것은 "정의" 가 아니라 '은혜' 이다. 하나님의 한량없는 사랑을 받는다는 것은 하나님의 정의가 아니라 은혜이다. 하나님께서 인간을 정의로 대하신다면, 그 앞에 설 수 있는 자가 없을 것이다. 은혜는 정의 너머에 있지만 그렇다고 정의가 무시되지 않는다. 그러므로 하나님의 정의는 은혜 없는 정의가 아니라 은혜 가운데서의 정의이다. 하나님의 은혜는 "정의" 없이 이루어지는 것이 아니라, 정의의 바탕 위에서 이루어진다. 예수 그리스도의 십자가 사건은 하나님의 정의와 은혜가 함께 충족된 놀라운 사건이다. 우리가 모두 그의 충만함에서 선물을 받되, 은혜에 은혜를 더하여 받았다는 것을 성경이 증거하고 있다.

"우리가 다 그의 충만한데서 받으니 은혜 위에 은혜러라" (요 1;16)

"그러나 내가 나 된 것은 하나님의 은혜로 된 것이니
내게 주신 그의 은혜가 헛되지 아니하여 내가 모든 사도보다
더 많이 수고하였으나 내가 한 것이 아니요 오직 나와 함께 하신
하나님의 은혜로라" (고전 15:10)[19]

은혜의 헬라어 '카리스(χάρις)' 는 은혜, 기쁨과 즐거움, 선한 의지, 사랑, 호의, 긍휼, 은혜의 선물, 자비, 감사, 보답의 의미를 포함하고 있다. 동사형인 '카이로(χαίρω)' 는 '즐거워하다, 기뻐하다, 잘 되다, 번성하다, 안부를 묻다, 인사하다, 환영하다, 축하하다.' 의 의미이다. 은혜(χάρις)는 히브리어 '헨(חן)' 으로 '호의, 우아함, 매력, 자비, 은혜' 를 뜻한다. 이러한 의미로 볼 때, '헨(חן)' 이라는 단어는 하나님의 마음이 없는 자, 하나님처럼 되어버린 자에게 있어서 '매력, 우아함' (חן)이란 그 자체가 '탐욕(ἐπιθυμία)' 이라는 죄를 의미하기에 '죄를

19) 편집자 추가내용

안으로 간직함' 이라는 의미가 있다.

"말씀이 육신이 되어 우리 가운데 거하시매
우리가 그의 영광을 보니 아버지의 독생자의 영광이요
은혜와 진리가 충만하더라" (요 1:14)

사복음서에서 예수님에 대해 기록할 때, 예수 그리스도는 하나님의 생명의 말씀을 간직한 자라는 의미에서 '하나님의 은혜(χάρις)가 있는 자' (눅 2:40), '은혜로운(χάρις) 말을 하는 자' (눅 4:22), '하나님의 은혜(χάρις)가 충만한 자' (요 1:14) 그리고 '은혜(χάρις)를 주는 자' (요 1:17)로 표현하고 있다. 사도행전의 사도들은 말씀을 전하는 능력인 큰 권능(δύναμις)으로 예수의 부활을 증거할 때 큰 은혜(χάρις) 즉, 하나님의 생명의 말씀을 얻게 되었으며 스데반도 그 은혜(χάρις)가 충만하여 복음을 증거하였다고 기록되어 있다. 그러므로 성도는 '하나님의 생명의 말씀을 간직한 자' 라는 의미의 '은혜(χάρις)' 가 있는 자이며, 그 '은혜(χάρις)' 를 증거하는 자이고, 나아가 성도 자신이 바로 '은혜(χάρις)' 가 되는 것이다.

"주 예수의 은혜(χάρις)가 모든 자들에게 있을지어다. 아멘!"
(계 22:21)

초기 구원에 있어서 하나님의 은혜는 절대적으로 선행적 은총(Prevenient grace)이다. 이상과 같이 성경에서 말씀하고 있는 '은혜'에 대한 의미를 부여할 때 선행적 은총을 올바르게 이해할 수 있다.

선행적 은총의 개념은 교부 시대부터 제기되었던 '구원의 은혜의 날개'이다. 터툴리안(Tertulian)은 타락한 인류의 참된 회개는 하나님의 선행적 은총 아래 시작된다고 주장했다. 순교자 저스틴(영어)도 하나님의 구원 사역의 시작으로 선행적 은총을 강조했다. 알렉산드리아의 클레멘트(Clement), 암브로시우스(Sanctus Ambrosius), 크리소스톰(John Chrysostom)과 같은 교부들 역시 선행적 은총을 강조하면서 "신인협동설"을 설명하고 있다.

선행적 은총이 본격적으로 논의된 것은 어거스틴이 펠라기우스(Pelagius)와 논쟁하면서부터 시작되었고 발전되었다. 어거스틴은 펠라기우스에게 보낸 서신에서 "선행적 은총"과 "후행적 은총"을 주장하였다. 이 두 은총을 주장하기 위하여 인용한 성경은 시편 59:10 "나의 하나님이 앞서가서(prevenient) 그 인자하심으로 나를 영접하시며"와 시편 23:6 "나의 평생에 선하심과 인자하심이 정녕 나를 따르리니"이다. 시편 59:10의 "앞서가서"라는 구절이 우리말 성경에는 생략되어 있지만 그는 "하나님이 앞서가서"라는 구절로부터 "앞서가는 은총"의 개념을 확보하였고, 시편 23:6의 "정녕 나를 따르리니"를 기반으로 "뒤따르는 은총"의 개념으로 주해한 것이다.

어거스틴은 하나님의 선행적 은총의 주체는 성령이며 이 성령의 사역은 불가항력적이라고 주장하면서 하나님의 예정 안에서 택함을 받은 사람들은 반드시 선행적 은총을 받아들이게 된다고 강조하였다. 이러한 관점에서 어거스틴이 주장한 이 교리는 개혁파적 교리에 기원을 두고 있다. 개혁파에서는 중생과 은혜를 받기 위한 준비를 사람이 스스로 할 수 없다고 주장한다. 그러나 하나님의 선행적 은총의 "준비"는 타락한 사람이 은혜받는 일과 예수 그리스도를 믿는 일에 부응할 수 있다는 논리이다. 그러나 어거스틴이 사망할 즈음에 펠라기우스와 반펠라기우스주의에 의해 타락한 인간은 하나님께로 돌아선 이후에도 선행적 은혜에 대하여 저항할 수 있다는 주장이 제기되었으나 결국 이 주장은 AD. 529년에 오렌지 회의에서 정죄됐다.

로마 가톨릭이 주장하는 반 펠라기우스주의(semi-pelagian)에서 말하는 선행적 은총은 부분적으로 타락한 인류가 스스로 하나님을 향해 돌아서는 일반적 은총을 의미한다. 그러나 웨슬리가 말하는 선행적 은총은 전적으로 타락한 인류를 하나님께로 돌아서게 하시는 특별한 은혜이다. 곧 선행적 은총은 야코부스 아르미니우스와 존 웨슬리의 신학에 의해 영향을 받아 정립된 것으로 웨슬리안-알미니안의 신학으로 명명되어 이어지고 있다. 웨슬리가 주장하는 선행적 은총은 죄인 된 인간은 오직 하나님의 은총과 오직 믿음으로 구원받는다고 하는 종교개혁 신학의 핵심과도 같다. 나아가 웨슬리는 하나님의 은총으로 회복된 인격적 응답 능력을 강조한 점에서 종교개혁 신학의 정체성을 보완한 측면이 있다.[20]

웨슬리는 죄인이 지닌 양심을 선행적 은총의 증거로 보면서 양심과 선행적 은총을 동일시하였다. 선행적 은총의 작용으로 양심이 작동할 때 죄인으로 하여금 하나님과 구원의 필요성을 깨닫게 하고, 그 자유의지로 하나님의 은총에 복종하게 되었다는 것이다. 웨슬리는 선행적 은총을 「본성적 양심」이라고 언급했는데 보다 적당한 표현은 「선행적 은총」이다. 곧 우리가 열망하면 할수록 그 열망은 더욱 증가되며, 하나님의 아들이 세상에 비추는 참 빛으로 모든 삶을 계몽시키려는 것이 선행적 은총이다. 곧 "모든 사람들로 하여금 정의를 행하고, 인자를 사랑하고, 겸손히 하나님과 함께 걷도록 하는 은혜이다(미 6:8)." 라고 정의했다.

선행적 은총과 양심에 대해 웨슬리는 '보편적 양심이다.' 라는 설교에서 '선한 양심, 부드러운 양심, 완악한 양심' 을 설명했다. 첫째, 선한 양심은 절대적인 성령의 기름 부으심으로 이루어지며, 말씀에 따라서 모든 일들을 행하여 하나님과의 관

20) 편집자 추가내용.

계 안에서 발생하는 양심이다. 선한 양심은 선행적 은총의 증거로 선행적 은총과 동일 개념이다. 둘째, 부드러운 양심은 정죄하는 양심이라고 할 수 있다. 인간의 생각과 말과 행동이 하나님의 말씀으로부터 벗어나게 될 때 즉시 죄책감을 느끼며 자신을 정죄하는 양심이다. 셋째, 완악한 양심은 부드러운 양심보다 천 배 더 위험한 양심이다. 완악한 양심이란 도덕적으로 잘못된 행위를 하거나 하려고 할 때 느끼는 죄책감이나 비난감이 없는 양심을 의미한다.

선행적 은총과 자유의지에 대해 웨슬리는 아담이 타락하기 전에 선과 악을 선택할 수 있었으나 타락 후 하나님의 명령을 순종하지 않고 거역함으로 범죄하여 타락함으로 신의 형상 곧 도덕적 형상(절대적 형상)이 완전하게 파괴되었다고 주장하였다. 전적으로 부패하고 파괴된 자유의지가 하나님의 선행적 은총으로 선택의 능력을 회복시켜 주신 것임을 강조한다. 즉 웨슬리는 인간의 자유의지는 하나님의 초자연적인 선행적 은총에 의해 회복되었다는 것을 주장하였다.[21)]

이러한 역사적인 과정에서 성결교회 신학의 핵심은 중생과

21) 편집자 삽입. 1. 김홍기, 『신학과 세계: 존 웨슬리의 선재적 은총 이해』, 서울: 감리교 신학대학교 출판부, 1996. 2. 김홍기, 『신학과 세계: 성 어거스틴 은총론이 종교개혁 신학에 미친 영향』, 서울: 감리교 신학대학교 출판부, 1997. 3. 한영태, 『웨슬레의 조직신학』, 서울: 성광문화사, 1993. 4. 조종남, 『요한 웨슬레의 신학』, 서울: 대학기독교출판사, 1984. 5. 이성주, 『웨슬리 신학』, 서울: 성광문화사, 1988.

성결에 선행되는 조건이 바로 하나님의 선행적 은총에 있다는 점이다. 구원론 입장에서 본 선행적 은총은 그 순서가 매우 중요하다. 웨슬리는 이중 국면 관점에서 구원론을 주장했다. 이중 국면은 그리스도인의 현재적 구원과 넓은 의미의 포괄적 구원이다. 넓은 구원은 인간에게 작용하는 하나님의 은혜에 역사 전반을 포함하고 있다. 웨슬리 신학자들은 구원론의 "현재와 그 순서" 에 대해 비중을 두었다.

존 머레이(John Murray)는 하나님의 미리 정하신 계획과 섭리 가운데 구원의 순서가 있다고 주장했다. 하나님의 구원계획은 하나님에 의해 제정되었다고 믿는 것이다. 머레이는 로마서 8장 23절을 근거로 소명(calling)-의롭게 하심(justification)-영화롭게 하심(glorification)이란 구원의 순서를 제시하고 있다.[22] 머레이는 구원에 있어서 소명-중생-믿음과 회개-칭의-양자-성화-견인-영화의 순서를 제시했다. 루이스 벌콥(Louis Berkhof)은 성경에 나타나는 구원의 순서를 은혜(선택)-소명-중생-회심-신앙-칭의-성화-성도의 견인의 순서로 설명하였다.[23] 그런가 하면, 디이슨(Henry C. Thiessen)은 구원론을 선택과 소명-회심-믿음-칭의-중생-연합-양자-성화의 순서로 이해했다.[24] 와일리(Wiley)는 선행적 은총-복음적 소명-회개와 믿음-

22) John Murray, *Redemption-Accomplished and Applied*(Grand Rapids, Michigan: Wm. B. Eerdmans, 1975), 98, 100.

23) Louis Berkhof, *Systematic Theology*(Grand Rapids: Wm. B. Eerdmans, 1976), 416.

회심(칭의, 중생, 양자)-회개와 믿음-성화의 순서를 강조했다.[25] 웨슬리 신학은 선행적 은혜의 역사-칭의 이전의 회개-칭의-신생-칭의 후의 회개-점진적 성화-완전 성화의 순으로 주장하였다.

김응조 목사[26]의 구원론의 순서는 구원의 출발점에서 소명을 첫 번째 순서로 "소명을 하나님이 인간을 구원하시기 위하여 부르시는 것"으로 정의하고 있다. 또한 소명을 '일반소명'과 '특수소명'으로 나누고 있다.[27] 일반소명이 모든 인류를 향한 것이라면, 특수소명은 구원받기로 예정된 자를 향한 것이다. 예수 그리스도의 복음은 세상 모든 사람에게 선포된 소명으로 일반소명이다. 일반소명이 성령의 사역을 통해 내적이고 효과적인 소명으로 바뀌어지며, 특수소명이라고 주장했다.[28] 김응조는 소명을 삼위일체 하나님의 사역으로 설명하였다. 하나님은 인간의 구원을 위해 일하신다(고전 1:9; 살전 2:12; 벧전 5:10). 구원 사역은 그리스도를 통한 역사로 소명의 공로의 결과는 그리스도에

24) Henry C. Thiessen, *Lectures in Systematic Theology*(Grand Rapids: Wim. B. Eerdmans, 1975), 199.

25) Wiley H, Orton and Paul T. Culbertson, *Introduction to Christian Theology*(Kansas City Missouri: Beacon, 1946), 240.

26) 김응조는 1952년부터 1960년까지 8년간 서울신학대학 교수로 봉직했으며 1962년 성결대학교전신인 성결교신학교를 설립, 교장을 역임하였다. 그리고 1988년까지 성결대학교에서 신학 강의를 하였다.

27) 김응조, 『성서적 정통신학』(서울: 성청사, 1969), 42.

28) Berkhof, 『조직신학 인간론III』, 41.

게 있다(마 11:28; 눅 5:32; 요 7:37). 결과적으로 구원 사역은 그리스도의 영, 즉 성령을 통한 사역이다(마 10:20; 요 15:26; 행 5:31, 32). 이처럼 김응조는 일반소명과 특수소명, 즉 외적 소명(복음을 들은 상황)과 내적 소명(중생)을 통하여 인간의 구원을 주장 했다.[29)]

우성(右星) 손택구 목사는 하나님의 선행적 은총의 예비적 과정의 준비에 대한 성경적 근거로 제시하였다(롬 5:6;[30)] 엡 2:8;[31)] 요 6:44;[32)] 요 15:5;[33)] 딛 2;11-14[34)]) 우성은 각성(覺醒)과 각죄(覺罪)[35)], 죄인의 회개(悔改), 전적 순복(全的順服), 믿음(구원으

29) 김성영, 『영암의 신학』(서울: 성광출판사, 1997), 124.

30) "우리가 아직 연약할 때에 기약대로 그리스도께서 경건하지 않은 자를 위하여 죽으셨도다." (롬 5:6)

31) "너희는 그 은혜에 의하여 믿음으로 말미암아 구원을 받았으니 이것은 너희에게서 난 것이 아니요. 하나님의 선물이라" (엡 2:8)

32) "나를 보내신 아버지께서 이끌지 아니하시면 아무도 내게 올 수 없으니 오는 그를 내가 마지막 날에 다시 살리리라" (요 6:44)

33) "나는 포도나무요 너희는 가지라 그가 내 안에, 내가 그 안에 거하면 사람이 열매를 많이 맺나니 나를 떠나서는 너희가 아무것도 할 수 없음이라" (요 15:5)

34) "모든 사람에게 구원을 주시는 하나님의 은혜가 나타나, 우리를 양육하시되 경건하지 않은 것과 이 세상 정욕을 다 버리고 신중함과 의로움과 경건함으로 이 세상에 살고, 복스러운 소망과 우리의 크신 하나님 구주 예수 그리스도의 영광이 나타나심을 기다리게 하셨으니, 그가 우리를 대신하여 자신을 주심은 모든 불법에서 우리를 속량하시고 우리를 깨끗하게 하사 선한 일을 열심히 하는 자기 백성이 되게 하려 하심이라" (딛 2:11-14)

로 이끄는), 개변(改變)을 선행적 은총의 예비적 과정으로 설명했다.

II. 선행적 은총의 예비적 과정

1. 자신의 죄로부터 각성(覺醒)과 각죄(覺罪)

선행적 은총 안에서 자신의 죄로부터의 각성[36]과 각죄가 있다. 각성은 타락한 인간이 선행적 은총 하에 악을 버리고 선을 택하여 하나님께로 돌아오는 것이다. 이는 타락한 인간이 하나님을 기쁘시게 하는 참된 삶의 시작이다. 자신의 죄를 각성하게 될 때 죄를 인정하게 되는 것을 각죄이다. 따라서 각성과 각죄는 하나님이 주신 선행적 은총 때문에 자신이 죄인 됨과 죄를 지음을 깨닫는 은혜의 과정이다. 각성과 각죄가 온전한 구원은

35) 자각의 의미를 포함

36) 웨슬리는 "선행적 은혜는 희미하게나마 하나님의 뜻을 깨닫는 것과 일시적으로나마 자신이 하나님께 범죄하였다는 것을 아는 것이며, 성령께서 때때로 모든 사람에게 역사하시며 깨닫게 하시는 전부를 말한다." 라고 하였다. 웨슬리는 선행적 은혜가 죄인을 각성시켜 하나님과 구원의 필요성을 느끼게 한다고 보았다. 김윤석, 성결교회와 사중복음. 49. 재인용 (편집자 삽입)

아니지만, 구원의 시작 과정이며 입문이라고 할 수 있다.

"그가 와서 죄에 대하여, 의에 대하여, 심판에 대하여 세상을 책망하시리라, 죄에 대하여라 함은 그들이 나를 믿지 아니함이요, 의에 대하여라 함은 내가 아버지께로 가니 너희가 다시 나를 보지 못함이요, 심판에 대하여라 함은 이 세상 임금이 심판을 받았음이라" (요 16:8-11)

"참 빛 곧 세상에 와서 각 사람에게 비추는 빛이 있었나니" (요 1:9)

"나를 보내신 아버지께서 이끌지 아니하시면 아무도 내게 올 수 없으니 오는 그를 내가 마지막 날에 다시 살리리라" (요 6:44)

탕자의 비유 (눅 15장)[37)]

37) "또 이르시되 어떤 사람에게 두 아들이 있는데 둘째가 아버지에게 말하되 아버지여 재산 중에서 내게 돌아올 분깃을 내게 주소서 하는지라 아버지가 그 살림을 각각 나눠 주었더니, 그 후 며칠이 안 되어 둘째 아들이 재물을 다 모아 가지고 먼 나라에 가 거기서 허랑방탕하여 그 재산을 낭비하더니 다 없앤 후 그 나라에 크게 흉년이 들어 그가 비로소 궁핍한지라, 가서 그 나라 백성 중 한 사람에게 붙여 사니 그가 그를 들로 보내어 돼지를 치게 하였는데, 그가 돼지 먹는 쥐엄 열매로 배를 채우고자 하되 주는 자가 없는지라, 이에 스스로 돌이켜 이르되 내 아버지에게는 양식이 풍족한 품꾼이 얼마나 많은가 나는 여기서 주려 죽는구나, 내가 일어나 아버지께 가서 이르기를 아버지 내가 하늘과 아버지께 죄를 지었사오니, 지금부터는 아버지의 아들이라 일컬음을 감당하지 못하겠나이다 나를 품꾼의 하나로 보소서 하리라 하고, 이에 일어나서 아버지께로 돌아가니라 아직도 거리가 먼데 아버지가 그를 보고 측은히 여

웨슬리는 모든 죄인에게 임한 하나님의 빛을 선행적 은혜로 설명하고 있다. 그 선행적 은혜는 죄인 된 인간의 양심과 이성에 각성을 준다. 각성은 타락한 인간이 하나님의 형상을 회복하고자 하는 것과 하나님을 찾고자 하는 심령을 준 것으로 말한다. 선행적 은혜는 구원 자체가 아니고 구원의 여명에서 구원의 완성 과정에 포함되어 있는 하나님의 은혜이다. 인간의 타락은 하나님의 형상의 완전한 상실이다. 그러나 하나님의 선행적 은혜는 어느 정도의 여지를 남겨 두셨다는 것이다.[38] 원죄는 범죄 한 아담으로부터 물려받은 인간의 죄 된 본성(sinful nature)이다. 이 원죄는 자범죄 이전 행위로 인간의 악한 본질적 상태를 의미한다. 이 악한 본성(원죄)으로부터 구체적인 범죄 행위(자범죄)가 발생

겨 달려가 목을 안고 입을 맞추니 아들이 이르되 아버지 내가 하늘과 아버지께 죄를 지었사오니 지금부터는 아버지의 아들이라 일컬음을 감당하지 못하겠나이다 하나, 아버지는 종들에게 이르되 제일 좋은 옷을 내어다가 입히고 손에 가락지를 끼우고 발에 신을 신기라, 그리고 살진 송아지를 끌어다가 잡으라 우리가 먹고 즐기자, 이 내 아들은 죽었다가 다시 살아났으며 내가 잃었다가 다시 얻었노라 하니 그들이 즐거워하더라 맏아들은 밭에 있다가 돌아와 집에 가까이 왔을 때에 풍악과 춤추는 소리를 듣고, 한 종을 불러 이 무슨 일인가 물은대 대답하되 당신의 동생이 돌아왔으매 당신의 아버지가 건강한 그를 다시 맞아들이게 됨으로 인하여 살진 송아지를 잡았나이다 하니 그가 노하여 들어가고자 하지 아니하거늘 아버지가 나와서 권한대 아버지께 대답하여 이르되 내가 여러 해 아버지를 섬겨 명을 어김이 없거늘 내게는 염소 새끼라도 주어 나와 내 벗으로 즐기게 하신 일이 없더니, 아버지의 살림을 창녀들과 함께 삼켜 버린 이 아들이 돌아오매 이를 위하여 살진 송아지를 잡으셨나이다 아버지가 이르되 얘 너는 항상 나와 함께 있으니 내 것이 다 네 것이로되, 이 네 동생은 죽었다가 살아났으며 내가 잃었다가 얻었기로 우리가 즐거워하고 기뻐하는 것이 마땅하다 하니라" (눅 15:11-32)

38) Cox, *John Wesley's Concept of Perfection*, 29-30.

하게 된다.[39] 그러므로 선행적 은총은 영적 각성과 양심을 통해 죄를 깨닫게 하시는 하나님 앞에서는 은혜인 것이다.[40]

2. 죄인의 회개(悔改)[41]

선행적 은총의 예비적 과정으로 죄인의 회개가 있다. 회개는

39) H. E. Jessop, *Foundations of Doctrine*, 『성결론』, 김용련 역 (서울: 생명줄, 1997), 25-37.

40) 편집자 추가내용.

41) 구약에서는 회개를 표현하는데 있어 두 가지 용어를 사용하였다. 이 회개의 용어에 대한 히브리어의 어원을 살펴보면, 먼저 히브리어 네함(נחם) 동사의 나팔(nipal)형 '니함'(נחם)을 '회개하다'라는 말로 사용했다. '니함'은 후회하다를 의미하는 말인데 흔히 계획과 행동의 변화를 수반하는 회개를 의미한다. 두 번째로 '슈브'(שׁוּב)라는 동사에서 찾을 수 있는데, 이는 '돌아오다', '돌이킨다', 특히 떠났다가 '돌아온다'는 것을 의미하는 단어이다. 신약에서는 위의 '에피스트로페' 외에, '메타노이아'(μετάνοια)라는 단어도 있는데 이는 신약에서 가장 자주 나타나는 회개의 용어이다. 이것은 '메타'(μετά)와 '누스'(νοῦς)의 복합어로서, 근본적으로 인간의 마음의 변화를 가리키지만, 이 변화는 전적으로 지적인 것으로만 여겨지는 것이 아니라 도덕적인 변화로도 생각되어진다. 즉 이 단어에서 알 수 있는 참 회개란 사람의 마음이 변화될 때 새 지식을 받을 뿐 아니라 그의 생활의 방향과 도덕적 성질까지도 변화되는 것을 의미한다. 이는 곧 지적으로는 구원의 도리를 알며(딤후 2:25), 의지적으로는 이기적이고 죄악된 육신 중심의 생활에서 하나님께로 돌이켜 변화됨을 의미하고(행 8:22), 감정적인 면에서 경건한 감정으로 변화되어 영적인 새로운 기쁨을 가지게 되는 것이다(고후 7:10).김윤석, 54-55. 재인용. (편집자 삽입)

예수 그리스도 사역의 핵심이다. 예수 그리스도의 십자가 은혜의 죄사함을 믿고 회개하는 자는 구원을 받는다는 것은 성경의 약속이다. 와일리(Wiley)는 "회개는 믿음(신앙)의 조건이며, 믿음(신앙)은 구원의 조건" 이라고 주장했다.[42] 죄인의 회개는 예수 그리스도의 복음의 핵심이다. 회개와 구원과 관련된 성경 구절이다.(마 3;2[43]), 8;[44] 마 4;17;[45] 롬 2;4;[46] 딤후 2;25;[47] 계 2;5,[48] 16;[49] 계9:20-21;[50] 계 16:9[51]))

42) H.O. wiley, P.T. Culbertson 공저, Introduction to Christian Theology, 김용련 역, 웨슬리 신학에서 본 기독교신학개론, 생명줄, 306.

43) "회개하라 천국이 가까이 왔느니라 하였으니" (마 3:2)

44) "그러므로 회개에 합당한 열매를 맺고" (마 3:2, 8)

45) "이 때부터 예수께서 비로소 전파하여 이르시되 회개하라 천국이 가까이 왔느니라 하시더라" (마 4:17)

46) "혹 네가 하나님의 인자하심이 너를 인도하여 회개하게 하심을 알지 못하여 그의 인자하심과 용납하심과 길이 참으심이 풍성함을 멸시하느냐" (롬 2:4)

47) "거역하는 자를 온유함으로 훈계할지니 혹 하나님이 그들에게 회개함을 주사 진리를 알게 하실까 하며" (딤후 2:25)

48) "그러므로 어디서 떨어졌는지를 생각하고 회개하여 처음 행위를 가지라 만일 그리하지 아니하고 회개하지 아니하면 내가 네게 가서 네 촛대를 그 자리에서 옮기리라" (계 2:5)

49) 그러므로 회개하라 그리하지 아니하면 내가 네게 속히 가서 내 입의 검으로 그들과 싸우리라" (계 2:16)

50) "이 재앙에 죽지 않고 남은 사람들은 손으로 행한 일을 회개하지 아니하고 오히려 여러 귀신과 또는 보거나 듣거나 다니거나 하지 못하는 금, 은, 동과 목석의 우상에게 절하고, 또 그 살인과 복술과 음행과 도둑질을 회개하지 아

회개를 설명 함에 있어 회심(conversion)과 회개(repentance)를 구분하는 것은 중요하다. 회심과 회개는 기독교 구원론과 연결되어 있다. 이 회심과 회개는 전혀 별개의 의미가 아니라 서로 관련하여 설명될 수 있다. 회심은 하나님을 알지 못하고 떠나 살던 인간이 하나님께로 돌아서는 구원의 기본과정이 되는 단회적 사건이다. 따라서 회심한 자가 반복하여 회심을 되풀이한다면, 첫 번째 회심을 올바로 한 것이 아니다.

이 회심은 그리스도 안에서 의인으로 칭함을 받은 것으로 나타나며, 하나님의 자녀로서 신분의 변화를 받는 것이다. 회개는 인생의 여정에서 거듭될 수 있지만 회심은 거듭되는 성도의 신앙 행위가 될 수 없으며, 처음 예수 그리스도를 진실로 영접하는 그 순간 단 한 번 경험하는 은혜이다. 그러나 회개는 성도의 일상생활 가운데서 지속적으로 일어나는 자각의 마음 표현이다. 즉 회개는 때마다 각성해야 할 믿음의 행위이다. 진정으로 회심한 성도일지라도, 세상과 완전하게 단절되어 성결하게 살 수 없기 때문이다.[52]

니하더라" (계 9:20, 21)

51) "사람들이 크게 태움에 태워진지라 이 재앙들을 행하는 권세를 가지신 하나님의 이름을 비방하며 또 회개하지 아니하고 주께 영광을 돌리지 아니하더라" (계 16:9)

52) 편집자 삽입.

그러므로 성도는 예수 그리스도 안에서의 용서를 확신하는 가운데 진정한 회개를 날마다 해야 한다.[53] 회심과 회개는 성령의 역사로 인한 선행적 은혜에서부터 출발한다. 죄인의 회개는 율법을 통한 깨달음과 성령의 역사 즉 성령의 은혜이다.[54] 회개는 불신자의 회개와 신자의 회개로 구분하여 설명된다. 불신자의 회개는 본 장에서 언급하는 죄인의 회개로 예수 그리스도를 알지 못한 자가 돌이켜 예수 그리스도를 영접하여 하나님의 자녀로 칭함을 받는 것이다. 신자의 회개는 그리스도인의 성숙과 성장을 위한 반복적인 회개 즉 성결의 삶을 유지하기 위한 것이다.[55]

3. 전적 순복(全的順服)

선행적 은총의 예비적 과정의 전적 순복은 회심한 자가 하나님 앞에 전적 헌신의 삶을 사는 것이다. 이는 하나님 앞에서 신자로서 살아가는 삶의 결단이다. 성도는 이 세상에서 살아가지만, 하나님 앞에서 순종하고 복종하는 삶을 사는 것이다. 따라

53) 편집자 추가내용

54) Works Ⅵ, 509.

55) 편집자 삽입

서 하나님의 자녀는 세상 사람들이 살아가고 있는 삶의 형태가 아니라 말씀에 순종하는 삶을 살아가야만 한다. 사도 바울은 다메섹에서 회심 후에 하나님 앞에 전적 순복의 삶을 시작하였다. 회심한 자의 삶의 태도는 세상 적으로 방탕과 음란과 호색 등의 삶으로부터 돌아서서 하나님의 말씀에 전적으로 순복하여 살아야 한다(롬 10:13[56]). 사도 바울은 예수를 핍박하는 사람에서 회심 후 하나님께 전적으로 순종하고 복종하는 삶을 살았다.

"너는 일어나 시내로 들어가라 네가 행할 것을 네게 이를 자가 있느니라 하시니" (행 9:6) -사도 바울의 회개-

예수 그리스도의 12제자를 비롯하여 초대교회 회심자들은 하나님 앞에서 순결한 삶을 살고자 결단하고 모든 수고를 아끼지 않는다. 이는 구원받은 하나님의 자녀로서 지극히 자연스러운 당연한 삶의 태도이다. 오순절 다락방 성령 충만을 경험한 이후 제자들은 전 세계 복음을 전파하는 역할을 했을 뿐만 아니라 복음을 위해 순교하였다. 제자들은 십자가에 못 박힘과 목 베임과 화형 등 복음을 전파로 죽도록 충성하였다.

56) "낮에와 같이 단정히 행하고 방탕하거나 술 취하지 말며 음란하거나 호색하지 말며 다투거나 시기하지 말고" (롬 10:13)

4. 믿음: 구원으로 이끄는 믿음[57)]

선행적 은총의 예비적 과정의 구원으로 이끄는 믿음은 성도의 삶에 열쇠와 같은 것이다. 믿음은 구원으로 이끄는 믿음과 매일의 삶 속에서 승리하게 하는 믿음이 있다. 구원에 이르게 하는 믿음은 "마음으로 믿어 의에 이르고 입으로 시인하여 구원에 이르게(롬 10:10)" 한다. 삶에 승리를 주는 믿음은 성도의 일상을 보호하고, 기적과 기사를 준다. 따라서 성도에게 주어진 믿음의 선물은 구원이자 성도의 삶을 진행하는 원동력이다(엡 2:8).

> "너희는 그 은혜에 의하여 믿음으로 말미암아 구원을 받았으니 이것은 너희에게서 난 것이 아니요. 하나님의 선물이라" (엡 2:8)

구약성경의 믿음의 용어는 히브리어 '아만'(אמן)' 이라는 단어이다. 이 단어는 '확고함', '불변' 이라는 뜻으로 '신

---

57) '믿음' 을 의미하는 히브리어 단어는 바로 '에무나(אמונה)'이다. 이는 '확고함', '안전', '신뢰성', '정직', '진리', '영구적인 의무', '성실하다', '평안하다' 등의 의미를 가지고 있다. '에무나(אמונה)' 는 '아만' 이란 기본어근에서 나왔고 '아만'은 '지속하다', '지탱하다', 확고해지다', '성실하다', '견고하다', '부양하다', '팔로 나르다', '아이를 운반하다', '영구적인', '끊임없는', '마르지 않는', '확실하다', '신뢰하다', '믿다' 등의 의미를 갖는다. '아만' 에서 '참되다', '진리이다'라는 뜻에서 우리가 잘 아는 '아멘' 이 나왔고 '진리'를 의미하는 ' 에메트' 란 단어가 나왔다. (편집자 삽입)

뢰', '성실성'의 개념으로 사용되었다. 또한, 믿음은 성도 자신이 믿고 의지하는 하나님께 대한 성도의 신앙적 지각에 대한 상태를 나타낸다. 이는 하나님 안에 '안전함', '확신함', '신임함'이라는 뜻을 포함하고 있다. 히브리어 개념상의 믿음은 주로 종교적인 의미로 사용되며 '피하다'라는 의미가 있다. '피하다' 의미는 성도가 하나님께 자신을 도피시켜 의지한다는 뜻이다. 믿음을 가장 많이 사용하는 폭이 넓게 이해하는 것은 하나님께서 사람에게 베푸시는 '자비', 하나님께 가지는 '경건심', '신앙심', 사람들 사이에서 가지게 되는 '긍휼'을 의미한다. 이는 하나님의 언약 아래서의 인간에 대한 하나님의 '은혜'라는 의미를 포함한다. 믿음은 하나님께 대한 이스라엘 백성들의 종교심을 형성하고, 하나님과 맺은 '언약'과 밀접한 관계가 있다. 믿음의 적절한 해석은 '신실하심' 곧 '미쁘심(faithfulness)'이다.[58]

신약성경의 믿음인 헬라어 'πίστις(피스티스)'에는 'πιστεύω(피스튜오)'라는 동사가 있다. 이 동사는 '믿는다'라는 뜻을 나타낸다. '피스티스'는 하나님을 믿는 인간의 믿음(faith)이라는 의미로 사용된다. 'πιστος(피스토스)'는 형용사로 '염려하는 감정을 버리고 의지적으로 기뻐하는 힘'을 뜻한다. 예수님은 "너희 목숨을 위하여 무엇을 먹을까 몸을 위하여 무엇을 입을

58) 편집자 추가내용

까 염려하지 말라." (눅 12:22)고 하셨다. 이 단어는 하나님의 지극하신 '미쁘심'을 포함한다. 믿음은 하나님의 말씀과 약속의 '신실하심'을 나타내는 것으로 사용되는 용어이다.[59] 따라서 믿음은 성도에게 주시는 하나님의 선물이자 성도가 이 세상을 살아가는 에너지이고, 힘이자 방패이다. 믿음은 심신을 구원으로 이끈다. 믿음은 육체의 질병과 마음의 병을 치료받고, 귀신을 박멸하는 기적과 이적을 체험하게 하는 하나님의 선물인 것이다(마 9:2,[60] 9:29[61] 14:31;[62] 행전 3:16;[63] 롬 1:17;[64] 막 5:34;[65] 마 5:28;[66] 롬 10:17;[67] 갈 5:8-9;[68] 딤후 4:70[69])).

---

59) 편집자 추가내용

60) "침상에 누운 중풍병자를 사람들이 데리고 오거늘 예수께서 그들의 믿음을 보시고 중풍병자에게 이르시되 작은 자야 안심하라 네 죄 사함을 받았느니라" (마 9:2)

61) "이에 예수께서 그들의 눈을 만지시며 이르시되 너희 믿음대로 되라 하시니" (마 9:29)

62) "예수께서 즉시 손을 내밀어 그를 붙잡으시며 이르시되 믿음이 작은 자여 왜 의심하였느냐 하시고" (마 14:31)

63) "그 이름을 믿으므로 그 이름이 너희가 보고 아는 이 사람을 성하게 하였나니 예수로 말미암아 난 믿음이 너희 모든 사람 앞에서 이같이 완전히 낫게 하였느니라" (행 3:16)

64) "복음에는 하나님의 의가 나타나서 믿음으로 믿음에 이르게 하나니 기록된바 오직 의인은 믿음으로 말미암아 살리라 함과 같으니라" (롬 1:17)

65) "예수께서 이르시되 딸아 네 믿음이 너를 구원하였으니 평안히 가라 네 병에서 놓여 건강할지어다" (막 5:34)

믿음이 있다는 것은 습관적인 염려 감정에서 해방되는 것이다. 믿음은 감정대로 살지 않는 것으로 힘들 때 감정과 기분과 환경대로 살지 않고 믿음으로 사는 것이다. 'υποστασις(후포스타시스)'의 단어는 미래에 성취될 일을 예감하고 여는 힘으로 '실상과 증거'를 포함하고 있는 단어이다(히 11:1-3).

"믿음은 바라는 것들의 실상이요 보이지 않는 것들의 증거니
선진들이 이로써 증거를 얻었느니라 믿음으로 모든 세계가
하나님의 말씀으로 지어진 줄을 우리가 아나니 보이는 것은 나타난
것으로 말미암아 된 것이 아니니라" (히 11:1-3)

'αναστασις(아나스타시스)'는 '부활의 능력을 입어서 일어나는 힘(믿음)'으로 하나님이 주시는 능력을 의미한다.[70] 이처럼 성

---

66) "이에 예수께서 대답하여 이르시되 여자여 네 믿음이 크도다 네 소원대로 되리라 하시니 그때로부터 그의 딸이 나으니라" (마 15:28)

67) "그러므로 믿음은 들음에서 나며 들음은 그리스도의 말씀으로 말미암았느니라 "(롬 10:17)

68) "또 하나님이 이방을 믿음으로 말미암아 의로 정하실 것을 성경이 미리 알고 먼저 아브라함에게 복음을 전하되 모든 이방인이 너로 말미암아 복을 받으리라 하였느니라, 그러므로 믿음으로 말미암은 자는 믿음이 있는 아브라함과 함께 복을 받느니라" (갈 5:8-9)

69) "나는 선한 싸움을 싸우고 나의 달려갈 길을 마치고 믿음을 지켰으니" (딤후 4:7)

70) 편집자 삽입내용

경이 말씀하고 있는 것은 믿음은 구원의 조건이자 시작이다. 믿음으로 구원을 받은 자는 구원의 완성이 되는 순간까지 일상의 삶 속에서 승리하게 하는 믿음을 가지고 하루하루를 살아야만 한다.

5. 개변(改變)

선행적 은총의 예비적 과정으로 개변(conversion)은 믿음과 회개를 포함하고 있다. 개변은 중생자가 실제적인 믿음과 회개의 행위를 했을 때를 의미한다. 개변은 입술의 고백과 마음의 회개에 결과로 행위와 태도의 변화이다. 성령의 역사로 회개를 통한 변화된 삶은 하나님의 자녀다운 삶의 실천이다.[71] 개변을 시작으로 하나님의 백성으로서의 삶을 살게 되며, 그 완성은 천국에 이르게 되는 것이다. 예수 그리스도 안에서 회심하여 구원받은 성도라 할지라도 세상의 유혹과 공격 가운데 살아가게 된다. 죄악 된 세상을 살 때 하나님 앞에 자신의 죄 된 삶을 수시로 고백하게 되는데 이것이 곧 회개이다. 따라서 개변, 즉 회심이 일회적이라면, 회개는 성도가 이 세상에 사는 동안 끊임없이 하게 되는 믿음의 행위이다. 예수 그리스도의 죄 사하심을 믿고 회개

71) Dale M. Yocum Creeds in Contrast, 저, 손택구 역, 기독교 신조 대조, 139.

하는 것은 성경의 약속이자 가르침이다. 따라서 개변, 즉 회심 후에도 성도는 매일 같이 회개의 삶을 살아야만 한다(마 10:3;[72]) 시편 7:12;[73])겔 18:30;[74]) 눅 3:8;[75]) 행 3:19-21;[76]) 고후 12:21;[77]) 히 6;1-2;[78]) 벧후 3:9[79])).

72)"이르시되 진실로 너희에게 이르노니 너희가 돌이켜 어린아이들과 같이 되지 아니하면 결단코 천국에 들어가지 못하리라" (마 18:3)

73)"사람이 회개치 아니하면 저가 그 칼을 갈으심이여 그 활을 이미 당기어 예비하셨도다" (시편 7:12)

74)"나 주 여호와가 말하노라 이스라엘 족속아 내가 너희 각 사람의 행한대로 국문할찌라 너희는 돌이켜 회개하고 모든 죄에서 떠날찌어다 그리한즉 죄악이 너희를 패망케 아니하리라" (겔 18:30)

75) "그러므로 회개에 합당한 열매를 맺고 속으로 아브라함이 우리 조상이라 말하지 말라 내가 너희에게 이르노니 하나님이 능히 이 돌들로도 아브라함의 자손이 되게 하시리라" (눅 3:8)

76) "그러므로 너희가 회개하고 돌이켜 너희 죄 없이 함을 받으라. 이같이 하면 유쾌하게 되는 날이 주 앞으로부터 이를 것이요 또 주께서 너희를 위하여 예정하신 그리스도 곧 예수를 보내시리니, 하나님이 영원 전부터 거룩한 선지자의 입을 의탁하여 말씀하신바 만유를 회복하실 때까지는 하늘이 마땅히 그를 받아 두리라" (행 3:19-21)

77)"또 내가 다시 갈 때에 내 하나님이 나를 너희 앞에서 낮추실까 두려워하고 또 내가 전에 죄를 지은 여러 사람의 그 행한바 더러움과 음란함과 호색함을 회개치 아니함을 인하여 근심할까 두려워하노라" (고후 12:21)

78) "그러므로 우리가 그리스도의 도의 초보를 버리고 죽은 행실을 회개함과 하나님께 대한 신앙과 세례들과 안수와 죽은 자의 부활과 영원한 심판에 관한 교훈의 터를 다시 닦지 말고 완전한 데로 나아갈지니라" (히 6:1-2)

79) "주의 약속은 어떤이의 더디다고 생각하는 것 같이 더딘 것이 아니라 오직 너희를 대하여 오래 참으사 아무도 멸망치 않고 다 회개하기에 이르기를 원하

시느니라" (벧후 3:9)

3장 구원(救援)의 사중국면(四重局面)

초기 구원
충만한 구원
계속적 구원
궁극적 구원

제3장

구원(救援)의 사중국면(四重局面)

구원의 사중국면은 구원의 전체적인 의미와 목적을 설명하고 있으며, 서로 연관되어 있다. 구원은 하나님께서 죄인 된 인간을 예수 그리스도 안에서 자신과 영원히 교제할 수 있는 새로운 피조물로 만드시기 위한 하나님의 계획이다. 이 영적 과정이 바로 초기 구원, 충만한 구원, 계속적 구원, 영원한 구원으로 구원의 사중국면이다. 구원의 사중국면은 1장, 2장에서 논한 바와 같이 하나님의 예지・예정과 선행적 은총을 선행조건으로 밀접하게 연결되어 있다.

"너희는 하나님으로부터 나서 그리스도 예수 안에 있고 예수는 하나님으로부터 나와서 우리에게 지혜(선행적 은총)와 의로움(초기 구원)과 거룩함(충만한 구원)과 구원함(궁극적/최종적 구원)이 되셨으니" (고전 1:30)

구원의 사중국면(The Four-fold Aspect of Salvation)은 성경에서 말씀하고 있는 "구원"에 대한 총괄적 의미를 담고 있다. 사중국면(四重局面)은 인간의 구원을 위한 영적 경험으로 죄인 된 인간의 마음속에 구원의 발단(發端) 순간부터 예수 그리스도의 재림을 통한 구원의 완성까지의 과정을 포함하고 있다. 구원(救援)의 사중국면(四重局面)은 구원의 4가지의 국면으로 "큰 구원(great a salvation)"을 설명하는 과정이라고 할 수 있다(히 2:3).

"우리가 이같이 큰 구원을 등한히 여기면 어찌 그 보응을 피하리요
이 구원은 처음에 주로 말씀하신 바요 들은 자들이
우리에게 확증한 바니" (히 2:3)

구원의 사중국면은 초기 구원(Initial Salvation (Regeneration of New Birth), 충만한(전적:全的) 구원(Full Salvation(Entire Sanctification or Spirit-filled life), 계속적 구원(은혜중에 성장: Continuous Salvation (Growth in grace), 궁극적(최후적) 구원(Final Salvation)으로 구분하여 설명할 수 있다. 이 구원의 사중국면은 서로 수직적, 점진적으로 상호작용하며 연결되어 있다.

Ⅰ. 초기 구원((Initial Salvation)

구원의 첫 번째 국면은 초기 구원으로 물과 성령으로 거듭나야 하는 중생/신생이다. 초기적 구원은 성결 신학에 입문하는 첫 관문이다(요 3:1-8; 롬 3:24-26, 5:18, 8:15; 갈 3:26, 4:7)

1. 초기 구원의 필요성과 인간의 태도(인간 편)

초기 구원은 중생 또는 신생(Regeneration of New Birth)의 은혜를 받는 것이다. 예수님은 요한복음 3장에서 니고데모에게 '물과 성령' 으로 거듭나야 하는 분명한 이유를 말씀하셨다. 인간에게 초기 구원이 필요한 것은 전적 타락으로 인한 죄 때문이다. 인간의 죄의 결과는 사망이며, 이 땅에서 사망에 이르게 하는 죄의 문제를 해결하지 못할 때 영원한 지옥의 형벌이 있을 뿐이다. 성경은 모든 사람이 죄인으로 말씀하고 있다(롬 3:23).

> "모든 사람이 죄를 범하였으매 하나님의 영광에 이르지
> 못하더니" (롬 3:23)

1) 죄 가운데 있는 인간

인간은 율법을 범하는 죄, 행동으로써 지은 죄, 주어진 자유의 남용으로 지은 죄, 그리고 도덕적으로 악한 선택을 하는 죄의 결과로 죽음에 이르게 된다. 성경이 말씀하고 있는 죄는 하나님을 찾지 않는 죄를 시작으로 하나님의 뜻대로 살기보다는 자기의 뜻대로 살아가고 있는 죄, 그 행위와 행실이 성경 말씀에 위배 되는 삶, 선을 행하지 않는 죄, 그리고 예수 그리스도를 믿지 않는 죄이다.

"여호와께서 하늘에서 인생을 굽어살피사 지각이 있어 하나님을 찾는 자가 있는가 보려 하신즉, 다 치우쳐 함께 더러운 자가 되고 선을 행하는 자가 없으니 하나도 없도다" (시 14:2-3)

"만물보다 거짓되고 심히 부패한 것은 마음이라 누가 능히 이를 알리요마는, 나 여호와는 심장을 살피며 폐부를 시험하고 각각 그의 행위와 그의 행실대로 보응하나니" (렘 17:9)

"우리는 다 양 같아서 그릇 행하여 각기 제 길로 갔거늘 여호와께서는 우리 모두의 죄악을 그에게 담당시키셨도다" (사 53:6)

"선을 행하고 전혀 죄를 범하지 아니하는 의인은 세상에 없기 때문이로다" (전 7:20)

"그가 와서 죄에 대하여, 의에 대하여, 심판에 대하여 세상을 책망하시리라 , 죄에 대하여라 함은 그들이 나를 믿지 아니함이요" (요 16:10)

"그는 허물과 죄로 죽었던 너희를 살리셨도다 그 때에 너희는 그 가운데서 행하여 이 세상 풍조를 따르고 공중의 권세 잡은 자를 따랐으니 곧 지금 불순종의 아들들 가운데서 역사하는 영이라, 전에는 우리도 다 그 가운데서 우리 육체의 욕심을 따라 지내며 육체와 마음의 원하는 것을 하여 다른 이들과 같이 본질상 진노의 자녀이었더니" (엡 2:1-3)

죄의 결과는 '영적 죽음, 육체적 죽음, 영원한 죽음으로 「삼중 죽음」을 가져오게 된다. 영적 죽음은 하나님과의 관계가 단절된 상태, 즉 죄로 인하여 하나님과 분리된 상태, 육체적 죽음은 영혼과 육체가 분리되어 육체가 죽는 것,[80] 영원한 죽음은 예수 그리스도의 재림 후 심판받은 죄인들이 영원한 지옥 형벌을 받는 것이다.[81] 그러나 예수 그리스도를 믿는 자는 이 「삼중 죽음」에서 구원받게 된다. 예수 그리스도를 믿고 죄를 회개하는 자는 영적 죽음에서 구원받게 된다. 이 결과로 하나님과의 화해를 통한 영적 교제가 시작된다. 육신의 죽음은 예수 그리스도의 재림을 통해 부활의 몸으로 구원받게 되고, 영원한 죽음은 예수

80) 히 9:27 한번 죽는 것은 사람에게 정해진 것이요 그 후에는 심판이 있으리니

81) 한영태, 『웨슬레의 신학』, 성광문화사, 1994. p. 84-86.

그리스도의 재림으로 영원한 천국의 삶을 살게 되는 것이다.

삼중 죽음으로부터의 구원은 하나님의 선행적 은총(prevenient grace)이 전제되어야만 한다. 인간은 하나님의 선행적 은총 하에 죄를 인식하고, 죄를 각성(覺醒)하게 되어 자신이 하나님께 범죄 하였다는 사실을 인식하게 되어 각죄(覺罪)를 고백하게 된다.[82)]

웨슬리는 선행적 은총이 죄인을 각성시켜 하나님과 구원의 필요성을 느끼게 한다고 주장했다.[83)] 웨슬리의 선행적 은총관은 깨닫는 은총(convincing grace: 회개의 은총), 칭의의 은총(justifying grace), 성화의 은총(sanctifying grace)으로 설명하고 있다. 웨슬리는 죄인 된 인간 구원의 순서를 1) 선행적 은총의 역사, 2) 칭의 전의 회개, 3) 칭의, 4) 신생, 5) 칭의 후의 회개와 점진적 성화, 6) 완전한 성화(성서적 구원의 방법 설교 중에서)로 세분화하였으며, "우리 자신의 구원을 이룸에 대하여" 라는 설교에서는 1) 선행적 은총, 2) 회개(깨닫는 은총), 3) 칭의, 4) 성결의 순으로 설명하였다.[84)] 이 두 설교의 공통점은 구원의 출발점이 선행적 은총이라는 것과 선행적 은총은 인간의 죄의 문제를 해결하기 위한 하나님의 준비라는 것이다. 즉, 선행적

---

82) Works, XIII, 45.

83) Works, V, 443.

84) 한영태, 『웨슬레의 신학』, p. 102-107.

은총이 구원에 충만한 은혜가 될 수 없으나 구원의 거룩한 문으로 인도하는 은혜의 빛줄기라고 할 수 있다. 최초의 선행적 은총의 시작은 창세기 5장 15절로 아담의 범죄 직후 시작되었다. "내가 너로 여자와 원수가 되게 하고 네 후손도 여자의 후손과 원수가 되게 하리니 여자의 후손은 네 머리를 상하게 할 것이요 너는 그의 발꿈치를 상하게 할 것이니라 하시고" 이 말씀은 인간의 타락 직후 메시야 예수 그리스도를 통한 구원의 약속으로 하나님의 선행적 은총, 즉 구원의 시작점이 된다.

"이는 사람으로 혹 하나님을 더듬어 찾아 발견하게 하려 하심이로되 그는 우리 각 사람에게서 멀리 계시지 아니하도다" (행 17:27)

웨슬리는 원죄와 자범죄, 의지적 죄와 무의지적 죄, 내적인 죄와 외적인 죄, 태만죄, 그리고 신자 안에 있는 죄로 구분하여 설명하였다. 원죄는 아담으로부터 유전되어 온 죄성(罪性)으로 '악한 뿌리, 죄의 모태' 라고 하였다. 이 원죄에 대한 설명에 대해 이성주 교수와 배본철 교수는 완전 제거, 예수 충만한 삶을 통한 활동 제재, 김윤석은 원죄 해결 문제를 관해(寬解)[85]로

85) 김윤석, 목회안수 대상자 교육 강의, 2023. '관해' 는 의학 용어로도 쓰인다. 관해는 질병의 증상이나 병변이 감소하거나 소실된 상태. 더 현재는 더 이상 발전이 되지 않는 상태 그러나 언제든지 다시 재발할 수 있는 상황으로써 지속적으로 병세를 관리해야 하는 상태를 말한다. 즉, 원죄가 성결의 은혜를 받았을지라도 완전하게 제거되는 것이 아니라 인간 안에 관해 되어 있으니 원죄

설명하고 있다. 주목할 만한 사실은 실제적 죽음에 이르게 하는 것은 '원죄'가 아니라 '자범죄' 때문이라는 점이다.

의지적 죄는 '하나님의 알려진 법에 대한 의지적 위반'을 하는 것으로 자범죄를 말한다. 무의지적 죄는 인간의 연약성으로 인한 죄로 육체나 정신의 자연적 결함인데 이는 죄가 아니다. 인간의 연약성은 무지, 오류, 이해력의 둔감, 상상력의 약점, 기억력의 결여, 언어 표현의 미숙 등으로 비고의적 죄라는 것이 웨슬리의 관점이다.

내적인 죄는 유혹을 받을 때 그것을 물리치지 못하고 하나님의 은혜에 머물지 않을 때 싹이 터서 범하게 되는 죄이다.

외적인 죄는 내적인 죄가 싹이 터서 구체적인 행동으로 나타나게 되는 죄를 말한다.

태만죄는 소극적인 내적 죄로 무관심의 죄로 정의된다. 이는 신자로서 게을리하는 신앙생활로 형제의 죄를 벌하지 않고 꾸중하지 않은 태만, 은혜의 수단을 활용하지 않고 게으른 것 등을 말한다.

성도 안에 있는 죄는 중생자 안에 남아있는 죄로. 즉 원죄의 죄성(罪性)을 의미한다. 중생자는 자범죄와 원죄의 죄책은 모두

가 활성화되지 않도록 지속적으로 성결의 삶을 추구해야 한다는 의미이다. (편집자 삽입)

용서받았다. 그러나 원죄의 죄성은 변화를 시작하였으나 아직은 완성되지 않았다. 이 죄성의 소멸은 성령 충만함을 통한 성결의 은혜를 입을 때 가능하다.86)

웨슬리는 죄를 자발적인 죄(voluntary sin)와 비자발적인 죄(involuntary sin)로도 구분하여 설명했다. 자발적인 죄는 의도적으로 하나님의 법을 위반하는 것이고, 비자발적인 죄란 무지나 연약함으로 인해 하나님의 기준에 미치지 못하는 것이다. 웨슬리는 자발적인 죄를 1) 과거의 죄(죄책), 2) 현재의 죄(외적인 죄), 3) 내적인 죄(본성의 부패)로 나누었고, 비자발적인 죄는 1) 연약함(무의식적 실패), 2) 부지불식간(충동적 또는 반응적 반응)의 죄로 구분하였다.

웨슬리는 자발적인 죄에 대해 하나님께서 용서하시고 치유하실 수 있다고 믿음으로써 주님 앞에 가지 전에도 완전한 구원을 받을 수 있다고 확신하였다. 반면 비자발적인 죄는 완전히 벗어날 수 없다고 인정하였다. 그러나 비자발적인 죄도 하나님의 용서가 필요하다고 말했다.

결과적으로 웨슬리는 인간의 구원 문제를 죄 문제와 관련하여 설명하였다. 웨슬리에 의하면, 원죄로 인한 죄책은 하나님께서 감사 없이 모든 사람들에게 주신 선행적 은총, 곧 예수 그리

86) 한영태, 『웨슬레의 신학』, p. 90-94.

스도의 대속의 무조건적인 공로로 해결된다고 믿었다. 즉 선행적 은총은 인간에게 하나님을 믿고 순종할 수 있는 자유의지를 회복시켜 준다는 것이다. 그러나 선행적 은총을 받아도 여전히 죄를 범할 수 있기때문에 하나님을 믿고 예수 그리스도를 구주로 영접할 것을 주장했다.

웨슬리는 구원의 은총을 받은 후에도 인간은 여전히 완전하지 않다고 생각했다. 인간은 구원의 은총을 받아도 여전히 무의지적 죄에 시달릴 수 있기때문에 하나님은 인간에게 완전한 은총(entire sanctification)을 주실 것이라고 믿었다. 이 은총은 인간을 모든 죄에서 해방하고 완전한 사랑으로 가득찬 것을 의미한다.

김응조 목사는 계몽과 선도의 개념에서 '직각의식'(直覺意識)으로 죄인인 인간이 하나님의 존재 의식을 찾을 수 있는 '신의식(神意識)' 을 주장했다.[87] 이것은 전적으로 부패한 죄인 된 인간이 하나님께서 부여하신 선행적 은총 때문에 선험적(先驗的)으로 하나님을 인식하게 된다는 주장이다. 김응조의 '직각의식(直覺意識)은 웨슬리가 주장하고 있는 선행적 은총의 개념과 맥을 같이 한다고 할 수 있다.[88]

87) 金應祖, 『聖書的 正統神學』, 42.

88) 경험에 앞서서 인식의 주관적 형식이 인간에게 있다고 주장하는, 또는 그런 것. 대상에 관계되지 않고 대상에 대한 인식이 선천적으로 가능함을 밝히려는 인식론적 태도를 말한다.

인간의 죄에 결과로 주어지는 삼중 죽음에서의 구원은 「구원받았다, 구원받고 있다, 구원받을 것이다」의 연속적 측면에서 설명할 수 있다.

'구원을 받았다'는 것은 과거적 측면에서의 구원이다. 이는 예수 그리스도를 믿음으로써 '의롭다하심[89]'을 받는 칭의(稱義)를 의미한다.

"우리가 소망으로 구원을 얻었으매 보이는 소망이 소망이 아니니 보는 것을 누가 바라리요" (롬 8:24)

"너희는 그 은혜에 의하여 믿음으로 말미암아 구원을 받았으니 이것은 너희에게서 난 것이 아니요 하나님의 선물이라" (엡 2:8)

'구원을 받고 있다'는 문법적으로 '현재형 또는 완료수동형'으로 현재적 구원이다. 이는 성도의 삶이 성령 충만함으로써 '성결의 삶을 유지'[90]하는 것으로 충만한 구원의 의미를 담고 있다.

---

89) 롬 3:24 그리스도 예수 안에 있는 속량으로 말미암아 하나님의 은혜로 값 없이 의롭다 하심을 얻은 자 되었느니라. 5:19 한 사람이 순종하지 아니함으로 많은 사람이 죄인 된 것 같이 한 사람이 순종하심으로 많은 사람이 의인이 되리라. 딛 3:7 우리로 그의 은혜를 힘입어 의롭다 하심을 얻어 영생의 소망을 따라 상속자가 되게 하려 하심이라.

90) 현재형 성경 구절 살후 2;13 주께서 사랑하시는 형제들아 우리가 항상 너희에 관하여 마땅히 하나님께 감사할 것은 하나님이 처음부터 너희를 택하사 성령의 거룩하게 하심과 진리를 믿음으로 구원을 받게 하심이니. 딤전 4:5 하나님의

"십자가의 도가 멸망하는 자들에게는 미련한 것이요 구원을 받는 우리에게는 하나님의 능력이라" (고전 1:18)

'구원을 받을 것이다'는 영화롭게 하심으로 이는 구원의 미래적 측면과 인간의 최종적 구원을 의미 내포하고 있다. 이 구원은 삼중 죽음에서의 궁극적 구원 즉, 영원한 구원으로 설명할 수 있다.

"그러면 이제 우리가 그의 피로 말미암아 의롭다 하심을 받았으니 더욱 그로 말미암아 진노하심에서 구원을 받을 것이니 곧 우리가 원수 되었을 때에 그의 아들의 죽으심으로 말미암아 하나님과 화목하게 되었은즉 화목하게 된 자로서는 더욱 그의 살아나심으로 말미암아 구원을 받을 것이니라" (롬 5:9-10)

말씀과 기도로 거룩하여짐이라. 히 2:11 거룩하게 하시는 이와 거룩하게 함을 입은 자들이 다 한 근원에서 난지라 그러므로 형제라 부르시기를 부끄러워하지 아니하시고. 완료수동형 성경 구절 행 20:32 지금 내가 여러분을 주와 및 그 은혜의 말씀에 부탁하노니 그 말씀이 여러분을 능히 든든히 세우사 거룩하게 하심을 입은 모든 자 가운데 기업이 있게 하시리라. 행 26:18 그 눈을 뜨게 하여 어둠에서 빛으로, 사탄의 권세에서 하나님께로 돌아오게 하고 죄 사함과 나를 믿어 거룩하게 된 무리 가운데서 기업을 얻게 하리라 하더이다. 롬 15:16 이 은혜는 곧 나로 이방인을 위하여 그리스도 예수의 일꾼이 되어 하나님의 복음의 제사장 직분을 하게 하사 이방인을 제물로 드리는 것이 성령 안에서 거룩하게 되어 받으실 만하게 하려 하심이라. 고전 1:2 고린도에 있는 하나님의 교회 곧 그리스도 예수 안에서 거룩하여지고 성도라 부르심을 받은 자들과 또 각처에서 우리의 주 곧 그들과 우리의 주 되신 예수 그리스도의 이름을 부르는 모든 자들에게3) 하나님 우리 아버지와 주 예수 그리스도로 좇아 은혜와 평강이 있기를 원하노라

2) 하나님께 대한 회개

초기 구원의 인간 편에서 하나님께 취할 태도는 하나님께 대한 자신의 죄를 회개(悔改)(행 20:21)하는 것이다.

"유대인과 헬라인들에게 하나님께 대한 회개와 우리 주 예수 그리스도께 대한 믿음을 증언한 것이라" (행 20:21)

하나님의 선행적 은총은 인간에게 회개를 명하실 뿐만 아니라 회개하는 은혜를 주신다(행 17:30-31;[91] 롬 2:3-8[92]).

죄인 된 인간은 죄 사함을 받기 위해 자신의 죄를 회개해야 한다. 하나님에 대한 진정한 회개가 초기 구원을 받을 수 있는

91) "알지 못하던 시대에는 하나님이 간과하셨거니와 이제는 어디든지 사람에게 다 명하사 회개하라 하셨으니 이는 정하신 사람으로 하여금 천하를 공의로 심판할 날을 작정하시고 이에 그를 죽은 자 가운데서 다시 살리신 것으로 모든 사람에게 믿을 만한 증거를 주셨음이니라 하니라" (행 17:30-31)

92) 이런 일을 행하는 자를 판단하고도 같은 일을 행하는 사람아, 네가 하나님의 심판을 피할 줄로 생각하느냐, 혹 네가 하나님의 인자하심이 너를 인도하여 회개하게 하심을 알지 못하여 그의 인자하심과 용납하심과 길이 참으심이 풍성함을 멸시하느냐, 다만 네 고집과 회개하지 아니한 마음을 따라 진노의 날 곧 하나님의 의로우신 심판이 나타나는 그 날에 임할 진노를 네게 쌓는도다, 하나님께서 각 사람에게 그 행한 대로 보응하시되, 참고 선을 행하여 영광과 존귀와 썩지 아니함을 구하는 자에게는 영생으로 하시고, 오직 당을 지어 진리를 따르지 아니하고 불의를 따르는 자에게는 진노와 분노로 하시리라" (롬 2:3-8)

지름길이 된다. 그 회개도 하나님의 선행적 은총으로 진행된다는 사실이다.

회개는 하나님의 구원의 완성을 위해 하나님께서 베푸시는 은혜이자 명령이다. 회개는 히브리어 '나함(נחם)' (뉘우친다)과 '슈브(שׁוּב)' (돌아선다)이다. 신약성경의 헬라어 용어는 '메타노에오(metanoeo)' (마음의 변화)와 '에피스트로페(epistrophe)' (행동의 변화)가 있다. '나함(נחם)' 은 어떤 사람의 감정, 슬픔, 동정 혹은 위로의 물리적인 표현의 개념에서 유래된 것으로 '슬프다, 회개하다, 후회하다, 위안이 되다, 위로하다.' 등의 의미가 있다. 이 단어는 하나님의 후회에 대한 언급을 내포하고 있다(창 66-7; 출 32:14; 삿 2:18; 삼상 15:11 등). 이 단어는 하나님의 불변성과 조화되지 않는 것처럼 보이지만 하나님은 하나님의 목적에 따라 인간들과의 관계를 변화시켜 나가신다는 것을 의미할 때 사용되는 단어이다. '슈브(שׁוּב)' 는 '되돌아오다.' (turn back: 렘 8:4; 겔 33:19)라는 뜻을 가지고 있어 예언서의 선지자들이 자주 사용하였다. 이 단어는 구약에서 열두 번째 가장 자주 사용한 동사이다. "너희 마음을 이스라엘의 하나님 여호와께로 향하라" (수 24:23), "스스로 할례를 행하여 여호와께 속하라" (렘 4:4), "네 마음의 악을 씻어 버리라" (렘 4:14), "너희 묵은 땅을 기경하라" (호 10:12) 등의 말씀에 사용되었다. 이는 인간의 참회 행동을 의미한다.

회개의 단어는 '악으로부터 돌아서는 것과 선을 향하는 것'으로 표현하고 있다. 신약성경에 16번 언급된 헬라어 '에피스트레포'는 "되돌아서다(turn back), 회심하다(to be converted)"로 마 13:15, 눅 22:32, 행 15:19, 벧전 2:25에는 'repent'라는 뜻을 가지고 있다. 명사형 '에피스트레페'는 "되돌아섬(turming back), 회심(conversion)"의 뜻을 포함한다. '에피스트로페'는 '메타노이아'(metanoia)보다 더 넓은 의미로 사용된다. 그 의미는 마음의 변화만을 말하는 것이 아니라 새로운 관계를 설정하는 것을 말한다. 즉, 그리스도를 믿기 전에 잘못을 깨닫고 벗어나는 것보다는 새롭게 만난 그리스도와의 전향적인 관계에 더 큰 의미가 있다. 신약성경에 6번 사용된 '메타메로마이'의 헬라어 단어는 "마음을 바꾸다, 회개한다."라는 뜻을 담았고, 신약성경에 22번 사용된 명사형 '메타노이아'는 회개를 나타내는 가장 기본적인 용어로 인간 의식 생활의 전체 변화와 회개를 포함하고 있다(마 3:8; 막 1:4; 눅 3:3). 이는 과거의 삶 가운데 '지적인 면, 윤리적인 면, 도덕적인 면' 등의 잘못된 언행을 깊이 깨닫고 진심으로 후회하여 미래 삶을 위해 행위에 변화를 주는 것을 의미하고 있다(역대하 7:14;[93] 사 58:6-7[94]).

93)"내 이름으로 일컫는 내 백성이 그들의 악한 길에서 떠나 스스로 낮추고 기도하여 <u>내 얼굴을 찾으면</u> 내가 하늘에서 듣고 그들의 <u>죄를 사하고</u> 그들의 땅을 고칠지라" (역대하 7:14).

94) "나의 기뻐하는 금식은 흉악의 결박을 풀어주며 멍에의 줄을 끌러주며 압제 당하는 자를 자유케 하며 모든 멍에를 꺾는 것이 아니겠느냐. 또 주린 자에게

3) 예수 그리스도를 구주로 믿음(영접)

하나님께 자신의 죄를 회개한 자의 다음 행동은 예수 그리스도를 구주로 영접하는 믿음이다(행 20:21). 예수 그리스도를 구주로 영접함으로써 하나님의 자녀로 새롭게 태어나 신분의 변화를 받게 된다. 예수를 구원의 주님으로 믿고 신뢰하고, 의지하는 삶의 시작이 바로 중생자의 모습이다(행 4:12;[95] 엡 2:8-10;[96] 행 20:21[97]).

구약성경에서 믿음이라는 뜻의 히브리어 '아만(אמן)' 이라는 단어는 '하나님의 말씀을 안으로 간직함' 이라는 의미이다. 이 단어는 '확고함', '불변' 이라는 어원에서 비롯되어 '신뢰', '성실성' 이라는 개념으로 사용되었다. '믿음' 의 '에무나(אמונה)'는 '확고함, 안전, 신뢰성, 정직, 진리, 영구적인 의

네 식물을 나눠주며 유리하는 빈민을 네 집에 들이며 벗은 자를 보면 입히며 또 네 골육을 피하여 스스로 숨지 아니하는 것이 아니겠느냐." (사 58:6~7)

95) "다른 이로써는 구원을 받을 수 없나니 천하 사람 중에 구원을 받을 만한 다른 이름을 우리에게 주신 일이 없음이라 하였더라" (행 4:12)

96) "너희는 그 은혜에 의하여 믿음으로 말미암아 구원을 받았으니 이것은 너희에게서 난 것이 아니요 하나님의 선물이라, 행위에서 난 것이 아니니 이는 누구든지 자랑하지 못하게 함이라, 우리는 그가 만드신 바라 그리스도 예수 안에서 선한 일을 위하여 지으심을 받은 자니 이 일은 하나님이 전에 예비하사 우리로 그 가운데서 행하게 하려 하심이니라" (엡 2:8-10)

97) "유대인과 헬라인들에게 하나님께 대한 회개와 우리 주 예수 그리스도께 대한 믿음을 증언한 것이라" (행 20:21)

무, 성실하다, 평안하다' 등의 의미를 가지고 있다. '에무나(אמונה)' 는 '아만(אמן)' 이란 단어의 기본어근에서 나왔고, '아만'은 '지속하다, 지탱하다, 확고해지다, 성실하다, 견고하다, 부양하다, 팔로 나르다, 확실하다, 신뢰하다, 믿다' 의 의미이다. 그런가 하면 '헤세드(חֶסֶד)' 라는 단어는 하나님께서 사람에게 베푸시는 '자비' 와 인간이 하나님께 가지는 '경건심', '신앙심' 으로 사용된다. '헤세드(חֶסֶד)' 는 사람들 사이의 '긍휼' 과 하나님의 언약을 통한 '하나님의 은혜' 라는 의미로도 사용되고 있다.

신약성경의 믿음은 '피스티스(πίστις)', '피스튜오(πιστεύω)', '피스토스' 라는 헬라어 용어들이 있다. '피스토스(πιστός)' 는 '믿는다' 라는 뜻을 나타낸다. 그리고 '피스티스(πίστις)'는 하나님을 믿는 인간의 믿음(faith)이라는 의미로 사용되고 있다. '피스토스(πιστός)' 는 형용사로 하나님의 지극하신 '미쁘심(faithfulness)' 으로 하나님의 말씀과 약속의 '신실하심' 을 의미한다.98)

98) 편집자 추가내용

2. 초기 구원을 위한 하나님 은혜 (하나님 편)

하나님 편(便)에서 초기 구원은 주권적(Sovereign) : 사죄(赦罪)와 법적(Judicial) : 의인(義認), 부성적 아버지(Parental) : 중생(重生), 가족적(Family) : 양자(養子)의 은총을 받게 된다.

1) 주권적(Sovereign): 사죄(赦罪, absolution)

하나님의 구원은 죄인 된 인간이 그리스도의 구속함의 은혜로 사죄함을 받음으로써 시작된다. 인간이 죄로 인하여 멸망 받는 자리에서 구원의 자리로 가는 길은 그리스도 십자가 은혜로 자신의 죄를 사함 받는 것이다. 죄의 회개는 하나님 앞에 자신이 죄인임을 깨닫고 고백하는 것이다. 즉 죄인 된 인간은 예수를 영접함으로써 사죄와 칭의와 중생과 양자 됨의 은혜를 받게 된다(사 55:7; 요일 1:9).

"악인은 그 길을, 불의한 자는 그 생각을 버리고 여호와께로 돌아오라. 그리하면 그가 긍휼히 여기시리라. 우리 하나님께로 나아오라. 그가 널리 용서하시리라." (사 55:7)

"만일 우리가 우리 죄를 자백하면, 저는 미쁘시고 의로우사, 우리 죄를 사하시며, 모든 불의에서 우리를 깨끗게 하실 것이요." (요일 1:9)

2) 법적(Judicial): 의인(義認, Justification)

하나님의 구원은 예수 그리스도 안에서 사죄(Absolution)함을 받고 법적으로 의인(Justification)이라 칭함을 받는 은혜이다. 법적인 의인은 죄의 유무와 관련 없이 하나님께서 의인이라고 칭해 주시는 은혜이다. 이는 죄 없으신 예수 그리스도 십자가의 은혜로 주어지는 하나님의 은혜이다. 이는 도덕적인 행위로나 선한 행동과 양심적인 태도와는 전혀 다른 문제이다. 오직 예수 그리스도를 구주와 하나님을 아바 아버지로 믿고 고백하는 자에게 절대적으로 주어지는 은혜이다(롬 5:1;[99]) 롬 8:33-34;[100]) 롬 3: 23-26;[101]) 롬 5:18;[102]) 고후 5:21;[103]) 롬 4:25;[104]) 롬 5:18

99) "그러므로 우리가 믿음으로 의롭다 하심을 얻었은 즉, 우리 주 예수 그리스도로 말미암아 하나님으로 더불어 화평을 누리자." (롬 5:1)

100) "누가 능히 하나님께서 택하신 자들을 고발하리요 의롭다 하신 이는 하나님이시니, 누가 정죄하리요 죽으실 뿐 아니라 다시 살아나신 이는 그리스도 예수시니 그는 하나님 우편에 계신 자요 우리를 위하여 간구하시는 자시니라." (롬 8:33, 34)

101) "그리스도 예수 안에 있는 속량으로 말미암아 하나님의 은혜로 값없이 의롭다 하심을 얻은 자 되었느니라, 이 예수를 하나님이 그의 피로써 믿음으로 말미암는 화목제물로 세우셨으니 이는 하나님께서 길이 참으시는 중에 전에 지은 죄를 간과하심으로 자기의 의로우심을 나타내려 하심이니, 곧 이 때에 자기의 의로우심을 나타내사 자기도 의로우시며 또한 예수 믿는 자를 의롭다 하려 하심이라" (롬 3:24-26)

102) "그런즉 한 범죄로 많은 사람이 정죄에 이른 것 같이 한 의로운 행위로 말미암아 많은 사람이 의롭다 하심을 받아 생명에 이르렀느니라" (롬 5:18)

-19[105])).

하나님은 예수 그리스도를 죄인 된 우리를 대신하여 십자가 위에서 죄인으로 삼으셨다. 하나님은 그리스도의 십자가 사건을 통해서 하나님의 의를 나타내시고, 구원을 완성하셨다. 그 결과로 죄인 된 인간은 사죄함과 의인이라는 칭호를 받게 된 것이다.

3) 부성적(아버지로서:Parental): 중생(Regeneration)

초기 구원의 결과는 중생 즉 신생의 은혜이다. 중생의 은혜는 의롭다함(칭의)과 동시에 성령에 의해 인간의 성품에 일어나는 근본적인 도덕적 변화이다. 이는 예수 그리스도의 속죄 공로에 대한 믿음을 행사하는 회개는 죄인이 모든 죄를 용서받고 의롭게 받아들여지는 하나님의 자비로운 법적 행위이다. 죄인 된 인

103) "하나님이 죄를 알지도 못하신 자로 우리를 대신하여 죄를 삼으신 것은 우리로 하여금 저의 안에서 하나님의 의가 되게 하려 하심이니라" (고후 5:21)

104) "예수는 우리 범죄함을 위하여 내어 줌이 되고 또한 우리를 의롭다 하심을 위하여 살아나셨느니라" (롬 4:25)

105) "그런즉 한 범죄로 많은 사람이 정죄에 이른 것 같이 의의 한 행동으로 말미암아 많은 사람이 의롭다 하심을 받아 생명에 이르렀느니라, 한 사람의 순종치 아니함으로 많은 사람이 죄인 된 것같이 한 사람의 순종하심으로 많은 사람이 의인이 되리라" (롬 5:18-19)

간은 죄의 권세에서 구출되어 그리스도 안에서 순종과 승리로 새 생명을 선물로 받는다. 칭의는 과거의 죄에 대한 심판으로부터의 해방이다. 중생은 그리스도의 생명이 인간의 영 안으로 들어와 영의 일에 대해 살아 있고 죄를 이기고 승리하며 살 수 있게 된다. 거듭나는 중생의 은혜에 관하여 우리에게 가장 명확한 성경 구절은 요한복음 3장 1절 이하이다.

"예수께서 대답하여 가라사대 진실로 진실로 네게 이르노니 사람이 거듭나니 아니하면 하나님 나라를 볼 수 없느니라." (요 3:3)

"예수께서 대답하시되 진실로 진실로 네게 이르노니 사람이 물과 성령으로 거듭나지 아니하면 하나님 나라에 들어갈 수 없느니라. 육으로 나는 것은 육이요 영으로 난 것은 영이니 내가 네게 거듭나야 하겠다는 말을 기이히 여기지 말라." (요 3:5-7)

중생의 단계에서 분명한 사실은 중생으로서는 자신이 행동으로 지은 모든 죄에서는 용서받고, 그동안 살면서 습득한 악습 등에서는 구원받게 된다. 그러나 아담 이후 생리적으로 유전된 죄성에서는 구원받지 못한다는 사실이다. 이 유전죄는 중생에서 성결의 삶으로 성장하는 것과 신앙 생애의 발전, 향상에 걸림돌이 된다. 따라서 중생의 은혜를 입은 자는 성결의 은혜 단계로 한 단계 더 앞으로 나아가야만 한다. 그것이 충만한 구원의 단계로서 '온전한 성결, 성령세례, 성령 충만, 온전한 사랑' 인

것이다.

중생자는 이런 질문을 받을 때가 있다. 그 질문은 "사람이 중생했으면 구원받았는데, 왜 또 성결해야 한다고 강조하는가?" 이다. 중생했으면 구원받은 것은 사실이다. 분명한 하나님의 약속의 말씀은 중생한 상태에서 즉시 하나님의 부르심을 받으면 구원받는다. 그러나 구원받은 성도가 오랜기간 동안 이 죄 많은 세상에 살면서 올바른 신앙생활을 지켜 나가야 하는 현실에서 성결의 은혜가 반드시 있어야 한다. 성결의 삶은 중생자가 보다 더 나은 모습으로 하나님께 영광 돌리는 삶을 살도록 일관되게 요구하시는 하나님의 뜻이다. 성결의 은혜를 요구하시는 하나님은 성도에게 보다 높은 신앙생활로 영광을 돌리기 원하신다. 따라서 성도는 성령 충만으로 성결의 은혜를 받아야만 한다.

요한복음 3장은 중생 즉 거듭남의 은혜에 대해 자세하고도 분명하게 말씀하고 있다(요 3:1-8)[106].

106) "그런데 바리새인 중에 니고데모라 하는 사람이 있으니 유대인의 지도자라, 그가 밤에 예수께 와서 이르되 랍비여 우리가 당신은 하나님께로부터 오신 선생인 줄 아나이다 하나님이 함께 하시지 아니하시면 당신이 행하시는 이 표적을 아무도 할 수 없음이니이다, 예수께서 대답하여 이르시되 진실로 진실로 네게 이르노니 사람이 거듭나지 아니하면 하나님의 나라를 볼 수 없느니라, 니고데모가 이르되 사람이 늙으면 어떻게 날 수 있사옵나이까 두 번째 모태에 들어갔다가 날 수 있사옵나이까, 예수께서 대답하시되 진실로 진실로 네게 이르노니 사람이 물과 성령으로 나지 아니하면 하나님의 나라에 들어갈 수 없느니라, 육으로 난 것은 육이요 영으로 난 것은 영이니, 내가 네게 거듭나야 하

"주께서는 오래 참으사 아무도 멸망하지 아니하고 다 회개하기에 이르기를 원하시느니라." (벧후 3:9)

"너희는 그리스도 안에서 그의 은혜의 풍성함을 따라 그의 피로 말미암아 속량 곧 죄 사함을 받았느니라." (엡 1:7)

"네 마음의 악을 씻어 버리라 그리하면 구원을 얻으리라" (렘 4:14)

중생의 과정에서 하나님의 법적인 조치는 의인(義認)107)됨이다. 의인은 하나님의 자비하신 법적 행위이며, 이로써 참회한 죄인이 예수 그리스도의 속죄의 공로를 믿음으로써 그가 범한 모든 죄에서 사함을 받고, 하나님 보시기에 의인(義認)으로 용납되는 것이다. 의롭게 된 사람은 그의 죄책(罪責) 즉 과거의 모든 죄에 대한 형벌에서 벗어난 의인으로서의 상태와 특권으로

겠다 하는 말을 놀랍게 여기지 말라, 바람이 임의로 불매 네가 그 소리는 들어도 어디서 와서 어디로 가는지 알지 못하나니 성령으로 난 사람도 다 그러하니라" (요 3:1-8)

107) 의인(義認)은 칭의(稱義)와 동의어로 히브리어 원어는 "히츠띠크(הִצְדִּיק)" 이다. 이 뜻은 사람의 신분이 율법의 요구와 조화가 된다고 법적으로 선언하는 것을 의미한다(출 23:7; 신25:1; 잠 17:15; 사 5:23). 헬라어 의인은 디카이오오(δικαιόω)로 의롭다고 선언한다는 뜻이며, 디카이오시스(δικαίωσις)는 로마서 4장 25절과 5장 18절에서 사용된 단어로 사람들이 죄책(guilt)에서 해방되고 하나님께서 사람의 죄책에 대하여 해방을 선언하시는 행위의 표시이다. 이 말은 법적, 재판적 의의(意義)를 가진 용어로 법정적 결정에 의해 의로운 자로 선고하는 것이다. (편집자 삽입)

받아들여지는 것이다. 의롭게 된 그 상태는 그가 하나님께 대한 그의 믿음과 순종을 지속하는 한 확고한 것이다(행 13:38-39;[108] 롬 1:17[109]), 3:28[110]), 4:2-5[111]), 5:1-2;[112]) 엡 2:8-9;[113]) 빌 3:9;[114]) 요일 3:8-9)[115]).

---

108) 38) 그러므로 형제들아 너희가 알 것은 이 사람을 힘입어 죄 사함을 너희에게 전하는 이것이며39) 또 모세의 율법으로 너희가 의롭다 하심을 얻지 못하던 모든 일에도 이 사람을 힘입어 믿는 자마다 의롭다 하심을 얻는 이것이라

109) 복음에는 하나님의 의가 나타나서 믿음으로 믿음에 이르게 하나니 기록된 바 오직 의인은 믿음으로 말미암아 살리라 함과 같으니라

110) 그러므로 사람이 의롭다 하심을 얻는 것은 율법의 행위에 있지 않고 믿음으로 되는 줄 우리가 인정하노라

111) 2) 만일 아브라함이 행위로써 의롭다 하심을 받았으면 자랑할 것이 있으려니와 하나님 앞에서는 없느니라 3) 성경이 무엇을 말하느냐 아브라함이 하나님을 믿으매 그것이 그에게 의로 여겨진 바 되었느니라 4) 일하는 자에게는 그 삯이 은혜로 여겨지지 아니하고 보수로 여겨지거니와 5) 일을 아니할지라도 경건하지 아니한 자를 의롭다 하시는 이를 믿는 자에게는 그의 믿음을 의로 여기시나니

112) 1) 그러므로 우리가 믿음으로 의롭다 하심을 받았으니 우리 주 예수 그리스도로 말미암아 하나님과 화평을 누리자 또는 믿음으로 서 있는 이 은혜에 들어감을 우리로 얻게 하신 우리 주 예수 그리스도로 말미암아 하나님으로 더불어 화평을 누리며 2) 또한 그로 말미암아 우리가 믿음으로 서 있는 이 은혜에 들어감을 얻었으며 하나님의 영광을 바라고 즐거워하느니라

113) 8) 너희는 그 은혜에 의하여 믿음으로 말미암아 구원을 받았으니 이것은 너희에게서 난 것이 아니요 하나님의 선물이라 9) 행위에서 난 것이 아니니 이는 누구든지 자랑하지 못하게 함이라

114) 그 안에서 발견되려 함이니 내가 가진 의는 율법에서 난 것이 아니요 오직 그리스도를 믿음으로 말미암은 것이니 곧 믿음으로 하나님께로부터 난 의라

① 의인과 중생

의인은 법적인 입장이며, 이로써 사람은 그리스도의 대속을 믿음으로써 율법 앞에 의롭다 인정받는 것이다. 이에 대하여 중생은 그 인격에 있어서의 참된 도덕적 변화를 의미하며 그리스도의 생명을 받는 것이다. 의인(義認)은 신분의 변화요 중생은 신분에 따른 인격적 변화가 이루어지는 것이다. 의인은 하나님 앞에서 입장이 달라지는 것으로 법적인 자녀의 권세요, 중생은 우리의 마음이 변화되는 것이다. 의인은 이론적으로 중생에 앞서면서도 체험에 있어서는 동시에 발생하는 같은 믿음의 행위인 것이다. 그러므로 이 두 가지가 이론적으로 다르기는 하나, 의인은 이론적으로 중생에 앞서면서도 체험에 있어서는 동시에 발생하며, 같은 믿음의 행위로써 이루어지는 것이다(고후 5:17-21;[116] 갈 3:24-27;[117] 엡 2:8-10;[118] 딛 3:5-8)[119]).

115) 8) 죄를 짓는 자는 마귀에게 속하나니 마귀는 처음부터 범죄함이라 하나님의 아들이 나타나신 것은 마귀의 일을 멸하려 하심이라 9) 하나님께로부터 난 자마다 죄를 짓지 아니하나니 이는 하나님의 씨가 그의 속에 거함이요 그도 범죄하지 못하는 것은 하나님께로부터 났음이라

116) “그런즉 누구든지 그리스도 안에 있으면 새로운 피조물이라 이전 것은 지나갔으니 보라 새 것이 되었도다, 모든 것이 하나님께로서 났으며 그가 그리스도로 말미암아 우리를 자기와 화목하게 하시고 또 우리에게 화목하게 하는 직분을 주셨으니, 곧 하나님께서 그리스도 안에 계시사 세상을 자기와 화목하게 하시며 그들의 죄를 그들에게 돌리지 아니하시고 화목하게 하는 말씀을 우리에게 부탁하셨느니라, 그러므로 우리가 그리스도를 대신하여 사신이 되어 하나님이 우리를 통하여 너희를 권면하시는 것 같이 그리스도를 대신하여 간청

② 중생(重生)과 범죄

중생한 신자이지만 아직도 내적 죄의 본성을 가지고 있어서, 시험받고 범죄 할 가능성이 없다고 단언할 수 없다. 다시 말하면 범죄의 가능성을 배제하지 못한다. 따라서 만일 부주의와 극심한 시험 속에서 죄를 범한다면, 즉시로 그 일을 고백하고 회개하여야 한다. 그러나 우리의 대언자 되신 성령을 거스려 끝내

하노니 너희는 하나님과 화목하라, 하나님이 죄를 알지도 못하신 이를 우리를 대신하여 죄로 삼으신 것은 우리로 하여금 그 안에서 하나님의 의가 되게 하려 하심이라" (고전 5:18-21)

117) "이같이 율법이 우리를 그리스도께로 인도하는 초등교사가 되어 우리로 하여금 믿음으로 말미암아 의롭다 함을 얻게 하려 함이라 믿음이 온 후로는 우리가 초등교사 아래에 있지 아니하도다, 너희가 다 믿음으로 말미암아 그리스도 예수 안에서 하나님의 아들이 되었으니, 누구든지 그리스도와 합하기 위하여 세례를 받은 자는 그리스도로 옷 입었느니라" (갈 3:24-27)

118) "너희는 그 은혜에 의하여 믿음으로 말미암아 구원을 받았으니 이것은 너희에게서 난 것이 아니요 하나님의 선물이라, 행위에서 난 것이 아니니 이는 누구든지 자랑하지 못하게 함이라, 우리는 그가 만드신 바라 그리스도 예수 안에서 선한 일을 위하여 지으심을 받은 자니 이 일은 하나님이 전에 예비하사 우리로 그 가운데서 행하게 하려 하심이니라" (엡 2:8-10)

119) "우리를 구원하시되 우리가 행한 바 의로운 행위로 말미암지 아니하고 오직 그의 긍휼하심을 따라 중생의 씻음과 성령의 새롭게 하심으로 하셨나니, 우리 구주 예수 그리스도로 말미암아 우리에게 그 성령을 풍성히 부어 주사,우리로 그의 은혜를 힘입어 의롭다 하심을 얻어 영생의 소망을 따라 상속자가 되게 하려 하심이라, 이 말이 미쁘도다 원하건대 너는 이 여러 것에 대하여 굳세게 말하라 이는 하나님을 믿는 자들로 하여금 조심하여 선한 일을 힘쓰게 하려 함이라 이것은 아름다우며 사람들에게 유익하니라" (딛 3:5-8)

회개치 않거나, 성령을 모독할 때 돌이킬 수 없는 상태에 버림을 받게 된다. 즉 성령 모독죄는 용서받을 수 없다(호 14:1-3;[120] 마 12:31-32,[121] 18:21-22;[122] 약 5:19-20;[123] 요일 1:9,[124] 2:1,[125] 5:16)[126].

---

120) "이스라엘아 네 하나님 여호와께로 돌아오라 네가 불의함으로 말미암아 엎드러졌느니라, 너는 말씀을 가지고 여호와께로 돌아와서 아뢰기를 모든 불의를 제거하시고 선한 바를 받으소서 우리가 수송아지를 대신하여 입술의 열매를 주께 드리리이다, 우리가 앗수르의 구원을 의지하지 아니하며 말을 타지 아니하며 다시는 우리의 손으로 만든 것을 향하여 너희는 우리의 신이라 하지 아니하오리니 이는 고아가 주로 말미암아 긍휼을 얻음이니이다 할지니라" (호 14:1-3)

121) "그러므로 내가 너희에게 이르노니 사람에 대한 모든 죄와 모독은 사하심을 얻되 성령을 모독하는 것은 사하심을 얻지 못하겠고, 또 누구든지 말로 인자를 거역하면 사하심을 얻되 누구든지 말로 성령을 거역하면 이 세상과 오는 세상에서도 사하심을 얻지 못하리라" (마 12:31-32)

122) "그 때에 베드로가 나아와 이르되 주여 형제가 내게 죄를 범하면 몇 번이나 용서하여 주리이까 일곱 번까지 하오리이까, 예수께서 이르시되 네게 이르노니 일곱 번뿐 아니라 일곱 번을 일흔 번까지라도 할지니라" (마 18:21-22)

123) "내 형제들아 너희 중에 미혹되어 진리를 떠난 자를 누가 돌아서게 하면, 너희가 알 것은 죄인을 미혹된 길에서 돌아서게 하는 자가 그의 영혼을 사망에서 구원할 것이며 허다한 죄를 덮을 것임이라" (약 5:19-20)

124) "만일 우리가 우리 죄를 자백하면 그는 미쁘시고 의로우사 우리 죄를 사하시며 우리를 모든 불의에서 깨끗하게 하실 것이요" (요일 1:9)

125) "나의 자녀들아 내가 이것을 너희에게 씀은 너희로 죄를 범하지 않게 하려 함이라 만일 누가 죄를 범하여도 아버지 앞에서 우리에게 대언자가 있으니 곧 의로우신 예수 그리스도시라" (요일 2:1)

126) "누구든지 형제가 사망에 이르지 아니하는 죄 범하는 것을 보거든 구하라

분명한 사실은 중생 후에도 범죄에 노출될 뿐만 아니라 죄를 지을 수밖에 없다는 것이다. 따라서 중생자가 죄를 범했을 때 즉시 취할 태도는 그리스도의 속죄함을 믿고 회개를 하는 것이다. 죄와 허물로 죽었던 죄인을 살리시는 예수 그리스도 십자가의 은혜를 믿고 회개하는 것이 중요하다.

③ 유아와 중생자

중생자(者)와 유아의 유사점을 먼저 생각할 수 있다. 유아는 하나님 앞에 무사기(無邪氣) 무죄(無罪)하며, 아무런 죄책(罪責)이 없다. 그는 사람들을 신뢰하고 원망이나 불평을 품지 않는다. 그는 누구에 대해서도 악한 것을 꾀하지 않는다. 이런 것들은 거듭난 하나님 자녀의 표시이기도 하며, 그래서 예수님은 어린아이들이 천국에 합당하다고 말씀하신 것이다(마 18:3, 19:14).

"이르시되 진실로 너희에게 이르노니 너희가 돌이켜
어린아이들과 같이 되지 아니하면 결단코 천국에
들어가지 못하리라" (마 18:3)
"예수께서 이르시되 어린아이들을 용납하고 내게
오는 것을 금하지 말라 천국이
이런 사람의 것이니라 하시고" (마 19:14)

그리하면 사망에 이르지 아니하는 범죄자들을 위하여 그에게 생명을 주시리라 사망에 이르는 죄가 있으니 이에 관하여 나는 구하라 하지않노라" (요일 5:16)

첫째로, 중생자(重生者)는 그가 지은 죄에서 용서함을 받았고, 그리스도 안에서 믿음으로 의롭게 되었다. 죄인을 거듭나게 하시는 하나님의 역사(役事)는 그리스도의 영을 그 개인의 마음속에 내재(內在)하도록 그의 영을 나누어 주신다. 이와 같은 중생자는 믿음으로 죄를 용서받았고, 그리스도를 영접하였다. 그러나 유아는 그렇지 않다. 유아는 죄책(罪責)이 없으니 죄에 대한 용서를 받았다거나 그리스도의 영을 나누어 받은 것은 아니다.

둘째로, 유아의 의(義)는 그리스도의 속죄의 무조건적인 은전(恩典)이며, 하나님은 모든 유아에게 은전(benefit)으로 감싸 주신다. 이 의는 하나님의 전가된 의(imputed righteousness)로써 그리스도의 속죄(贖罪)에 역사(役事)로 이루어진다. 이 의는 아이의 것이 되고, 유아는 아담의 죄로부터의 어떠한 죄책(罪責) 아래에 놓이지 않는다. 중생한 어른에게 있어서는 지나간 과거의 죄에 대한 전가(轉嫁)된 의(義)만이 아니라, 또한 그가 날마다 죄에 대하여 승리할 수 있도록 그리스도의 나누어 주시는, 분여하신 의(imparted righteousness)가 있다. 그러나 어린아이는 이 분여(分與)된 의가 없기때문에 전반적으로 자라 가면서 죄를 짓게 된다. 이사야 53:6의 말씀에 "우리는 다 양 같아서 그릇 행하여 각기 제 길로 갔거늘 여호와께서는 우리 무리의 죄악을 그에게 담당시키셨도다." 고 하였다. 그러므로 죄인이 거듭날 수 있는 것은 속죄(贖罪)의 조건부의 은전(恩典) (a conditional benefit of the atonement)으로써, 그리스도 안에서의 구원으로 이끄는 믿음 (saving faith in Christ)을 행사하는 사람들만이 받을 수 있는 것이다.

이제 우리가 하나의 질문을 받게 되는 것은, 그러면 유아는 그리스도 안에서 살아있는 상태인가 또는 그렇지 않은 것인가의 문제이다. 확실히 중생한 사람은 그가 아직도 죄성을 지니고 있다고 할지라도 그는 그리스도 안에서 살아있는 상태이다. 그러면 유아도 그러한가? 어떤 의미에서는 그는 그리스도 안에 살아 있다고 할 수 있으나 또 다른 의미에서는 그렇지 않다고도 말하게 된다. 즉 죄책(罪)으로 말미암아 죽음을 가져오는 죄를 범한 일이 없다는 의미로써는 그는 그리스도 안에 살아 있다고 할 수 있다. 이러한 의미로써 바울은 말하기를 "전에 법을 깨닫지 못할 때에는 내가 살았더니, 계명이 이르매 죄는 살아나고 나는 죽었도다." (롬 7:9)고 하였다. 그러나 내재(內在)하시는 영으로 말미암아 그리스도의 분여(分與)하시는 생명을 받는다는 의미로써는 유아는 전적으로 그리스도 안에 살아 있는 것은 아니다. 결론적으로 유아는 그리스도 안에서 영적으로 안전한 것이다. 그러나 유아는 자신의 안전에 대해서나 그리스도의 은전(恩典)에 대해서 영적으로 의식하고 있는 것은 아니다. 유아의 처음 영적 의식(깨달음)은 아마도 죄책감(罪責感)과 죄책(罪責)에서 놓임을 받고자 하나님께 대하여 소원을 가지게 되는 데에서 시작될 것이다. 어린이는 이런 일에 호응(呼應)할 때, 구주가 되신 그리스도 안에서의 의식적인 삶과 기쁨을 누리게 되는 것이다.

초기 구원과 관련하여 설명할 만한 성경 구절은 다음과 같다.[127] (시 85:2;[128] 사 55:7;[129] 롬 6:13;[130] 골 1:13-14;[131] 시 73:27-28;[132] 히 10:22;[133] 시 34:22;[134] 롬 8:1-2;[135] 레 26:44;[136] 사 54:8;[137] 롬 3:23-24;[138] 사 54:10;[139] 사 57:15;[140] 욘

127) 편집자 삽입.

128) 주의 백성의 죄악을 사하시고 모든 죄를 덮으셨나이다

129) 악인은 그의 길을, 불의한 자는 그의 생각을 버리고 하나님께로 돌아오면 그가 긍휼히 여기시고 너그럽게 용서하시리라

130) 너희 지체를 불의의 무기로 죄에게 내주지 말고 의의 무기로 하나님께 드릴지어다

131) 13) 그가 우리를 흑암의 권세에서 건져내사 그의 사랑의 아들의 나라로 옮기셨으니 14) 그 아들 안에서 우리가 속량 곧 죄 사함을 얻었느니라

132) 27) 무릇 주를 멀리하는 자는 망하리니.. 28) 하나님께 가까이 함이 내게 복이라 내가 주 여호와를 나의 피난처로 삼아...

133) 너희가 마음에 뿌림을 받아 악한 양심으로부터 벗어나고 몸은 맑은 물로 씻음을 받았으니 참 마음과 온전한 믿음으로 하나님께 나아갈지어다

134) 여호와께서 그의 종들의 영혼을 속량하시나니 그에게 피하는 자는 다 벌을 받지 아니하리로다

135) 1) 그리스도 예수 안에 있는 자에게는 결코 정죄함이 없나니 2) 이는 그리스도 예수 안에 있는 생명의 성령의 법이 죄와 사망의 법에서 너를 해방하였음이라

3:10;[141] 시 103:12;[142] 롬 6:14;[143] 렙 31;34;[144] 삼상 12:20;[145] 느 9:17;[146] 렙 11:4;[147] 벧후 3:9;[148] 신 8:6;[149] 렘 4;14;[150] 시

136) 내가 너희를 미워하지 아니하며 너희와 맺은 언약을 폐하지 아니하리니 나는 여호와 너희의 하나님이 됨이니라

137) 내가 넘치는 진노로 내 얼굴을 네게서 잠시 가렸으나 영원한 자비로 너를 긍휼히 여기리라

138) 23) 모든 사람이 죄를 범하였으매 하나님의 영광에 이르지 못하더니 24) 그리스도 예수 안에 있는 구속으로 말미암아 하나님의 은혜로 값 없이 의롭다 하심을 얻은 자 되었느니라

139) 산들이 떠나며 언덕들은 옮겨질지라도 나의 자비는 네게서 떠나지 아니하며 나의 화평의 언약은 흔들리지 아니하리라

140) 내가 통회하고 마음이 겸손한 자와 함께 있나니 이는 겸손한 자의 영을 소생시키며 통회하는 자의 마음을 소생시키려 함이니라

141) 하나님이 그 악한 길에서 돌이켜 떠난 것을 보시고 뜻을 돌이키사 재앙을 내리지 아니하시리라

142) 동이 서에서 먼 것 같이 우리의 죄과를 우리에게서 멀리 옮기셨느니라

143) 죄가 너희를 주장하지 못하리니 이는 너희가 법 아래에 있지 아니하고 은혜 아래에 있음이라

144) 내가 너희의 악행을 사하고 다시는 그 죄를 기억하지 아니하리라

145) 너희가 이 모든 악을 행하였으나 오직 너희의 마음을 다하여 여호와를 섬길지어다

146) 하나님은 은혜로우시며 긍휼히 여기시며 더디 노하시며 인자가 풍부하시므로 너희를 버리지 아니하시리라

147) 너희가 내 목소리를 순종하고 나의 모든 명령을 따라 행하면 너희는 내 백성이 되겠고 나는 너희의 하나님이 되리라

85:2;[151] 엡 1:7;[152] 롬 6:13;[153] 겔 18:30[154])

4) 가족적(Family): 양자(Adoption)[155]

하나님께서 우리를 "양자"로 삼으신 것은 하나님의 은혜이다. "양자"는 하나님의 자녀로서의 특권과 지위를 주시는 것으로 영적 교제의 승낙과 은사를 받는 신분이 되는 것이다. 즉 하나님의 자녀가 될 수 없었던 자를 하나님의 자녀로 삼으셨다

148) 주께서는 너희를 대하여 오래 참으사 아무도 멸망하지 아니하고 다 회개하기에 이르기를 원하시느니라

149) 너희는 하나님 여호와의 명령을 지켜 그의 길을 따라가며 그를 경외할지니라

150) "네 마음의 악을 씻어 버리라 그리하면 구원을 얻으리라"

151) "주의 백성의 죄악을 사하시고 모든 죄를 덮으셨나이다"

152) "너희는 그리스도 안에서 그의 은혜의 풍성함을 따라 그의 피로 말미암아 속량 곧 죄 사함을 받았느니라"

153) "너희 지체를 불의의 무기로 죄에게 내주지 말고 의의 무기로 하나님께 드릴지어다"

154) "너희는 돌이켜 회개하고 모든 죄에서 떠나면 그것이 너희에게 죄악의 걸림돌이 되지 아니하리라"

155) 헬라어 원어는 휘오데시아(υἱοθεσία)인데, 이 말에는 '아들로 받아 드린다', '입양' 그리고 양자의 의미로 '아들로서 확고한 지위를 주는 일'로 표현된다. 이는 단순한 관계가 아니라 중요한 지위를 뜻하는 용어이다. 양자는 신자가 하나님과의 관계를 수립하는 것으로 아버지와 아들의 영적 관계를 의미한다. (편집자 삽입)

는 것을 의미한다. 양자는 하나님의 자녀로서의 특권과 지위를 주심으로 영적 교제와 은사를 누리는 신분이 되는 것이다(요 1:12; 롬 8:15;156) 8:23;157) 갈 3:26; 갈 4:7;158) 요일 3:1-3;159) 갈 3:5-7;160) 갈 3:26161))

"영접하는 자 곧 그 이름을 믿는 자들에게는 하나님의 자녀가 되는 권세를 주셨으니" (요 1:12)

---

156) "너희는 다시 무서워하는 종의 영을 받지 아니하고 양자의 영을 받았으므로 우리가 아빠 아버지라고 부르짖느니라" (롬 8:15)

157) "그뿐 아니라 또한 우리 곧 성령의 처음 익은 열매를 받은 우리까지도 속으로 탄식하여 양자 될 것 곧 우리 몸의 속량을 기다리느니라" (롬 8:23)

158) "그러므로 네가 이 후로는 종이 아니요 아들이니 아들이면 하나님으로 말미암아 유업을 받을 자니라" (갈 4:7)

159) "보라 아버지께서 어떠한 사랑을 우리에게 주사 하나님의 자녀라 일컬음을 얻게 하셨는고, 우리가 그러하도다. 그러므로 세상이 우리를 알지 못함은 그를 알지 못함이니라, 사랑하는 자들아 우리가 지금은 하나님의 자녀라 장래에 어떻게 될 것은 아직 나타나지 아니하였으나 그가 나타내심이 되면 우리가 그와 같을 줄을 아는 것은 그의 계신 그대로 볼 것을 인함이니, 주를 향하여 이 소망을 가진 자마다 그의 깨끗하심과 같이 자기를 깨끗하게 하느니라" (요일 3:1-3)

160) "너희에게 성령을 주시고 너희 가운데서 능력을 행하시는 이의 일이 율법의 행위에서냐 혹은 듣고 믿음에서냐, 아브라함이 하나님을 믿으매 그것을 그에게 의로 정하셨다 함과 같으니라, 그런즉 믿음으로 말미암은 자들은 아브라함의 자손인 줄 알지어다" (갈 3:5-7)

161) "너희가 다 믿음으로 말미암아 그리스도 예수 안에서 하나님의 아들이 되었으니" (갈 3:26)

"너희가 다 믿음으로 말미암아 그리스도 예수 안에서 하나님의 아들이 되었으니" (갈 3:26)

양자의 누릴 특권은 '하나님의 자녀 된 권세' (요 1:12), '기도권' (마 7:7-11), '참 자유' (롬 8:1-3), '천국 상속 상권' (마 25:34), '보호하심' (마 8:38-39), '은혜의 보좌에 나아감' (히 4:16), '사랑의 채찍으로 참 자녀가 되게 하심' (히 12:6-11)이다.[162]

초기 구원의 은혜는 예수 그리스도의 공로를 힘입은 사죄와 의인과 양자 됨의 축복이다. 이 초기 구원의 단계는 죄책(罪責)과 습득(習得)한 부패 제거(除去)를 위한 혼란과 갈등이 반복되는 단계이기도 하다. 그 원인은 중생자 안에 있는 원죄(原罪)의 성질(性質)로 비롯한 유전(遺傳)된 죄성잔재(殘在罪性) 때문이다. 즉, 영(靈)과 육(肉) 사이의 갈등이 생기게 된다(갈 4:7).

"육체의 소욕은 성령을 거스르고 성령은 육체를 거스르나니 이 둘이 서로 대적함으로 너희가 원하는 것을 하지 못하게 하려 함이니라" (갈 5:17)

초기 구원은 인간이 행동으로 지은 모든 죄에서 용서를 받는 것이다. 인간이 습득한 '악습, 도박, 음주, 흡연, 음란, 거짓,

162) 편집자 삽입.

시기, 질투' 등은 통제할 수 있으나 생리적으로 유전된 죄성(유전죄)은 잔재해 있다. 유전된 죄는 신앙의 성장과 성숙의 걸림돌이다. 따라서 유전된 죄의 해결은 신앙의 인격적인 성숙함을 이루는 것으로 충만한 구원의 단계가 필요하다. 충만한 구원 단계는 '온전한 성결, 성령세례, 온전한 사랑' 이다.

초기 구원인 중생/신생으로 구원받은 사람이 신앙의 온전한 성품인 성결의 단계로 가는 것은 당연한 이치이다. 중생하면 구원받는다. 그러나 하나님의 구원은 중생의 단계에서 머물러 있지 아니하고 하나님의 거룩한 뜻 안에서 하나님의 성품을 닮아가는 성결한 삶으로 하나님께 영광 돌리는 것이다. 하나님의 뜻은 초기 구원인 중생에 머물러 있는 것이 아니라, 더 성숙한 인격으로 하나님을 영화롭게 하는 것을 원하신다. 초기 구원받은 성도는 성결의 은혜 단계인 충만한 구원으로 성장해야만 한다. 초기 구원을 받은 자는 죄책(罪責)과 습득한 부패(腐敗)성을 제거해야 하며, 원죄(原罪)의 성질 또는 유전(遺傳)된 죄성(罪性)으로부터 온전한 구원을 받기 위해 충만한 구원을 사모해야 한다(갈 5:17).

"육체의 소욕은 성령을 거스르고 성령은 육체를 거스르나니
이 둘이 서로 대적함으로 너희가 원하는 것을
하지 못하게 하려 함이니라" (갈 5:17)

3. 초기 구원의 진행적 과정(Progressive)

초기 구원에서 충만한 구원인 성결의 단계로 진행되는 과정(進行的 過政)에서 경성(敬誠)된 슬픔과 회개(悔改), 그리고 믿음(성별, 산제사/ 롬 12:1-2)의 과정이 있다.

"내가 죄악 중에서 출생하였음이여 어머니가 죄 중에서 나를
잉태하였나이다, 보소서 주께서는 중심이 진실함을 원하시오니
내게 지혜를 은밀히 가르치시리이다,
우슬초로 나를 정결하게 하소서 내가 정하리이다
나의 죄를 씻어 주소서 내가 눈보다 희리이다" (시51:5-7)

초기 구원받은 신자는 충만한 구원의 은혜를 입기 위한 진행적 과정이 있다. 신자는 경성된 슬픔 즉 회개가 있어야 한다. 그 이유는 인간 안에 있는 '내 속에 거하는 죄, 죄의 몸, 육신 모습, 육신의 생각, 내 지체 속에 있는 죄의 법, 쓴 뿌리, 더러운 부정, 옛사람, 얽매이기 쉬운 죄' 때문이다.

내 속에 거하는 죄(The Indwelling Sin in me): "이제는 이것을 행하는 자가 내가 아니요. 내 속에 거하는 죄니라. 만일 내가 원치 아니하는 그것을 하면, 이를 행하는 자가 내가 아니요. 내 속에 거하는 죄니라." (롬 7:17, 20)

죄의 몸(The Body of Sin): "우리가 알거니와 우리 옛사람이

예수와 함께 십자가에 못 박힌 것은 죄의 몸이 멸하여, 다시는 우리가 죄에게 종노릇 하지 아니하려 함이니" (롬 6:6), "또 그 안에서 너희가 손으로 하지 아니한 할례를 받았으니, 곧 육적 몸을 벗는 것이요, 그리스도의 할례라" (골 2:11)

육신(The flesh): "우리가 육신에 있을 때에는 율법으로 말미암아 죄의 정욕이 우리 지체 중에 역사(役事)하여, 우리로 사망을 위하여 열매를 맺게 하였더니..." (롬 7:5), "육체의 소욕은 성령을 거스리고, 성령의 소욕은 육체를 거스리나니, 이 둘이 서로 대적함으로 너희의 원하는 것을 하지 못하게 하려함이니라." (갈 5:17)

육신의 생각(The carnal mind): "육신의 생각은 하나님과 원수가 되나니 이는 하나님의 법에 굴복지 아니할 뿐 아니라, 할 수도 없음이라." (롬 8:7)

육신에 죄(The sin in the flesh): "율법이 육신으로 말미암아 연약하여 할 수 없는 그것을 하나님은 하시나니, 곧 죄를 인하여 자기 아들을 죄 있는 육신의 모양으로 보내어 육신에 죄를 정하사, 육신을 좇지 않고 그 영을 좇아 행하는 우리에게 율법의 요구를 이루어지게 하려 하심이니라." (롬 8:3-4) (condemned sin in the flesh)

내 지체 속에 있는 죄의 법(the law of sin which is in my members) : "내 지체 속에서 한 다른 법이 내 마음의 법과 싸워 내 지체

속에 있는 죄의 법 아래로 나를 사로잡아 오는 것을 보는 도다." (롬 7:23)

쓴 뿌리(Root of bitterness): "너희는 돌아보아 하나님 은혜에 이르지 못하는 자가 있는가 두려워하고, 또 쓴 뿌리가 나서 괴롭게 하고, 많은 사람이 이로 말미암아 더러움을 입을까 두려워하고" (히 12:15)

더러움, 부정(不淨, Uncleanness): "그날에 죄와 더러움을 씻는 샘이 다윗의 족속과 예루살렘 거민을 위하여 열리리라" (슥 13:1), "너희 육신이 연약하므로 내가 사람의 예대로 말하노니, 전에 너희가 너희 지체를 부정과 불법에 드려 불법에 이른 것 같이, 이제는 너희 지체를 의에게 종으로 드려 거룩함에 이르라" (롬 6:19).

옛사람(Old man): "너희는 유혹의 욕심을 따라 썩어져 가는 구습을 좇는 옛사람을 벗어 버리고" (엡 4:22), "너희가 서로 거짓말을 말라. 옛사람과 그 행위를 벗어 버리고" (골 3:9), "우리가 알거니와 우리의 옛사람이 예수와 함께 십자가에 못 박힌 것은 죄에 몸이 멸(滅)하여 다시는 우리가 죄에서 종노릇 하지 아니하려 함이라" (롬 6:6)

얽매이기 쉬운 죄(罪): "이러므로 우리에게 구름 같이 둘러싼 허다한 증인들이 있으니 모든 무거운 것과 얽매이기 쉬운 죄를 벗어 버리고 인내로써 우리 앞에 당한 경주를 하며" (히 12:

1)163)

이상의 용어들은 범죄의 행위를 가리킨 것이 아니라, 악으로 치우치는 생래(生來)의 본성을 가리킨 것이다. 따라서 이러한 인간의 죄악에 대해 철저한 회개가 있어야만 한다. 이 죄악들은 초기 구원에서 해결되지 않으며, 충만한 구원의 단계에서 해결될 수 있다. 따라서 초기 구원받은 성도의 다음 단계는 충만한 구원 성결의 단계이다. 그 이유는 위에 언급한 것과 같이 중생의 은혜를 받았으나 여전히 여러 가지의 죄 가운데 살기 때문이다. 성결한 삶의 문제는 충만한 구원에서 해결되어야 할 은총이다.

163) "믿음의 주요 또 온전하게 하시는 이인 예수를 바라보자 그는 그 앞에 있는 기쁨을 위하여 십자가를 참으사 부끄러움을 개의치 아니하시더니 하나님 보좌 우편에 앉으셨느니라, 너희가 피곤하여 낙심하지 않기 위하여 죄인들이 이같이 자기에게 거역한 일을 참으신 이를 생각하라, 너희가 죄와 싸우되 아직 피흘리기까지는 대항하지 아니하고" (히 12:2-4)

II. 충만한(전적:全的) 구원(Full Salvation)

1. 인간의 상태와 궁극적 구원의 필요성

구원의 두 번째 국면은 충만한(전적) 구원인 성결[164]이다. 충만한 구원(Full Salvation/)은 온전한 성화(Entire Sanctification), 성령 충만한 삶(Spirit-filled life)을 살아가는 것을 의미한다. 초기 구원을 얻은 자는 성결의 삶으로 성장해야만 한다. 충만한 구원은 죄(罪) 즉, 원칙적으로 인간은 원죄와 도덕적 부패의 상태, 그리고 죄의 원인과 도덕적 죽음(The cause of sin and moral death)에서의 구원을 받는 것을 말한다. 충만한 구원은 성도 안에 있는 죄 문제해결과 헌신(consecration)과 정결(Cleansing)의 삶을 위해 필요하다.

세례요한은 마태복음 3장에서 "나는 너희로 회개케 하기 위하여 물로 세례를 주거니와 내 뒤에 오시는 이는 나보다 능

---

164) 성결의 구약 원어는 명사로 코데쉬(קֹדֶשׁ)이며, 형용사는 카도쉬(קָדוֹשׁ)이다. 코데쉬는 '거룩한 장소' 나 '거룩한 물건' 을 뜻하며, 추상적으로는 '신성함,' '거룩함' 으로 번역되고, 카도쉬는 '거룩한' 으로 번역된다. 동사 카다쉬(קָדַשׁ)는 구약성경에 605회가 나타나는데, '성결해진다, 거룩해진다' 는 뜻과 '구별되다', '봉헌하다', '깨끗하게 하다' 는 뜻도 포함된다. 따라서 성결은 분리를 의미하고 하나님을 위해 사람이나 물건을 거룩하게 구별한다는 의미가 포함된다(출 29:31-34).

력이 많으시니 나는 그의 신을 들기도 감당치 못하겠노라. 그는 성령과 불로 너희에게 세례를 주실 것이요, 손에 키를 들고 자기의 타작마당을 정하게 하사, 알곡은 모아 곡간에 들이고, 쭉정이는 꺼지지 않는 불에 태우시리라(마 3:11-12)." 고 하셨다. 이 말씀은 물세례, 성령세례, 불세례를 의미한다. 왜 중생을 물세례라 하고, 온전한 성결은 불세례라 했을까? 이는 죄에서 물로 씻어 깨끗게 되는 것은 행동으로 범한 자범죄이고, 조상으로부터 생리적으로 유전되는 죄의 본성인 유전죄이다. 자범죄는 옷에 묻은 때와 같아 물로 빨아서 깨끗게 되지만, 유전죄는 전염되는 병균과 같아서 물로 빨아서 깨끗게 될 수 없고 뜨거운 불의 열로 살균되어야 깨끗하게 되는 것이다.

행동으로 지은 죄를 한 가지 한 가지 철저히 회개함으로써 거듭나는 중생의 은혜는 물세례로 받을 수 있다. 그러나 조상 대대로 혈통으로 유전 받은 죄성은 성령의 불세례로 깨끗함을 받아야만 한다. 따라서 중생은 예수 그리스도를 구주로 영접할 때 받는 물세례이며 온전한 성결의 은혜를 받은 것은 불세례이다. 하나님의 속성은 절대적으로 거룩하시고 성결하신 분이다. 그러나 인간의 거룩함은 하나님의 거룩하심을 본받아 거룩하게 되는 상대적 성결을 의미한다. 디모데전서 4장 8절에서 "육체의 연습은 약간의 유익이 있으나 경건은 범사에 유익하니 금생과 내생에 약속이 있느니라" 라고 하였다. 이 말씀에서 "경건" 을 흠정역에서 "Godliness" 란 말로 번역되었다. 즉 하나님의 성품을 닮는 것을 뜻한다. 즉 성결은 거룩한 모습이 아니라 하나님의 성품을 닮아가는 것을 의미한다.

2. 충만한 구원을 위한 인간의 태도(인간 편)

1) 성결 은혜의 필요성 의식(自覺)

초기 구원을 받은 자는 죄책(罪責)과 습득한 부패(腐敗)성을 제거해야 하며, 원죄(原罪)의 성질 또는 유전(遺傳)된 죄성(罪性)으로부터 구원받아야만 한다. 또한 초기 구원을 받은 성도는 영과 육 사이의 갈등을 경험하게 된다(갈 5:16-25)[165]. 따라서 초

---

165) "내가 이르노니 너희는 성령을 따라 행하라 그리하면 육체의 욕심을 이루지 아니하리라, 육체의 소욕은 성령을 거스르고 성령은 육체를 거스르나니 이 둘이 서로 대적함으로 너희가 원하는 것을 하지 못하게 하려 함이니라, 너희가 만일 성령의 인도하시는 바가 되면 율법 아래에 있지 아니하리라, 육체의 일은 분명하니 곧 음행과 더러운 것과 호색과, 우상 숭배와 주술과 원수 맺는 것과 분쟁과 시기와 분냄과 당 짓는 것과 분열함과 이단과, 투기와 술 취함과 방탕함과 또 그와 같은 것들이라 전에 너희에게 경계한 것 같이 경계하노니 이런 일을 하는 자들은 하나님의 나라를 유업으로 받지 못할 것이요, 오직 성령의 열매는 사랑과 희락과 화평과 오래 참음과 자비와 양선과 충성과, 온유와 절제니 이같은 것을 금지할 법이 없느니라, 그리스도 예수의 사람들은 육체와

기 구원을 받은 중생자는 사도 바울이 로마서 7장에서 고백했던 것처럼 한 편으로는 선을 행하고자 하는 마음(하나님의 법)과 또 다른 편은 악을 행하려는 마음(죄의 법)이 공존하게 된다. 이 사망의 몸에서 벗어나는 것이 바로 충만한 구원이다. 초기 구원을 얻은 자는 이 죄의 갈등의 늪에서 구원의 필요성을 인식하고 성결의 은혜를 사모해야만 한다(롬 7:21-25;[166] 마 5:6; 롬 8:1-11[167]; 마 5:6[168]). 이 사망의 법에서 구원받는 방법은 오직

함께 그 정욕과 탐심을 십자가에 못 박았느니라, 만일 우리가 성령으로 살면 또한 성령으로 행할지니" (separation from. separation unto) (갈 5:16-25)

166) "그러므로 내가 한 법을 깨달았노니 곧 선을 행하기 원하는 나에게 악이 함께 있는 것이로다, 내 속사람으로는 하나님의 법을 즐거워하되, 내 지체 속에서 한 다른 법이 내 마음의 법과 싸워 내 지체 속에 있는 죄의 법으로 나를 사로잡는 것을 보는도다 오호라 나는 곤고한 사람이로다 이 사망의 몸에서 누가 나를 건져내랴, 우리 주 예수 그리스도로 말미암아 하나님께 감사하리로다 그런즉 내 자신이 마음으로는 하나님의 법을 육신으로는 죄의 법을 섬기노라" (롬 7:21-25)

167) "그러므로 이제 그리스도 예수 안에 있는 자에게는 결코 정죄함이 없나니, 이는 그리스도 예수 안에 있는 생명의 성령의 법이 죄와 사망의 법에서 너를 해방하였음이라, 율법이 육신으로 말미암아 연약하여 할 수 없는 그것을 하나님은 하시나니 곧 죄로 말미암아 자기 아들을 죄 있는 육신의 모양으로 보내어 육신에 죄를 정하사, 육신을 따르지 않고 그 영을 따라 행하는 우리에게 율법의 요구가 이루어지게 하려 하심이니라, 육신을 따르는 자는 육신의 일을, 영을 따르는 자는 영의 일을 생각하나니, 육신의 생각은 사망이요 영의 생각은 생명과 평안이니라, 육신의 생각은 하나님과 원수가 되나니 이는 하나님의 법에 굴복하지 아니할 뿐 아니라 할 수도 없음이라, 육신에 있는 자들은 하나님을 기쁘시게 할 수 없느니라, 만일 너희 속에 하나님의 영이 거하시면 너희가 육신에 있지 아니하고 영에 있나니 누구든지 그리스도의 영이 없으면 그리스도의 사람이 아니라, 또 그리스도께서 너희 안에 계시면 몸은 죄로 말미암아 죽은 것이나 영은 의로 말미암아 살아 있는 것이니라, 예수를 죽은 자 가운데서 살리신 이의 영이 너희

성령 충만함으로 성결의 은혜를 받을 때만 가능하다.

2) 헌신(Consecration)과 거룩한 산 제사

충만한 구원을 사모하는 것은 성도로써 하나님 앞에 정결하게 살아갈 뿐만 아니라 하나님이 기뻐하시는 거룩한 산 제사의 삶을 살기 위한 것이다(롬 12;1-2)[169]. 성도는 이 세상에 살고 있지만 이 세상을 위해 사는 것이 아니라 하나님의 자녀답게 성결하게 살아가야만 할 의무가 있다. 이러한 성결한 자의 삶은 초기 구원으로 충분하지 못하다. 하나님 앞에 깨끗하게 살아가려는 의지는 있으나 죄로부터 자신을 지키지 못하고 자주 반복해서 죄의 상태에 빠지게 된다. 위에서 바울의 고백이 바로 우리들의 고민이 되는 것이다. 따라서 초기 구원을 받은 자는 반드시 충만한 구원의 필요성을 지각하고 사모해야만 한다. 성도는 하나님께서 충만한 구원을 사모하고 거룩함의 은혜를 주시

안에 거하시면 그리스도 예수를 죽은 자 가운데서 살리신 이가 너희 안에 거하시는 그의 영으로 말미암아 너희 죽을 몸도 살리시리라" (롬 8:1-11)

168) "의에 주리고 목마른 자는 복이 있나니 그들이 배부를 것임이요" (마 5:6).

169) "그러므로 형제들아 내가 하나님의 모든 자비하심으로 너희를 권하노니 너희 몸을 하나님이 기뻐하시는 거룩한 산 제물로 드리라 이는 너희가 드릴 영적 예배니라 합당한, 너희는 이 세대를 본받지 말고 오직 마음을 새롭게 함으로 변화를 받아 하나님의 선하시고 기뻐하시고 온전하신 뜻이 무엇인지 분별하도록 하라" (롬 12:1-2)

는 것을 믿어야(Faith) 한다(행 26:18).

"그 눈을 뜨게 하여 어둠에서 빛으로, 사탄의 권세에서 하나님께로 돌아오게 하고 죄 사함과 나를 믿어 거룩하게 된 무리 가운데서 기업을 얻게 하리라 하더이다" (행 26:18)

3) 성령 충만과 성령세례

성결의 은혜는 거듭난 신자에게 역사하는 성령 충만함의 은혜이다(요 37: 38,39).[170] 성결의 은혜를 입는 자는 모든 죄에서 깨끗해지며 마음과 영혼과 뜻과 힘을 다하여 하나님을 사랑할 수 있게 된다. 성결은 그리스도 속죄의 피를 통해 제공되고 성령의 세례에 의해 이루어지는 즉각적인 은혜의 변화이다. 마태복음 3장에서 광야에 외치는 자의 소리였던 세례요한이 말하기를....

"나는 너희로 회개케 하기 위하여 물로 세례를 주거니와 내 뒤에 오시는 이는 나보다 능력이 많으시니. 나는 그의 신을 들기도 감당치 못하겠노라. 그는 성령과 불로 너희에게 세례를 주실 것이요, 손에 키를 들고 자기의 타작마당을 정하게 하사, 알곡은 모아 곡간에 들이고,

170) "나를 믿는 자는 성경에 이름과 같이, 그 배에서 생수의 강이 흘러나리라 하시니, 이는 그를 믿는 자의 받을 성령을 가리켜 말씀하신 것이라." (요 7:38, 39)

쭉정이는 꺼지지 않는 불에 태우시리라" (마 3:11, 12).

이 성경 구절은 물세례. 성령세례(불세례)[171]에 대해 말씀하고 있다. 왜 중생을 물세례라 하고, 온전한 성결은 불세례라 하였는가? 물로 씻어 깨끗게 되는 물세례의 행동은 자범죄와 관련이 있다. 불세례는 조상으로부터 생리적으로 유전 받은 죄성 즉, 죄의 본성에서 깨끗하게 되는 것이다. 물세례와 불세례를 구분하여 은혜의 단계를 이해하고 받아야만 한다. 인간은 행동으로 지은 죄를 한 가지 한 가지 철저히 회개함으로써 거듭나는 중생의 은혜를 받게 되지만 조상으로부터 혈통을 타고 유전받은 죄 된 성질, 즉 죄성은 성령의 불세례로 깨끗함을 받을 수 있다.

그러한 이유로 중생을 물세례, 온전한 성결을 불세례라 일컫는 것이다. 하나님의 속성을 말할 때 거룩한, 성결하신 분이라는 절대적 성결을 의미한다. 반면에 인간이 거룩하게 되는 것은 하나님의 거룩하심을 본받아 거룩하게 되는 상대적 성결을 의미한다.

디모데전서 4장 8절에 "육체의 연습은 약간의 유익이 있으나 경건은 범사에 유익하니 금생과 내생에 약속이 있느니라" 라고 하였다. 여기 경건이란 말을 흠정역에는 "*Godliness*" 란

171) 물세례와 불세례는 제6장에서 구체적인 설명으로 논하고 있음

말로 번역되어 있다. 즉 하나님의 성품을 닮는 것을 뜻한다. 즉 성결은 거룩한 척하는 그런 모습이 아니라 하나님의 성품을 닮아간다는 의미이다.

마태복음 5장, 7장의 예수님의 산상보훈에서 "마음이 청결한 자는 복이 있나니 저희가 하나님을 볼 것임이요"(마 5:8)라고 하셨고, "그러므로 하늘에 계신 너희 아버지의 온전하심과 같이 너희도 완전하라"(마 5:48)고 하셨다. 또 히브리서 12장 14절에 성결이 강조되고 있다. "모든 사람으로 더불어 화평함과 거룩함을 좇으라. 이것이 없이는 아무도 주를 보지 못하리라" 라고 말씀하고 있다.

성도는 !

우리가 거듭남으로써 구원은 받았으나 우리는 상당한 기간을 이 죄 많은 세상에서 죄의 세력과 싸우며 걸어가야만 하는데 거기서 승리하려면 병균과 같은 내재의 죄성에서 깨끗게 되는 온전한 성결의 은혜를 받아 계속 빛 가운데 심령이 성장하게 됩니다.

우리는 이러한 진리를 분명히 알아야만 내 자신의 심령이 침체 가운데 빠지지 않고 계속 성장하여 승리로운 신앙 세계에 나아갈 수 있습니다. 여기서 우리는 꼭 기억하고 있어야 할 성경 구절이 있으니 사도 요한이 기록하기를 "이 세상이나 세상에 있는 것들을 사랑치 말라. 누구든지 세상을 사랑하면 아버지의 사랑이 그 속에 있지 아니하니 이는 세상에 있는 모든 것이 육신의 정욕과 안목의 정욕과 이생의 자랑이니 다 아버지께로 좇아 온 것이 아니요. 세상으로 좇아 온 것이라. 이 세상도 그 정욕도 지나가되 오직 하나님의 뜻을 행하는 이는 영원히 거하느니라"(요일 2:15-17)고 하였습니다.

마태복음 4장에 보면 예수님께서 공생애에 나가시기 전에 광야에서 40일간 밤낮으로 금식하신 후에 마귀에게 시험을 받으실 때 이 세 가지 시험을 받으셨으나 다 이기심으로써 비로소 두루 다니시며 천국 복음을 전파하셨으니 그 이기신 시험이 바로 육신의 정욕, 안목의 정욕, 이생의 자랑이었습니다. 성결의 은혜는 여기서 승리를 얻게 합니다.

3. 충만한 구원을 위한 하나님의 은혜(하나님의 편)

1) 소극적 면: 정결

충만한 구원은 하나님 편에서 정결(cleansing)의 은혜를 받는 것이다. 하나님은 성결을 사모하는 성도들에게 성결의 은혜를 주신다. 그러므로 거듭난 중생자는 구원받았음에 만족하는 자리에 머물러 있는 것만 아니라 주님의 원하시는 정결의 은혜를 사모해야만 한다. 성령은 사모하는 자에게 정결의 은혜를 주실 것이다.

"이는 곧 물로 씻어 말씀으로 깨끗하게 하사 거룩하게 하시고, 자기 앞에 영광스러운 교회로 세우사, 티나 주름 잡힌 것이나 이런 것들이 없이, 거룩하고 흠이 없게 하려 하심이니라." (엡 5:26)

"또 마음을 아시는 하나님이 우리에게와 같이 저희에게도 성령을 주어 증거하시고, 믿음으로 저희 마음을 깨끗이 하사. 저희나 우리나 분간치 아니하셨느니라." (행 15:8-9)

"저가 빛 가운데 계신 것같이 우리도 빛 가운데 행하면, 우리가 서로 사귐이 있고, 그 아들 예수의 피가 우리를 모든 죄에서 깨끗케 하실 것이요." (요일 1:7-현재형, 계속적으로 깨끗하게 함.)

2) 적극적인 면: 성령으로 내충(內充)

하나님 편에서 충만한 구원 즉 성결을 사모하는 신자는 성령 충만(Infilling with the Holy Spirit)으로 가능하다. 따라서 성령 충만함을 기도로 사모해야 한다. 말씀을 붙잡고 말씀으로 인하여 주시는 성령의 은혜가 채워지기를 간절하게 기도해야만 한다.

"술 취하지 말라. 이는 방탕한 것이니, 오직 성령의 충만을 받으라."
(엡 5;18)

"모든 성도와 함께 지식에 넘치는 그리스도의 사랑을 알아,
그 넓이와 깊이와 높이와 길이가 어떠함을 깨달아 하나님의 모든
충만하신 것으로 너희에게 충만하게 하시기를 구하노라" (엡 3:18-19)

충만한 구원은 내재(內在)의 죄성(罪性)의 정결(淨潔)과 내적(內的) 마음의 혐오(嫌惡)으로부터 정결이다. 또한 온전한 사랑으로 채워지게 된다. 믿음과 순종(順從)과 하나님의 자녀로 빛 가운데 삶아가게 된다. 성령 충만 이전의 삶은 자신의 의지와 노력에 의한 삶으로 될 수 있을 것이라는 태도를 가졌다면, 성령 충만한 내충은 자신의 의지와 노력을 내려놓게 되는 상황으로 오직 성령의 뜻 가운데 생각과 의지 발현되는 은혜를 의미한다. 따라서 성령 충만의 내충은 초기 구원을 받은 자가 반드시 사모해야 할 은혜이다.

4. 온전한 성결

온전한 성결은 중생에 뒤이어 하나님께 전적으로 헌신하는 신자의 인격 속에 이루어지는 하나님의 은혜로운 역사이다. 모든 내재가 된 죄로부터 깨끗하게 되어, 온 마음과 목숨과 뜻과 힘을 다한 하나님의 사랑으로 충만하게 되는 일이다. 이 온전한 성결은 순간적 변화로서, 그리스도 속죄의 보혈로 인하여 된 것으로 은총 가운데 성장하게 된다. 온전한 성결은 성령세례로써 이루어지며, 하나님의 뜻에 일치된 삶으로 하나님의 약속을 믿음으로 받게 되고, 하나님과의 교통 가운데 기쁨으로 봉사할 능력을 받게 된다(신 30:6;[172] 눅 1:71-72;[173] 요 17:17-23;[174] 행

172) 네 하나님 여호와께서 네 마음과 네 자손의 마음에 할례를 베푸사 너로 마음을 다하며 뜻을 다하여 네 하나님 여호와를 사랑하게 하사 너로 생명을 얻게 하실 것이며

173) 71) 우리 원수에게서와 우리를 미워하는 모든 자의 손에서 구원하시는 일이라, 72) 우리 조상을 긍휼히 여기시며 그 거룩한 언약을 기억하셨으니

174) 17) 그들을 진리로 거룩하게 하옵소서 아버지의 말씀은 진리니이다. 18) 아버지께서 나를 세상에 보내신 것 같이 나도 그들을 세상에 보내었고 19) 또 그들을 위하여 내가 나를 거룩하게 하오니 이는 그들도 진리로 거룩함을 얻게 하려 함이니이다, 20) 내가 비옵는 것은 이 사람들만 위함이 아니요 또 그들의 말로 말미암아 나를 믿는 사람들도 위함이니 21) 아버지여, 아버지께서 내 안에, 내가 아버지 안에 있는 것 같이 그들도 다 하나가 되어 우리 안에 있게 하사 세상으로 아버지께서 나를 보내신 것을 믿게 하옵소서22) 내게 주신 영광을 내가 그들에게 주었사오니 이는 우리가 하나가 된 것 같이 그들도 하나가 되게 하려 함이니이다, 23) 곧 내가 그들 안에 있고 아버지께서 내 안에 계시어 그들로 온전함을 이루어 하나가 되게 하려 함은 아버지께서 나를 보내신

1:5;[175] 행 1:8;[176] 행 15:8-9;[177] 롬 8:3-4;[178] 엡 4:13;[179] 엡 4:24;[180] 엡 5:26-27;[181] 살전 5;23;[182] 딤전 1:5;[183] 히:

것과 또 나를 사랑하심 같이 그들도 사랑하신 것을 세상으로 알게 하려 함이로소이다

175) 요한은 물로 세례를 베풀었으나 너희는 몇 날이 못되어 성령으로 세례를 받으리라 하셨느니라

176) 오직 성령이 너희에게 임하시면 너희가 권능을 받고 예루살렘과 온 유대와 사마리아와 땅 끝까지 이르러 내 증인이 되리라 하시니라

177) 8) 또 마음을 아시는 하나님이 우리에게와 같이 그들에게도 성령을 주어 증언하시고. 9) 믿음으로 그들의 마음을 깨끗이 하사 그들이나 우리나 차별하지 아니하셨느니라

178) 3) 율법이 육신으로 말미암아 연약하여 할 수 없는 그것을 하나님은 하시나니 곧 죄로 말미암아 자기 아들을 죄 있는 육신의 모양으로 보내어 육신에 죄를 정하사 4) 육신을 따르지 않고 그 영을 따라 행하는 우리에게 율법의 요구가 이루어지게 하려 하심이니라

179) 우리가 다 하나님의 아들을 믿는 것과 아는 일에 하나가 되어 온전한 사람을 이루어 그리스도의 장성한 분량이 충만한 데까지 이르리니

180) 하나님을 따라 의와 진리의 거룩함으로 지으심을 받은 새 사람을 입으라

181) 26) 이는 곧 물로 씻어 말씀으로 깨끗하게 하사 거룩하게 하시고, 27) 자기 앞에 영광스러운 교회로 세우사 티나 주름 잡힌 것이나 이런 것들이 없이 거룩하고 흠이 없게 하려 하심이라

182) 평강의 하나님이 친히 너희를 온전히 거룩하게 하시고 또 너희의 온 영과 혼과 몸이 우리 주 예수 그리스도께서 강림하실 때에 흠 없게 보전되기를 원하노라 너희를 부르시는 이는 미쁘시니 그가 또한 이루시리라

183) 이 교훈의 목적은 청결한 마음과 선한 양심과 거짓이 없는 믿음에서 나오는 사랑이거늘

13:20-21;[184] 벧전 1:15-16;[185] 요일 1: 7,9;[186] 요일 4;17-18[187])).

5. 중생과 온전한 성결

성결은 중생에서 시작되는 하나님의 제2차 은총으로, 정확히 말해서 온전한 성결은 전적 구원에 이르는 은총을 말한다. 죄 된 행동에서 정결케 되는 것은 중생에서 이루어지고, 죄의 내적 본성에서 깨끗하게 되는 성결의 은혜에서 이루어진다. 거듭난 개인에게 있어서 죄의 본성은 일단 굴복되기는 하지만, 아직 죄의

184) 20) 양들의 큰 목자이신 우리 주 예수를 영원한 언약의 피로 죽은 자 가운데서 이끌어 내신 평강의 하나님이, 21) 모든 선한 일에 너희를 온전하게 하사 자기 뜻을 행하게 하시고 그 앞에 즐거운 것을 예수 그리스도로 말미암아 우리 가운데서 이루시기를 원하노라 영광이 그에게 세세무궁토록 있을지어다 아멘

185) 15) 오직 너희를 부르신 거룩한 이처럼 너희도 모든 행실에 거룩한 자가 되라 16) 기록되었으되 내가 거룩하니 너희도 거룩할지어다 하셨느니라

186) 7) 그가 빛 가운데 계신 것 같이 우리도 빛 가운데 행하면 우리가 서로 사귐이 있고 그 아들 예수의 피가 우리를 모든 죄에서 깨끗하게 하실 것이요, 9) 만일 우리가 우리 죄를 자백하면 그는 미쁘시고 의로우사 우리 죄를 사하시며 우리를 모든 불의에서 깨끗하게 하실 것이요

187) 17) 이로써 사랑이 우리에게 온전히 이루어진 것은 우리로 심판 날에 담대함을 가지게 하려 함이니 주께서 그러하심과 같이 우리도 이 세상에서 그러하니라, 18) 사랑 안에 두려움이 없고 온전한 사랑이 두려움을 내쫓나니 두려움에는 형벌이 있음이라 두려워하는 자는 사랑 안에서 온전히 이루지 못하였느니라

본질이 남아있는 상태이므로 온전한 성결의 역사를 통하여 죄성에서 자유함을 입는다. 중생은 사랑, 기쁨, 평화가 그 심령에 분여(分與:imparted)[188]되어지나, 온전한 성결에 있어서 그것이 완성되어 진다. 중생의 상태에 있어서 그 사람은 내적 갈등이 있으나, 온전히 성결케 될 때 그 싸움이 끝이 나고, 그는 그리스도로 말미암아 "이기고도 남음이 있게" 된다. 그리스도의 본성은 중생에서 분여되어지나, 죄의 본성은 온전한 성결에서 해소된다. 중생에서는 성령을 받고, 후자에서 그는 성령으로 충만하게 된다. 성령 충만한 자는 완전한 자(고후 7:1) 충만한 구원으로 성결함을 입은 완전한 자는 "그리스도의 마음을 품은 자(빌 2:5), 그리스도께서 행하신 대로 행하는 자(요일 2:6), 손이 깨끗하고 마음이 성결한 자(약 4:8), 육과 영의 온갖 더러운 것에서 깨끗해 진 자" (고후 7:1)이다. 성결의 은혜로 완전한 자는 모든 더러운 것에서와 우상에서 정결케 하는 것, 모든 부정함에서 구원받는 것이다(겔 36:25). 또한 주께서 빛 가운데 계신 것처럼 빛 가운데 행하고, 그 안에 어두움이 전혀 없는 사람이다(요일 1:5, 7;[189] 롬 12:1-2;[190] 고후 7:1;[191] 엡 5:18;[192] 살전 4:1-8;[193]

188) 하나님은 자신의 의(義)를 믿는 자들에게 분여(Imparted Righteousness)하신다는 요한 웨슬리의 개념이다. (편집자 추가내용)

189) 16) 내가 세상에 속하지 아니함 같이 그들도 세상에 속하지 아니하였사옵나이다, 17) 그들을 진리로 거룩하게 하옵소서 아버지의 말씀은 진리니이다

190) 1) 그러므로 형제들아 내가 하나님의 모든 자비하심으로 너희를 권하노니 너희 몸을 하나님이 기뻐하시는 거룩한 산 제물로 드리라 이는 너희가 드릴

히 5;12;[194] 히 6: 1-6;[195] 약 4:8;[196] 요일 3:1-3[197])[198]

영적 예배니라, 2) 너희는 이 세대를 본받지 말고 오직 마음을 새롭게 함으로 변화를 받아 하나님의 선하시고 기뻐하시고 온전하신 뜻이 무엇인지 분별하도록 하라

191) 그런즉 사랑하는 자들아 이 약속을 가진 우리는 하나님을 두려워하는 가운데서 거룩함을 온전히 이루어 육과 영의 온갖 더러운 것에서 자신을 깨끗하게 하자

192) 너희가 전에는 어둠이더니 이제는 주 안에서 빛이라 빛의 자녀들처럼 행하라

193) 1) 그러므로 형제들아 우리가 끝으로 주 예수 안에서 너희에게 구하고 권면하노니 너희가 마땅히 어떻게 행하며 하나님을 기쁘시게 할 수 있는지를 우리에게 배웠으니 곧 너희가 행하는 바라 더욱 많이 힘쓰라, 2) 우리가 주 예수로 말미암아 너희에게 무슨 명령으로 준 것을 너희가 아느니라, 3) 하나님의 뜻은 이것이니 너희의 거룩함이라 곧 음란을 버리고, 4) 각각 거룩함과 존귀함으로 자기의 아내 대할 줄을 알고, 5) 하나님을 모르는 이방인과 같이 색욕을 따르지 말고, 6) 이 일에 분수를 넘어서 형제를 해하지 말라 이는 우리가 너희에게 미리 말하고 증언한 것과 같이 이 모든 일에 주께서 신원하여 주심이라, 7) 하나님이 우리를 부르심은 부정하게 하심이 아니요 거룩하게 하심이니, 8) 그러므로 저버리는 자는 사람을 저버림이 아니요 너희에게 그의 성령을 주신 하나님을 저버림이니라

194) 때가 오래되었으므로 너희가 마땅히 선생이 되었을 터인데 너희가 다시 하나님의 말씀의 초보에 대하여 누구에게서 가르침을 받아야 할 처지이니 단단한 음식은 못 먹고 젖이나 먹어야 할 자가 되었도다

195) 1) 그러므로 우리가 그리스도의 도의 초보를 버리고 죽은 행실을 회개함과 하나님께 대한 신앙과, 2) 세례들과 안수와 죽은 자의 부활과 영원한 심판에 관한 교훈의 터를 다시 닦지 말고 완전한 데로 나아갈지니라 3) 하나님께서 허락하시면 우리가 이것을 하리라, 4) 한 번 빛을 받고 하늘의 은사를 맛보고 성령에 참여한 바 되고, 5) 하나님의 선한 말씀과 내세의 능력을 맛보고도, 6) 타락한 자들은 다시 새롭게 하여 회개하게 할 수 없나니 이는 그들이 하나님

초기 구원은 충만한 구원 즉, 성결을 향한 출발점이며 중생자는 반드시 성결의 단계로 성장해야만 하는 것이다. 중생에 머물러 있으면 죄의 본성과의 갈등과 딜레마로 신앙의 성장이 오지 않는다. 중생자가 성결의 은혜를 받기 위해 성령세례 즉, 불세례를 받아야만 한다.[199] 성령세례를 받아 성결의 은혜를 받은 자는 성결한 삶을 유지하기 위해 지속적 반복적 성령 충만을 사모해야 한다.

의 아들을 다시 십자가에 못 박아 드러내 놓고 욕되게 함이라

196) 하나님을 가까이하라 그리하면 너희를 가까이하시리라 죄인들아 손을 깨끗이 하라 두 마음을 품은 자들아 마음을 성결하게 하라

197) 1) 보라 아버지께서 어떠한 사랑을 우리에게 베푸사 하나님의 자녀라 일컬음을 받게 하셨는가, 우리가 그러하도다 그러므로 세상이 우리를 알지 못함은 그를 알지 못함이라 2) 사랑하는 자들아 우리가 지금은 하나님의 자녀라 장래에 어떻게 될지는 아직 나타나지 아니하였으나 그가 나타나시면 우리가 그와 같을 줄을 아는 것은 그의 참모습 그대로 볼 것이기 때문이니, 3) 주를 향하여 이 소망을 가진 자마다 그의 깨끗하심과 같이 자기를 깨끗하게 하느니라

198) John Wesley, *A Plain Account of Christian Perfection*, 조정남 역 『웨슬리의 기독자의 완전에 대한 해설』, 한국복음문서간행회, 1996. 39.

199) 편집자 추가내용.

성도 여러분! (우성 손택구 목사의 권면)

“우리가 거듭남으로써 구원은 받았으나 우리는 상당한 기간을 죄가 많은 세상에서 죄의 세력과 싸우며 걸어가야만 합니다. 이 세상에서 승리하려면 병균과 같은 내재된 죄성에서 깨끗게 되는 것입니다. 이것은 온전한 성결의 은혜를 받을 때 가능합니다. 중생자가 성결의 은혜를 받을 때 심령이 침체하지 않고 성결 삶의 유지와 성장을 살게 됩니다.

사도 요한이 기록하기를 “이 세상이나 세상에 있는 것들을 사랑치 말라. 누구든지 세상을 사랑하면 아버지의 사랑이 그 속에 있지 아니하니 이는 세상에 있는 모든 것이 육신의 정욕과 안목의 정욕과 이생의 자랑이니 다 아버지께로 좇아 온 것이 아니요. 세상으로 좇아 온 것이라. 이 세상도 그 정욕도 지나가되 오직 하나님의 뜻을 행하는 이는 영원히 거하느니라”(요일 2:15-17) 하였습니다.

예수님은 마태복음 4장에서 40일간 밤낮으로 금식하신 후에 마귀에게 시험을 받으실 때 이 세 가지 시험을 받으셨습니다. 세 가지 시험은 ‘육신의 정욕, 안목의 정욕, 이생의 자랑’이었습니다. 우리 주님은 온전한 성결의 은혜로 이 시험에서 승리하신 것입니다. 이후 예수님은 두루 다니시며 천국 복음을 전파하셨습니다.

III. 계속적 구원(Continuous Salvation)

구원의 세 번째 국면은 계속적 구원(繼續的: Continuous Salvation)으로 충만한 구원인 성결의 은혜를 계속적으로 성숙(成熟)시키며 성장(成長)하는 것을 의미한다. 성령 충만으로 성결의 은혜를 받는 것도 중요하지만 성결의 은혜를 유지하고 성장시키는 것은 더 중요하다. 충만한 구원이 정결(purity)의 은혜라면, 정결의 은혜가 계속적 성장의 결과는 원숙(maturity)이라고 할 수 있다(벧후 3:18; 엡 3:14-12;[200] 고후 3:18).

---

200) "이제 그의 거룩한 사도들과 선지자들에게 성령으로 나타내신 것 같이 다른 세대에서는 사람의 아들들에게 알리지 아니하셨으니 이는 이방인들이 복음으로 말미암아 그리스도 예수 안에서 함께 상속자가 되고 함께 지체가 되고 함께 약속에 참여하는 자가 됨이라, 이 복음을 위하여 그의 능력이 역사하시는 대로 내게 주신 하나님의 은혜의 선물을 따라 내가 일꾼이 되었노라 모든 성도 중에 지극히 작은 자보다 더 작은 나에게 이 은혜를 주신 것은 측량할 수 없는 그리스도의 풍성함을 이방인에게 전하게 하시고, 영원부터 만물을 창조하신 하나님 속에 감추어졌던 비밀의 경륜이 어떠한 것을 드러내게 하려 하심이라, 이는 이제 교회로 말미암아 하늘에 있는 통치자들과 권세들에게 하나님의 각종 지혜를 알게 하려 하심이니, 곧 영원부터 우리 주 그리스도 예수 안에서 예정하신 뜻대로 하신 것이라, 우리가 그 안에서 그를 믿음으로 말미암아 담대함과 확신을 가지고 하나님께 나아감을 얻느니라, 그러므로 너희에게 구하노니 너희를 위한 나의 여러 환난에 대하여 낙심하지 말라 이는 너희의 영광이니라 그리스도의 사랑을 알게 하시기를, 이러므로 내가 하늘과 땅에 있는 각 족속에게, 이름을 주신 아버지 앞에 무릎을 꿇고 비노니, 그의 영광의 풍성함을 따라 그의 성령으로 말미암아 너희 속사람을 능력으로 강건하게 하시오며, 믿음으로 말미암아 그리스도께서 너희 마음에 계시게 하시옵고 너희가 사랑 가운데서 뿌리가 박히고 터가 굳어져서, 능히 모든 성도와 함께 지식

"오직 우리 주 곧 구주 예수 그리스도의 은혜와 저를 아는 지식에서 자라가라. 영광이 이제와 영원한 날까지 저에게 있을지어다." (벧후 3:18)

"우리가(크리스천) 다 수건을 벗은 얼굴로(주님과 우리 사이에 아무런 가리운 것이 없음) 거울을 보는 것 같이(말씀의 거울) 주의 영광을 보매 그와 같은 형상으로 변화하여(우리가 그 말씀에 순종함으로써) 영광에서 영광에 이르니(점차적으로 닮아 감)
곧 주의 영으로 말미암음이니라" (고후 3:18)

성결의 은혜는 점진적, 지속적 성숙(成熟)과 성장(成長)으로 진행되어야만 한다. 계속적 구원은 성결의 은혜 안에 지속적 성장(Growth in grace)으로 하나님의 구원계획 안에서 예수 그리스도의 은총 가운데 성결의 삶이 전진(진보함)과 성장하는 것을 말한다. 이는 내재(內在)의 죄성(罪性)에 대한 정결(淨潔)과 내적 마음의 혐오(嫌惡)가 사라지고 온전한 사랑으로 채워지는 것을 의미한다. 또한 계속적 구원은 보혈의 씻음, 믿음, 순종으로 계속 빛 가운데 걸어가는 성장이다.

계속적 구원은 궁극적 구원을 받은 자의 지속적 성숙(成熟), 성장(成長)과 진행(進行)을 의미한다. 이 계속적 구원은 하나님의

에 넘치는 그리스도의 사랑을 알고, 그 너비와 길이와 높이와 깊이가 어떠함을 깨달아 하나님의 모든 충만하신 것으로 너희에게 충만하게 하시기를 구하노라, 우리 가운데서 역사하시는 능력대로 우리가 구하거나 생각하는 모든 것에 더 넘치도록 능히 하실 이에게, 교회 안에서와 그리스도 예수 안에서 영광이 대대로 영원무궁하기를 원하노라 아멘" (엡 3:14-21)

백성을 위한 정결이며, 그리스도인의 완전을 의미하는 온전한 사랑이며, 마음의 정결, 충만한 축복, 성령세례, 그리스도인의 성결함이 지속적 · 점진적으로 성장하고 성숙해 가는 은총을 말한다.

1. 하나님의 백성들을 위한 성결

초기 구원으로 거듭난 사람은 충만한 구원으로 계속적 구원의 은총을 입어야 한다. 계속적 구원은 하나님 백성이 성결해야 한다는 하나님의 뜻이자 구원의 여정이다. 하나님은 신구약 성경에서 반복하여 성결한 삶을 요구하셨다. 하나님께서 이스라엘 백성을 판단하는 기준 역시 영적 육의 성결한 태도를 보고 판단하셨다(렘 31:31-34;[201] 겔 36:25-27;[202] 말 3:2-3;[203] 마

201) 31) 여호와의 말씀이니라 보라 날이 이르리니 내가 이스라엘 집과 유다 집에 새 언약을 맺으리라, 32) 이 언약은 내가 그들의 조상들의 손을 잡고 애굽 땅에서 인도하여 내던 날에 맺은 것과 같지 아니할 것은 내가 그들의 남편이 되었어도 그들이 내 언약을 깨뜨렸음이라 여호와의 말씀이니라, 33) 그러나 그 날 후에 내가 이스라엘 집과 맺을 언약은 이러하니 곧 내가 나의 법을 그들의 속에 두며 그들의 마음에 기록하여 나는 그들의 하나님이 되고 그들은 내 백성이 될 것이라 여호와의 말씀이니라, 34) 그들이 다시는 각기 이웃과 형제를 가리켜 이르기를 너는 여호와를 알라 하지 아니하리니 이는 작은 자로부터 큰 자까지 다 나를 알기 때문이라 내가 그들의 악행을 사하고 다시는 그 죄를 기억하지 아니하리라 여호와의 말씀이니라

202) 25) 맑은 물을 너희에게 뿌려서 너희로 정결하게 하되 곧 너희 모든 더러운

3:11-12;[204] 눅 3:16-17;[205] 요 7:37-39;[206] 요 14:15-23;[207] 요

것에서와 모든 우상 숭배에서 너희를 정결하게 할 것이며, 26) 또 새 영을 너희 속에 두고 새 마음을 너희에게 주되 너희 육신에서 굳은 마음을 제거하고 부드러운 마음을 줄 것이며, 27) 또 내 영을 너희 속에 두어 너희로 내 율례를 행하게 하리니 너희가 내 규례를 지켜 행할지라

203) 2) 그가 임하시는 날을 누가 능히 당하며 그가 나타나는 때에 누가 능히 서리요 그는 금을 연단하는 자의 불과 표백하는 자의 잿물과 같을 것이라, 3) 그가 은을 연단하여 깨끗하게 하는 자 같이 앉아서 레위 자손을 깨끗하게 하되 금, 은 같이 그들을 연단하리니 그들이 공의로운 제물을 나 여호와께 바칠 것이라

204) 11) 나는 너희로 회개하게 하기 위하여 물로 세례를 베풀거니와 내 뒤에 오시는 이는 나보다 능력이 많으시니 나는 그의 신을 들기도 감당하지 못하겠노라 그는 성령과 불로 너희에게 세례를 베푸실 것이요, 12) 손에 키를 들고 자기의 타작 마당을 정하게 하사 알곡은 모아 곳간에 들이고 쭉정이는 꺼지지 않는 불에 태우시리라

205) 16) 요한이 모든 사람에게 대답하여 이르되 나는 물로 너희에게 세례를 베풀거니와 나보다 능력이 많으신 이가 오시나니 나는 그의 신발끈을 풀기도 감당하지 못하겠노라 그는 성령과 불로 너희에게 세례를 베푸실 것이요, 17) 손에 키를 들고 자기의 타작 마당을 정하게 하사 알곡은 모아 곳간에 들이고 쭉정이는 꺼지지 않는 불에 태우시리라

206) 37) 명절 끝날 곧 큰 날에 예수께서 서서 외쳐 이르시되 누구든지 목마르거든 내게로 와서 마시라, 38) 나를 믿는 자는 성경에 이름과 같이 그 배에서 생수의 강이 흘러나오리라 하시니, 39) 이는 그를 믿는 자들이 받을 성령을 가리켜 말씀하신 것이라 (예수께서 아직 영광을 받지 않으셨으므로 성령이 아직 그들에게 계시지 아니하시더라)

207) 15) 내 이름으로 무엇이든지 내게 구하면 내가 행하리라, 너희가 나를 사랑하면 나의 계명을 지키리라, 16) 내가 아버지께 구하겠으니 그가 또 다른 보혜사를 너희에게 주사 영원토록 너희와 함께 있게 하리니, 17) 그는 진리의 영이라 세상은 능히 그를 받지 못하나니 이는 그를 보지도 못하고 알지도 못함이

17:6-20;[208] 행 1;5;[209])

라 그러나 너희는 그를 아나니 그는 너희와 함께 거하심이요 또 너희 속에 계시겠음이라, 18) 내가 너희를 고아와 같이 버려두지 아니하고 너희에게로 오리라, 19) 조금 있으면 세상은 다시 나를 보지 못할 것이로되 너희는 나를 보리니 이는 내가 살아 있고 너희도 살아 있겠음이라, 20) 그 날에는 내가 아버지 안에, 너희가 내 안에, 내가 너희 안에 있는 것을 너희가 알리라, 21) 나의 계명을 지키는 자라야 나를 사랑하는 자니 나를 사랑하는 자는 내 아버지께 사랑을 받을 것이요 나도 그를 사랑하여 그에게 나를 나타내리라, 22) 가룟인 아닌 유다가 이르되 주여 어찌하여 자기를 우리에게는 나타내시고 세상에는 아니하려 하시나이까, 23) 예수께서 대답하여 이르시되 사람이 나를 사랑하면 내 말을 지키리니 내 아버지께서 그를 사랑하실 것이요 우리가 그에게 가서 거처를 그와 함께 하리라

208) 6) 세상 중에서 내게 주신 사람들에게 내가 아버지의 이름을 나타내었나이다 그들은 아버지의 것이었는데 내게 주셨으며 그들은 아버지의 말씀을 지키었나이다, 7) 지금 그들은 아버지께서 내게 주신 것이 다 아버지로부터 온 것인 줄 알았나이다, 8) 나는 아버지께서 내게 주신 말씀들을 그들에게 주었사오며 그들은 이것을 받고 내가 아버지께로부터 나온 줄을 참으로 아오며 아버지께서 나를 보내신 줄도 믿었사옵나이다, 9) 내가 그들을 위하여 비옵나니 내가 비옵는 것은 세상을 위함이 아니요 내게 주신 자들을 위함이니이다 그들은 아버지의 것이로소이다, 10) 내 것은 다 아버지의 것이요 아버지의 것은 내 것이온데 내가 그들로 말미암아 영광을 받았나이다, 11) 나는 세상에 더 있지 아니하오나 그들은 세상에 있사옵고 나는 아버지께로 가옵나니 거룩하신 아버지여 내게 주신 아버지의 이름으로 그들을 보전하사 우리와 같이 그들도 하나가 되게 하옵소서, 12) 내가 그들과 함께 있을 때에 내게 주신 아버지의 이름으로 그들을 보전하고 지키었나이다 그 중의 하나도 멸망하지 않고 다만 멸망의 자식뿐이오니 이는 성경을 응하게 함이니이다, 13) 지금 내가 아버지께로 가오니 내가 세상에서 이 말을 하옵는 것은 그들로 내 기쁨을 그들 안에 충만히 가지게 하려 함이니이다, 14) 내가 아버지의 말씀을 그들에게 주었사오매 세상이 그들을 미워하였사오니 이는 내가 세상에 속하지 아니함 같이 그들도 세상에 속하지 아니함으로 인함이니이다, 15) 내가 비옵는 것은 그들을 세상에서 데려가시기를 위함이 아니요 다만 악에 빠지지 않게 보전하시기를 위함이니이다,

하나님의 성결(행 2:1-4;[210] 행 15:8-9;[211] 롬 6:13, 19;[212] 롬 8: 1-4;[213] 롬 8:8-14;[214] 롬 12:1-2;[215] 고후 6:14-7:1;[216] 갈

---

16) 내가 세상에 속하지 아니함 같이 그들도 세상에 속하지 아니하였사옵나이다, 17) 그들을 진리로 거룩하게 하옵소서 아버지의 말씀은 진리니이다, 18) 아버지께서 나를 세상에 보내신 것 같이 나도 그들을 세상에 보내었고, 19) 또 그들을 위하여 내가 나를 거룩하게 하오니 이는 그들도 진리로 거룩함을 얻게 하려 함이니이다, 20) 내가 비옵는 것은 이 사람들만 위함이 아니요 또 그들의 말로 말미암아 나를 믿는 사람들도 위함이니

209) 5) 요한은 물로 세례를 베풀었으나 너희는 몇 날이 못되어 성령으로 세례를 받으리라 하셨느니라

210) 1) 오순절 날이 이미 이르매 그들이 다같이 한 곳에 모였더니, 2) 홀연히 하늘로부터 급하고 강한 바람 같은 소리가 있어 그들이 앉은 온 집에 가득하며, 3) 마치 불의 혀처럼 갈라지는 것들이 그들에게 보여 각 사람 위에 하나씩 임하여 있더니, 4) 그들이 다 성령의 충만함을 받고 성령이 말하게 하심을 따라 다른 언어들로 말하기를 시작하니라

211) 8) 또 마음을 아시는 하나님이 우리에게와 같이 그들에게도 성령을 주어 증언하시고, 9) 믿음으로 그들의 마음을 깨끗이 하사 그들이나 우리나 차별하지 아니하셨느니라

212) 11) 이와 같이 너희도 너희 자신을 죄에 대하여는 죽은 자요 그리스도 예수 안에서 하나님께 대하여는 살아 있는 자로 여길지어다, 12) 그러므로 너희는 죄가 너희 죽을 몸을 지배하지 못하게 하여 몸의 사욕에 순종하지 말고, 13) 또한 너희 지체를 불의의 무기로 죄에게 내주지 말고 오직 너희 자신을 죽은 자 가운데서 다시 살아난 자 같이 하나님께 드리며 너희 지체를 의의 무기로 하나님께 드리라, 19) 너희 육신이 연약하므로 내가 사람의 예대로 말하노니 전에 너희가 너희 지체를 부정과 불법에 내주어 불법에 이른 것 같이 이제는 너희 지체를 의에게 종으로 내주어 거룩함에 이르라

213) 1) 그러므로 이제 그리스도 예수 안에 있는 자에게는 결코 정죄함이 없나니, 2) 이는 그리스도 예수 안에 있는 생명의 성령의 법이 죄와 사망의 법에서 너를 해방하였음이라, 3) 율법이 육신으로 말미암아 연약하여 할 수 없는 그것

2;20;[217] 갈 5:16-25;[218] 엡 3:14-21;[219] 엡 5:17-18;[220] 엡

을 하나님은 하시나니 곧 죄로 말미암아 자기 아들을 죄 있는 육신의 모양으로 보내어 육신에 죄를 정하사, 4) 육신을 따르지 않고 그 영을 따라 행하는 우리에게 율법의 요구가 이루어지게 하려 하심이니라

214) 8) 육신에 있는 자들은 하나님을 기쁘시게 할 수 없느니라, 9) 만일 너희 속에 하나님의 영이 거하시면 너희가 육신에 있지 아니하고 영에 있나니 누구든지 그리스도의 영이 없으면 그리스도의 사람이 아니라, 10) 또 그리스도께서 너희 안에 계시면 몸은 죄로 말미암아 죽은 것이나 영은 의로 말미암아 살아 있는 것이니라, 11) 예수를 죽은 자 가운데서 살리신 이의 영이 너희 안에 거하시면 그리스도 예수를 죽은 자 가운데서 살리신 이가 너희 안에 거하시는 그의 영으로 말미암아 너희 죽을 몸도 살리시리라, 12) 그러므로 형제들아 우리가 빚진 자로되 육신에게 져서 육신대로 살 것이 아니니라, 13)너희가 육신대로 살면 반드시 죽을 것이로되 영으로써 몸의 행실을 죽이면 살리니, 14) 무릇 하나님의 영으로 인도함을 받는 사람은 곧 하나님의 아들이라

215) 1) 그러므로 형제들아 내가 하나님의 모든 자비하심으로 너희를 권하노니 너희 몸을 하나님이 기뻐하시는 거룩한 산 제물로 드리라 이는 너희가 드릴 영적 예배니라 2) 너희는 이 세대를 본받지 말고 오직 마음을 새롭게 함으로 변화를 받아 하나님의 선하시고 기뻐하시고 온전하신 뜻이 무엇인지 분별하도록 하라

216) 14) 너희는 믿지 않는 자와 멍에를 함께 메지 말라 의와 불법이 어찌 함께 하며 빛과 어둠이 어찌 사귀며, 15) 그리스도와 벨리알이 어찌 조화되며 믿는 자와 믿지 않는 자가 어찌 상관하며, 16) 하나님의 성전과 우상이 어찌 일치가 되리요 우리는 살아 계신 하나님의 성전이라 이와 같이 하나님께서 이르시되 내가 그들 가운데 거하며 두루 행하여 나는 그들의 하나님이 되고 그들은 나의 백성이 되리라, 17) 그러므로 너희는 그들 중에서 나와서 따로 있고 부정한 것을 만지지 말라 내가 너희를 영접하여, 18) 너희에게 아버지가 되고 너희는 내게 자녀가 되리라 전능하신 주의 말씀이니라 하셨느니라, 7:1) 그런즉 사랑하는 자들아 이 약속을 가진 우리는 하나님을 두려워하는 가운데서 거룩함을 온전히 이루어 육과 영의 온갖 더러운 것에서 자신을 깨끗하게 하자

217) 내가 그리스도와 함께 십자가에 못 박혔나니 그런즉 이제는 내가 사는 것이

5:25-27;[221] 빌 3:10-15;[222] 골 3:1-17;[223] 살전 5:23-24;[224] 히

아니요 오직 내 안에 그리스도께서 사시는 것이라 이제 내가 육체 가운데 사는 것은 나를 사랑하사 나를 위하여 자기 자신을 버리신 하나님의 아들을 믿는 믿음 안에서 사는 것이라

218) 16) 내가 이르노니 너희는 성령을 따라 행하라 그리하면 육체의 욕심을 이루지 아니하리라, 17) 육체의 소욕은 성령을 거스르고 성령은 육체를 거스르나니 이 둘이 서로 대적함으로 너희가 원하는 것을 하지 못하게 하려 함이니라, 18) 너희가 만일 성령의 인도하시는 바가 되면 율법 아래에 있지 아니하리라, 19) 육체의 일은 분명하니 곧 음행과 더러운 것과 호색과, 20) 우상 숭배와 주술과 원수 맺는 것과 분쟁과 시기와 분냄과 당 짓는 것과 분열함과 이단과, 21) 투기와 술 취함과 방탕함과 또 그와 같은 것들이라 전에 너희에게 경계한 것 같이 경계하노니 이런 일을 하는 자들은 하나님의 나라를 유업으로 받지 못할 것이요, 22) 오직 성령의 열매는 사랑과 희락과 화평과 오래 참음과 자비와 양선과 충성과, 23) 온유와 절제니 이같은 것을 금지할 법이 없느니라, 24) 그리스도 예수의 사람들은 육체와 함께 그 정욕과 탐심을 십자가에 못 박았느니라, 25) 만일 우리가 성령으로 살면 또한 성령으로 행할지니

219) 14) 이러므로 내가 하늘과 땅에 있는 각 족속에게, 15) 이름을 주신 아버지 앞에 무릎을 꿇고 비노니, 16) 그의 영광의 풍성함을 따라 그의 성령으로 말미암아 너희 속사람을 능력으로 강건하게 하시오며, 17) 믿음으로 말미암아 그리스도께서 너희 마음에 계시게 하시옵고 너희가 사랑 가운데서 뿌리가 박히고 터가 굳어져서, 18) 능히 모든 성도와 함께 지식에 넘치는 그리스도의 사랑을 알고, 19) 그 너비와 길이와 높이와 깊이가 어떠함을 깨달아 하나님의 모든 충만하신 것으로 너희에게 충만하게 하시기를 구하노라, 20) 우리 가운데서 역사하시는 능력대로 우리가 구하거나 생각하는 모든 것에 더 넘치도록 능히 하실 이에게, 21) 교회 안에서와 그리스도 예수 안에서 영광이 대대로 영원무궁하기를 원하노라 아멘

220) 17) 그러므로 어리석은 자가 되지 말고 오직 주의 뜻이 무엇인가 이해하라, 18) 술 취하지 말라 이는 방탕한 것이니 오직 성령으로 충만함을 받으라

221) 27) 자기 앞에 영광스러운 교회로 세우사 티나 주름 잡힌 것이나 이런 것들이 없이 거룩하고 흠이 없게 하려 하심이라, 28) 이와 같이 남편들도 자기 아

내 사랑하기를 자기 자신과 같이 할지니 자기 아내를 사랑하는 자는 자기를 사랑하는 것이라

222) 10) 내가 그리스도와 그 부활의 권능과 그 고난에 2)참여함을 알고자 하여 그의 죽으심을 본받아, 11) 어떻게 해서든지 죽은 자 가운데서 부활에 이르려 하노니, 12) 내가 이미 얻었다 함도 아니요 온전히 이루었다 함도 아니라 오직 내가 그리스도 예수께 잡힌 바 된 그것을 잡으려고 달려가노라, 13) 형제들아 나는 아직 내가 잡은 줄로 여기지 아니하고 오직 한 일 즉 뒤에 있는 것은 잊어버리고 앞에 있는 것을 잡으려고, 14) 푯대를 향하여 그리스도 예수 안에서 하나님이 위에서 부르신 부름의 상을 위하여 달려가노라, 15) 그러므로 누구든지 우리 온전히 이룬 자들은 이렇게 생각할지니 만일 어떤 일에 너희가 달리 생각하면 하나님이 이것도 너희에게 나타내시리라

223) 1)그러므로 너희가 그리스도와 함께 다시 살리심을 받았으면 위의 것을 찾으라 거기는 그리스도께서 하나님 우편에 앉아 계시느니라, 2) 위의 것을 생각하고 땅의 것을 생각하지 말라, 3) 이는 너희가 죽었고 너희 생명이 그리스도와 함께 하나님 안에 감추어졌음이라, 4) 우리 생명이신 그리스도께서 나타나실 그 때에 너희도 그와 함께 영광 중에 나타나리라, 5) 그러므로 땅에 있는 지체를 죽이라 곧 음란과 부정과 사욕과 악한 정욕과 탐심이니 탐심은 우상숭배니라, 6) 이것들로 말미암아 하나님의 진노가 임하느니라, 7) 너희도 전에 그 가운데 살 때에는 그 가운데서 행하였으나, 8) 이제는 너희가 이 모든 것을 벗어 버리라 곧 분함과 노여움과 악의와 비방과 너희 입의 부끄러운 말이라, 9) 너희가 서로 거짓말을 하지 말라 옛 사람과 그 행위를 벗어 버리고, 10) 새 사람을 입었으니 이는 자기를 창조하신 이의 형상을 따라 지식에까지 새롭게 하심을 입은 자니라, 11) 거기에는 헬라인이나 유대인이나 할례파나 무할례파나 야만인이나 스구디아인이나 종이나 자유인이 차별이 있을 수 없나니 오직 그리스도는 만유시요 만유 안에 계시니라, 12) 그러므로 너희는 하나님이 택하사 거룩하고 사랑받는 자처럼 긍휼과 자비와 겸손과 온유와 오래 참음을 옷입고, 13) 누가 누구에게 불만이 있거든 서로 용납하여 피차 용서하되 주께서 너희를 용서하신 것 같이 너희도 그리하고, 14) 이 모든 것 위에 사랑을 더하라 이는 온전하게 매는 띠니라, 15) 그리스도의 평강이 너희 마음을 주장하게 하라 너희는 평강을 위하여 한 몸으로 부르심을 받았나니 너희는 또한 감사하는 자가 되라, 16) 그리스도의 말씀이 너희 속에 풍성히 거하여 모든 지혜로

4:9-11;[225] 히 10:10-17;[226] 히 12:1-2;[227] 히 13:12;[228] 요일 1:7, 9)[229]

피차 가르치며 권면하고 시와 찬송과 신령한 노래를 부르며 감사하는 마음으로 하나님을 찬양하고, 17) 또 무엇을 하든지 말에나 일에나 다 주 예수의 이름으로 하고 그를 힘입어 하나님 아버지께 감사하라

224) 23) 평강의 하나님이 친히 너희를 온전히 거룩하게 하시고 또 너희의 온 영과 혼과 몸이 우리 주 예수 그리스도께서 강림하실 때에 흠 없게 보전되기를 원하노라, 24) 너희를 부르시는 이는 미쁘시니 그가 또한 이루시리라

225) 9)그런즉 안식할 때가 하나님의 백성에게 남아 있도다 10) 이미 그의 안식에 들어간 자는 하나님이 자기의 일을 쉬심과 같이 그도 자기의 일을 쉬느니라, 11) 그러므로 우리가 저 안식에 들어가기를 힘쓸지니 이는 누구든지 저 순종하지 아니하는 본에 빠지지 않게 하려 함이라

226) 10) 이 뜻을 따라 예수 그리스도의 몸을 단번에 드리심으로 말미암아 우리가 거룩함을 얻었노라, 11) 제사장마다 매일 서서 섬기며 자주 같은 제사를 드리되 이 제사는 언제나 죄를 없게 하지 못하거니와, 12) 오직 그리스도는 죄를 위하여 한 영원한 제사를 드리시고 하나님 우편에 앉으사, 13) 그 후에 자기 원수들을 자기 발등상이 되게 하실 때까지 기다리시나니, 14) 그가 거룩하게 된 자들을 한 번의 제사로 영원히 온전하게 하셨느니라, 15) 또한 성령이 우리에게 증언하시되, 16) 주께서 이르시되 그 날 후로는 그들과 맺을 언약이 이것이라 하시고 내 법을 그들의 마음에 두고 그들의 생각에 기록하리라 하신 후에 이하, 17) 또 그들의 죄와 그들의 불법을 내가 다시 기억하지 아니하리라 하셨으니

227) 1) 이러므로 우리에게 구름 같이 둘러싼 허다한 증인들이 있으니 모든 무거운 것과 얽매이기 쉬운 죄를 벗어 버리고 인내로써 우리 앞에 당한 경주를 하며, 2) 믿음의 주요 또 온전하게 하시는 이인 예수를 바라보자 그는 그 앞에 있는 기쁨을 위하여 십자가를 참으사 부끄러움을 개의치 아니하시더니 하나님 보좌 우편에 앉으셨느니라

228) 그러므로 예수도 자기 피로써 백성을 거룩하게 하려고 성문 밖에서 고난을 받으셨느니라

2. 그리스도인의 완전, 온전한 사랑

계속적 구원에서 사모해야 할 은혜는 완전과 온전한 사랑이다. 그리스도의 완전과 온전한 사랑은 성경을 근거한 웨슬리의 개념이다. 그리스도인의 완전은 중생자가 추구하는 영성의 성숙함을 표현하는 말이다. 존 웨슬리는 완전 성화라는 표현으로 거룩함을 완전히 이룰 수 있다고 주장하였다. 중생이 칭의와 함께 일어나면 이것은 성화의 시작이라고 하였고, 그 후에는 하나님의 은혜에 응답하여 더욱 성숙하고 거룩해지는 과정이다. 웨슬리는 그리스도인의 완전은 은총에 의하여 순간적으로 주어지지만, 그러나 순간적 성결 전후의 성장을 위해서는 하나님의 은혜에 응답하는 인간의 자세와 태도, 즉 헌신, 복종, 선행, 은혜의 수단들을 활용하는 등이 필요함을 역설하였다. 온전한 사랑은 예수 그리스도의 온전한 사랑이 우리 안에 이루어지는 것을 의미하는 것이지, 인간이 완벽하게 되는 것은 아니다. 온전한 사랑은 마음과 뜻과 목숨을 다하여 하나님을 사랑하고, 하나님의 눈으로 다른 사람들을 바라보는 것이다(신 30:6;)[230] 마 5:43-4

229) 7) 그가 빛 가운데 계신 것 같이 우리도 빛 가운데 행하면 우리가 서로 사귐이 있고 그 아들 예수의 피가 우리를 모든 죄에서 깨끗하게 하실 것이요, 9) 만일 우리가 우리 죄를 자백하면 그는 미쁘시고 의로우사 우리 죄를 사하시며 우리를 모든 불의에서 깨끗하게 하실 것이요

230) 네 하나님 여호와께서 네 마음과 네 자손의 마음에 할례를 베푸사 너로 마

8;[231] 마 22:37-40;[232] 롬 12:9-21;[233] 롬 13:8-10;[234] 고전 13장

음을 다하며 뜻을 다하여 네 하나님 여호와를 사랑하게 하사 너로 생명을 얻게 하실 것이며

231) 43) 또 네 이웃을 사랑하고 네 원수를 미워하라 하였다는 것을 너희가 들었으나, 44) 나는 너희에게 이르노니 너희 원수를 사랑하며 너희를 박해하는 자를 위하여 기도하라, 45) 이같이 한즉 하늘에 계신 너희 아버지의 아들이 되리니 이는 하나님이 그 해를 악인과 선인에게 비추시며 비를 의로운 자와 불의한 자에게 내려주심이라, 46) 너희가 너희를 사랑하는 자를 사랑하면 무슨 상이 있으리요 세리도 이같이 아니하느냐, 47) 또 너희가 너희 형제에게만 문안하면 남보다 더하는 것이 무엇이냐 이방인들도 이같이 아니하느냐, 48) 그러므로 하늘에 계신 너희 아버지의 온전하심과 같이 너희도 온전하라

232) 37) 예수께서 이르시되 네 마음을 다하고 목숨을 다하고 뜻을 다하여 주 너의 하나님을 사랑하라 하셨으니, 38) 이것이 크고 첫째 되는 계명이요, 39) 둘째도 그와 같으니 네 이웃을 네 자신 같이 사랑하라 하셨으니, 40) 이 두 계명이 온 율법과 선지자의 강령이니라

233) 9) 사랑에는 거짓이 없나니 악을 미워하고 선에 속하라, 10) 형제를 사랑하여 서로 우애하고 존경하기를 서로 먼저 하며, 11) 부지런하여 게으르지 말고 열심을 품고 주를 섬기라, 12) 소망 중에 즐거워하며 환난 중에 참으며 기도에 항상 힘쓰며, 13) 성도들의 쓸 것을 공급하며 손 대접하기를 힘쓰라, 14) 너희를 박해하는 자를 축복하라 축복하고 저주하지 말라, 15) 즐거워하는 자들과 함께 즐거워하고 우는 자들과 함께 울라, 16) 서로 마음을 같이하며 높은 데 마음을 두지 말고 도리어 낮은 데 처하며 스스로 지혜 있는 체 하지 말라, 17) 아무에게도 악을 악으로 갚지 말고 모든 사람 앞에서 선한 일을 도모하라, 18) 할 수 있거든 너희로서는 모든 사람과 더불어 화목하라, 19) 내 사랑하는 자들아 너희가 친히 원수를 갚지 말고 하나님의 진노하심에 맡기라 기록되었으되 원수 갚는 것이 내게 있으니 내가 갚으리라고 주께서 말씀하시니라, 20) 네 원수가 주리거든 먹이고 목마르거든 마시게 하라 그리함으로 네가 숯불을 그 머리에 쌓아 놓으리라, 21) 악에게 지지 말고 선으로 악을 이기라

234) 8) 피차 사랑의 빚 외에는 아무에게든지 아무 빚도 지지 말라 남을 사랑하는 자는 율법을 다 이루었느니라, 9) 간음하지 말라, 살인하지 말라, 도둑질하

9;사랑장; 빌 3:10-15;[235] 히 6;1-2;[236] 요일 4:17-18[237])).

웨슬리는 온전한 사랑을 이루기 위해서는 하나님의 은혜를 의존하고, 은혜의 도구들을 활용해야 한다고 주장했다. 도구들은 기도, 성경, 성찬, 금식, 기독교 회의 등으로 온전한 사랑은 순간적으로 주어지기도 하지만, 지속적인 성장과 회개를 통해서도 이룰 수 있다고 언급했다. 웨슬리는 온전한 사랑은 우리가 죽음 이후에도 계속해서 그리스도와 연합하여 영화 되는 순간

지 말라, 탐내지 말라 한 것과 그 외에 다른 계명이 있을지라도 네 이웃을 네 자신과 같이 사랑하라 하신 그 말씀 가운데 다 들었느니라, 10) 사랑은 이웃에게 악을 행하지 아니하나니 그러므로 사랑은 율법의 완성이니라

235) 10) 내가 그리스도와 그 부활의 권능과 그 고난에 참여함을 알고자 하여 그의 죽으심을 본받아, 11) 어떻게 해서든지 죽은 자 가운데서 부활에 이르려 하노니, 12) 내가 이미 얻었다 함도 아니요 온전히 이루었다 함도 아니라 오직 내가 그리스도 예수께 잡힌 바 된 그것을 잡으려고 달려가노라, 13) 형제들아 나는 아직 내가 잡은 줄로 여기지 아니하고 오직 한 일 즉 뒤에 있는 것은 잊어버리고 앞에 있는 것을 잡으려고, 14) 푯대를 향하여 그리스도 예수 안에서 하나님이 위에서 부르신 부름의 상을 위하여 달려가노라, 15) 그러므로 누구든지 우리 온전히 이룬 자들은 이렇게 생각할지니 만일 어떤 일에 너희가 달리 생각하면 하나님이 이것도 너희에게 나타내시리라

236) 1) 그러므로 우리가 그리스도의 도의 초보를 버리고 죽은 행실을 회개함과 하나님께 대한 신앙과, 2) 세례들과 안수와 죽은 자의 부활과 영원한 심판에 관한 교훈의 터를 다시 닦지 말고 완전한 데로 나아갈지니라

237) 17) 이로써 사랑이 우리에게 온전히 이루어진 것은 우리로 심판 날에 담대함을 가지게 하려 함이니 주께서 그러하심과 같이 우리도 이 세상에서 그러하니라, 18) 사랑 안에 두려움이 없고 온전한 사랑이 두려움을 내쫓나니 두려움에는 형벌이 있음이라 두려워하는 자는 사랑 안에서 온전히 이루지 못하였느니라

까지 자라가야 하는 것이라고 주장했다.

3. 마음의 정결

충만한 구원을 입은 자가 마음의 정결은 계속적 구원의 은혜 가운데 지속적으로 유지되어야 할 은혜이다. 계속적 구원에서의 마음의 정결은 하나님의 뜻과 일치하는 순수하고 거룩한 마음이다. 마음의 정결은 죄로부터 벗어나고, 하나님을 사랑하고, 이웃을 사랑하는 삶을 살 수 있는 원동력이다. 마음의 정결은 하나님의 은혜와 성령의 역사를 통해서만 가능하여 죄인이 스스로 이룰 수 있는 것이 아니라, 하나님께 구하고 은혜로 받은 것이다(마 5:8;[238] 행 15:8-9;[239] 벧전 1:22;[240] 요일 3;3[241]))

238) 마음이 청결한 자는 복이 있나니 그들이 하나님을 볼 것임이요

239) 8) 또 마음을 아시는 하나님이 우리에게와 같이 그들에게도 성령을 주어 증언하시고, 9) 믿음으로 그들의 마음을 깨끗이 하사 그들이나 우리나 차별하지 아니하셨느니라

240) 너희가 진리를 순종함으로 너희 영혼을 깨끗하게 하여 거짓이 없이 형제를 사랑하기에 이르렀으니 마음으로 뜨겁게 서로 사랑하라

241) 주를 향하여 이 소망을 가진 자마다 그의 깨끗하심과 같이 자기를 깨끗하게 하느니라

4. 충만한 복음

계속적 구원은 충만한 복음을 전파하는 자의 삶의 연속을 의미한다. 하나님의 은혜로 구원을 받은 자는 충만한 복음 즉, 구원을 온 천하에 전파해야 한다. 복음은 '좋은 소식'이라는 뜻으로, 하나님의 나라와 그리스도의 구원에 관한 소식을 의미한다. 충만한 복음은 예수 그리스도가 우리에게 보내신 하나님의 선물이다. 충만한 복음은 죄인을 구원으로 인도하고 성령의 충만을 통해 하나님과 깊은 관계로 교제하는 은혜를 담고 있다. 예수님의 제자들과 사도 바울은 부족한 복음이 아닌 충만한 복음, 즉 완전한 복음을 위해 전파하고 죽기까지 충성해야만 한다(롬 15: 29)[242].

242) 내가 너희에게 나아갈 때에 그리스도의 충만한 복을 가지고 갈 줄을 아노라 (롬 15:29)

5. 성령세례

계속적 구원에서 반복적으로 채워져야 할 영적 영양분은 성령세례의 은혜이다. 성령세례는 충만한 구원을 입은 자의 계속적 충만에 대한 증표이다. 웨슬리는 성령세례를 거듭남과 성화를 구분했다. 거듭남은 믿음으로 예수 그리스도를 받아 성령의 초기적 임재를 경험하는 것으로 성화는 성령의 충만한 임재로 인해 죄로부터 자유롭고 거룩하게 살 수 있게 되는 것이다. 이 때 수반 되어야 할 것이 바로 성령세례이다. 또한 웨슬리는 성령세례를 성결론과 오순절론의 관점에서 모두 강조했다. 성결론의 관점에서는 성령세례가 신자의 삶에서 하나님과의 완전함과 역동성을 이루기 위한 필요한 경험이라고 보았다. 오순절론의 관점에서는 성령세례가 신자의 삶에서 하나님의 사랑과 현존의 충만함을 입고, 복음을 전파하기 위한 성령의 은사와 권능을 받기 위한 경험이라고 주장했다. 이에 대한 성경적 근거는 다음과 같다.(렘 31:31-24;[243] 겔 36: 25-27;[244] 말 3:23;[245] 마 3: 11-1

243) 31) 여호와의 말씀이니라 보라 날이 이르리니 내가 이스라엘 집과 유다 집에 새 언약을 맺으리라, 32) 이 언약은 내가 그들의 조상들의 손을 잡고 애굽 땅에서 인도하여 내던 날에 맺은 것과 같지 아니할 것은 내가 그들의 남편이 되었어도 그들이 내 언약을 깨뜨렸음이라 여호와의 말씀이니라, 33) 그러나 그 날 후에 내가 이스라엘 집과 맺을 언약은 이러하니 곧 내가 나의 법을 그들의 속에 두며 그들의 마음에 기록하여 나는 그들의 하나님이 되고 그들은 내 백성이 될 것이라 여호와의 말씀이니라, 34) 그들이 다시는 각기 이웃과 형제를 가리켜 이르기를 너는 여호와를 알라 하지 아니하리니 이는 작은 자로부터 큰

2;[246] 눅 3:16-17;[247] 행 1;5;[248] 행전 2:1-4;[249] 행 15:8-9[250])).

자까지 다 나를 알기 때문이라 내가 그들의 악행을 사하고 다시는 그 죄를 기억하지 아니하리라 여호와의 말씀이니라

244) 25) 맑은 물을 너희에게 뿌려서 너희로 정결하게 하되 곧 너희 모든 더러운 것에서와 모든 우상 숭배에서 너희를 정결하게 할 것이며, 26) 또 새 영을 너희 속에 두고 새 마음을 너희에게 주되 너희 육신에서 굳은 마음을 제거하고 부드러운 마음을 줄 것이며, 27) 또 내 영을 너희 속에 두어 너희로 내 율례를 행하게 하리니 너희가 내 규례를 지켜 행할지라

245) 2) 그가 임하시는 날을 누가 능히 당하며 그가 나타나는 때에 누가 능히 서리요 그는 금을 연단하는 자의 불과 표백하는 자의 잿물과 같을 것이라, 3) 그가 은을 연단하여 깨끗하게 하는 자 같이 앉아서 레위 자손을 깨끗하게 하되 금, 은 같이 그들을 연단하리니 그들이 공의로운 제물을 나 여호와께 바칠 것이라

246) 11) 나는 너희로 회개하게 하기 위하여 물로 세례를 베풀거니와 내 뒤에 오시는 이는 나보다 능력이 많으시니 나는 그의 신을 들기도 감당하지 못하겠노라 그는 성령과 불로 너희에게 세례를 베푸실 것이요, 12) 손에 키를 들고 자기의 타작 마당을 정하게 하사 알곡은 모아 곳간에 들이고 쭉정이는 꺼지지 않는 불에 태우시리라

247) 16) 요한이 모든 사람에게 대답하여 이르되 나는 물로 너희에게 세례를 베풀거니와 나보다 능력이 많으신 이가 오시나니 나는 그의 신발끈을 풀기도 감당하지 못하겠노라 그는 성령과 불로 너희에게 세례를 베푸실 것이요, 17) 손에 키를 들고 자기의 타작 마당을 정하게 하사 알곡은 모아 곳간에 들이고 쭉정이는 꺼지지 않는 불에 태우시리라

248) 요한은 물로 세례를 베풀었으나 너희는 몇 날이 못되어 성령으로 세례를 받으리라 하셨느니라

249) 1) 오순절 날이 이미 이르매 그들이 다같이 한 곳에 모였더니, 2) 홀연히 하늘로부터 급하고 강한 바람 같은 소리가 있어 그들이 앉은 온 집에 가득하며, 3) 마치 불의 혀처럼 갈라지는 것들이 그들에게 보여 각 사람 위에 하나씩 임하여 있더니, 4) 그들이 다 성령의 충만함을 받고 성령이 말하게 하심을 따라

6. 그리스도인의 성결

그리스도인의 성결 은혜의 유지는 계속적 구원에서 맺어야 할 은혜의 선물이자 열매이다. 웨슬리에 따르면, 웨슬리의 성결은 신자가 하나님의 은혜를 받아 죄로부터 자유로워지고, 하나님의 사랑으로 가득 차는 과정이다. 그는 성결을 점진적인 면과 순간적인 면으로 구분하였다. 점진적인 면은 신자가 칭의를 받은 순간부터 죽기 전까지 계속되는 성화의 과정이고, 순간적인 면은 신자가 이생에서 완전히 하나님과 일치하고, 죄로부터 완전하게 해방되는 순간이다. 웨슬리는 이 순간을 '완전 성화' 라고 명명하였다(마: 1-7:29;[251] 요 15:1-11;[252] 롬 12:1-15:3;[253])

다른 언어들로 말하기를 시작하니라

250) 8) 또 마음을 아시는 하나님이 우리에게와 같이 그들에게도 성령을 주어 증언하시고, 9) 믿음으로 그들의 마음을 깨끗이 하사 그들이나 우리나 차별하지 아니하셨느니라

251) 복이 있는 사람의 생활(5:1-12), 세상의 소금과 빛의 생활(13-16), 예수님과 율법(17-20), 분노하지 말 것(21-26), 간음하지 말 것(27-32), 맹세하지 말 것(33-37), 약한 자를 대적하지 말 것(38-42, 원수를 사랑할 것(43-48), 구제는 은밀하게 할 것(6:1-4), 기도의 교훈: 주기도문(5-15), 금식의 교훈(16-18), 하늘에 쌓아 둘 보물(19-34), 비판하지 않는 생활(7:1-6), 적극적인 기도(7-13),좁은 문으로 들어가는 생활(13, 열매로 알 수 있는 구별된 삶(15-29)

252) 1) 나는 참포도나무요 내 아버지는 농부라, 2) 무릇 내게 붙어 있어 열매를 맺지 아니하는 가지는 아버지께서 그것을 제거해 버리시고 무릇 열매를 맺는 가지는 더 열매를 맺게 하려 하여 그것을 깨끗하게 하시느니라, 3) 너희는 내가 일러준 말로 이미 깨끗하여졌으니, 4) 내 안에 거하라 나도 너희 안에 거하

고후 7:1;[254] 엡 4:17-5;20;[255] 빌 1:9-11;[256] 빌 3:12-15;[257] 골

리라 가지가 포도나무에 붙어 있지 아니하면 스스로 열매를 맺을 수 없음 같이 너희도 내 안에 있지 아니하면 그러하리라, 5) 나는 포도나무요 너희는 가지라 그가 내 안에, 내가 그 안에 거하면 사람이 열매를 많이 맺나니 나를 떠나서는 너희가 아무 것도 할 수 없음이라, 6) 사람이 내 안에 거하지 아니하면 가지처럼 밖에 버려져 마르나니 사람들이 그것을 모아다가 불에 던져 사르느니라, 7) 너희가 내 안에 거하고 내 말이 너희 안에 거하면 무엇이든지 원하는 대로 구하라 그리하면 이루리라, 8) 너희가 열매를 많이 맺으면 내 아버지께서 영광을 받으실 것이요 너희는 내 제자가 되리라, 9) 아버지께서 나를 사랑하신 것 같이 나도 너희를 사랑하였으니 나의 사랑 안에 거하라, 10) 내가 아버지의 계명을 지켜 그의 사랑 안에 거하는 것 같이 너희도 내 계명을 지키면 내 사랑 안에 거하리라, 11) 내가 이것을 너희에게 이름은 내 기쁨이 너희 안에 있어 너희 기쁨을 충만하게 하려 함이라

253) 하나님의 뜻을 분별하는 새 생활(12:1-13), 그리스도인의 생활(12:14-21), 그리스도인과 세상 권세(13장), 형제를 비판하지 않는 생활(14장), 선을 이루고 덕을 세우는 생활(15:1-13)

254) 그런즉 사랑하는 자들아 이 약속을 가진 우리는 하나님을 두려워하는 가운데서 거룩함을 온전히 이루어 육과 영의 온갖 더러운 것에서 자신을 깨끗하게 하자

255) 예 사람과 새 사람(4:17-24), 하나님을 본 받는 생활(25-5:14), 그리스도의 이름으로 감사하는 생활(5:15-21), 남편의 사랑과 아내의 순종 생활, 자녀양육(22-33)

256) 9) 내가 기도하노라 너희 사랑을 지식과 모든 총명으로 점점 더 풍성하게 하사, 10) 너희로 지극히 선한 것을 분별하며 또 진실하여 허물 없이 그리스도의 날까지 이르고, 11) 예수 그리스도로 말미암아 의의 열매가 가득하여 하나님의 영광과 찬송이 되기를 원하노라

257) 12) 내가 이미 얻었다 함도 아니요 온전히 이루었다 함도 아니라 오직 내가 그리스도 예수께 잡힌 바 된 그것을 잡으려고 달려가노라, 13) 형제들아 나는 아직 내가 잡은 줄로 여기지 아니하고 오직 한 일 즉 뒤에 있는 것은 잊어버

2:20-3;17;258) 살전 3;13;259) 살전 4:7;260) 살전 5:;23;261) 딤후

리고 앞에 있는 것을 잡으려고, 14) 푯대를 향하여 그리스도 예수 안에서 하나님이 위에서 부르신 부름의 상을 위하여 달려가노라, 15) 그러므로 누구든지 우리 온전히 이룬 자들은 이렇게 생각할지니 만일 어떤 일에 너희가 달리 생각하면 하나님이 이것도 너희에게 나타내시리라

258) 20) 너희가 세상의 초등학문에서 그리스도와 함께 죽었거든 어찌하여 세상에 사는 것과 같이 규례에 순종하느냐, 21) (곧 붙잡지도 말고 맛보지도 말고 만지지도 말라 하는 것이니, 22) 이 모든 것은 한때 쓰이고는 없어지리라) 사람의 명령과 가르침을 따르느냐, 23) 이런 것들은 자의적 숭배와 겸손과 몸을 괴롭게 하는 데는 지혜 있는 모양이나 오직 육체 따르는 것을 금하는 데는 조금도 유익이 없느니라, 3:1) 그러므로 너희가 그리스도와 함께 다시 살리심을 받았으면 위의 것을 찾으라 거기는 그리스도께서 하나님 우편에 앉아 계시느니라, 2) 위의 것을 생각하고 땅의 것을 생각하지 말라, 3) 이는 너희가 죽었고 너희 생명이 그리스도와 함께 하나님 안에 감추어졌음이라, 4) 우리 생명이신 그리스도께서 나타나실 그 때에 너희도 그와 함께 영광 중에 나타나리라, 5) 그러므로 땅에 있는 지체를 죽이라 곧 음란과 부정과 사욕과 악한 정욕과 탐심이니 탐심은 우상 숭배니라, 6) 이것들로 말미암아 하나님의 진노가 임하느니라, 7) 너희도 전에 그 가운데 살 때에는 그 가운데서 행하였으나, 8) 이제는 너희가 이 모든 것을 벗어 버리라 곧 분함과 노여움과 악의와 비방과 너희 입의 부끄러운 말이라, 9) 너희가 서로 거짓말을 하지 말라 옛 사람과 그 행위를 벗어 버리고, 10) 새 사람을 입었으니 이는 자기를 창조하신 이의 형상을 따라 지식에까지 새롭게 하심을 입은 자니라, 11) 거기에는 헬라인이나 유대인이나 할례파나 무할례파나 야만인이나 스구디아인이나 종이나 자유인이 차별이 있을 수 없나니 오직 그리스도는 만유시요 만유 안에 계시니라, 12) 그러므로 너희는 하나님이 택하사 거룩하고 사랑 받는 자처럼 긍휼과 자비와 겸손과 온유와 오래 참음을 옷 입고, 3) 누가 누구에게 불만이 있거든 서로 용납하여 피차 용서하되 주께서 너희를 용서하신 것 같이 너희도 그리하고, 14) 이 모든 것 위에 사랑을 더하라 이는 온전하게 매는 띠니라, 15) 그리스도의 평강이 너희 마음을 주장하게 하라 너희는 평강을 위하여 한 몸으로 부르심을 받았나니 너희는 또한 감사하는 자가 되라, 16) 그리스도의 말씀이 너희 속에 풍성히 거하여 모든 지혜로 피차 가르치며 권면하고 시와 찬송과 신령한 노래를 부르며

2:19-22;[262] 벧전 1:15-16;[263] 히 10:19-25;[264] 히 12:14;[265] 히

감사하는 마음으로 하나님을 찬양하고, 17) 또 무엇을 하든지 말에나 일에나 다 주 예수의 이름으로 하고 그를 힘입어 하나님 아버지께 감사하라

259) 너희 마음을 굳건하게 하시고 우리 주 예수께서 그의 모든 성도와 함께 강림하실 때에 하나님 우리 아버지 앞에서 거룩함에 흠이 없게 하시기를 원하노라

260) 하나님이 우리를 부르심은 부정하게 하심이 아니요 거룩하게 하심이니

261) 평강의 하나님이 친히 너희를 온전히 거룩하게 하시고 또 너희의 온 영과 혼과 몸이 우리 주 예수 그리스도께서 강림하실 때에 흠 없게 보전되기를 원하노라

262) 19) 그러나 하나님의 견고한 터는 섰으니 인침이 있어 일렀으되 주께서 자기 백성을 아신다 하며 또 주의 이름을 부르는 자마다 불의에서 떠날지어다 하였느니라, 20) 큰 집에는 금 그릇과 은 그릇뿐 아니라 나무 그릇과 질그릇도 있어 귀하게 쓰는 것도 있고 천하게 쓰는 것도 있나니, 21) 그러므로 누구든지 이런 것에서 자기를 깨끗하게 하면 귀히 쓰는 그릇이 되어 거룩하고 주인의 쓰심에 합당하며 모든 선한 일에 준비함이 되리라, 22) 또한 너는 청년의 정욕을 피하고 주를 깨끗한 마음으로 부르는 자들과 함께 의와 믿음과 사랑과 화평을 따르라

263) 15) 오직 너희를 부르신 거룩한 이처럼 너희도 모든 행실에 거룩한 자가 되라, 16) 기록되었으되 내가 거룩하니 너희도 거룩할지어다 하셨느니라

264) 19) 그러므로 형제들아 우리가 예수의 피를 힘입어 성소에 들어갈 담력을 얻었나니, 20) 그 길은 우리를 위하여 휘장 가운데로 열어 놓으신 새로운 살 길이요 휘장은 곧 그의 육체니라, 21) 또 하나님의 집 다스리는 큰 제사장이 계시매, 22) 우리가 마음에 뿌림을 받아 악한 양심으로부터 벗어나고 몸은 맑은 물로 씻음을 받았으니 참 마음과 온전한 믿음으로 하나님께 나아가자, 23) 또 약속하신 이는 미쁘시니 우리가 믿는 도리의 소망을 움직이지 말며 굳게 잡고, 24) 서로 돌아보아 사랑과 선행을 격려하며, 25) 모이기를 폐하는 어떤 사람들의 습관과 같이 하지 말고 오직 권하여 그 날이 가까움을 볼수록 더욱 그리하자

13:20-21;[266] 벧후 1:1-11;[267] 벧후 3;18;[268] 유 1:20-21)[269].

265) 모든 사람과 더불어 화평함과 거룩함을 따르라 이것이 없이는 아무도 주를 보지 못하리라

266) 20) 양들의 큰 목자이신 우리 주 예수를 영원한 언약의 피로 죽은 자 가운데서 이끌어 내신 평강의 하나님이, 21) 모든 선한 일에 너희를 온전하게 하사 자기 뜻을 행하게 하시고 그 앞에 즐거운 것을 예수 그리스도로 말미암아 우리 가운데서 이루시기를 원하노라 영광이 그에게 세세무궁토록 있을지어다 아멘

267) 1) 예수 그리스도의 종이며 사도인 시몬 베드로는 우리 하나님과 구주 예수 그리스도의 의를 힘입어 동일하게 보배로운 믿음을 우리와 함께 받은 자들에게 편지하노니, 2) 하나님과 우리 주 예수를 앎으로 은혜와 평강이 너희에게 더욱 많을지어다, 3) 그의 신기한 능력으로 생명과 경건에 속한 모든 것을 우리에게 주셨으니 이는 자기의 영광과 덕으로써 우리를 부르신 이를 앎으로 말미암음이라, 4) 이로써 그 보배롭고 지극히 큰 약속을 우리에게 주사 이 약속으로 말미암아 너희가 정욕 때문에 세상에서 썩어질 것을 피하여 신성한 성품에 참여하는 자가 되게 하려 하셨느니라, 5) 그러므로 너희가 더욱 힘써 너희 믿음에 덕을, 덕에 지식을, 6) 지식에 절제를, 절제에 인내를, 인내에 경건을, 7) 경건에 형제 우애를, 형제 우애에 사랑을 더하라, 8) 이런 것이 너희에게 있어 흡족한즉 너희로 우리 주 예수 그리스도를 알기에 게으르지 않고 열매 없는 자가 되지 않게 하려니와, 9) 이런 것이 없는 자는 맹인이라 멀리 보지 못하고 그의 옛 죄가 깨끗하게 된 것을 잊었느니라, 10) 그러므로 형제들아 더욱 힘써 너희 부르심과 택하심을 굳게 하라 너희가 이것을 행한즉 언제든지 실족하지 아니하리라, 11) 이같이 하면 우리 주 곧 구주 예수 그리스도의 영원한 나라에 들어감을 넉넉히 너희에게 주시리라

268) 오직 우리 주 곧 구주 예수 그리스도의 은혜와 그를 아는 지식에서 자라 가라 영광이 이제와 영원한 날까지 그에게 있을지어다(어떤 사본에, 18절 끝에 '아멘'이 있음 / 어떤 사본에, 타지리라)

269) 20) 사랑하는 자들아 너희는 너희의 지극히 거룩한 믿음 위에 자신을 세우며 성령으로 기도하며, 21) 하나님의 사랑 안에서 자신을 지키며 영생에 이르도록 우리 주 예수 그리스도의 긍휼을 기다리라

7. 계속적 구원과 신유

계속적 구원의 결과로 신유(Divine Hailing)의 은혜를 경험하게 된다. 성결의 계속적 성장은 심신(心身)의 건강, 즉 신유의 은혜를 받고 살게 된다. 신유(神癒)는 예수 그리스도의 속죄로 말미암아 하나님의 능력으로 육체의 질병을 고쳐주심을 믿는 것이다. 신유는 하나님의 보호로 육신이 항상 건강한 것과 병에 걸렸을 때 하나님께 기도함으로써 병 고침을 받는 것이다. 이는 하나님의 뜻이며(마 8:2-3), 약속(출 15:26; 신 7:15; 약 5:15)으로 하나님의 능력의 역사이다(시 103:3). 예수 그리스도 십자가의 고난과 채찍에 맞으심으로써 인간의 질병을 감당하셨다(사 53:4-5; 마 8:17). 또한 예수 그리스도는 이 세상에 계실 때 다양한 병자들을 고치셨다. 성도는 마땅히 병이 있을 때 회개와 믿음과 기도로 이 은혜를 받아야 한다(약 5:16, 17).

오늘날 많은 위대한 의학적 발전이 이룩되었으나, 하나님의 자녀들은 더욱더 육체적 구속, 즉 우리의 육체를 건강하게 보존하기 위해서도 신유의 주되시는 그리스도를 믿고 순종해야 한다. 우리가 믿는 신유는 예수를 믿고 순종하는 자들은 영육의 구원으로 건강과 병 고침의 은혜이다.

신유는 「하나님」의 보호로 육신이 항상 건강한 것(일반 신유)과 병날 때 「하나님」께 기도함으로써 병 고침(특별 신유)을 받는 경험이다. 이는 「하나님」의 뜻이며(마 8:2-3), 「하나님」의 약속이며(출 15:26;[270] 신 7:15;[271] 약 5:15[272])), 「하나님」의 능력의 역사이다(시 103:3).

계속적 구원을 사모하는 자는

첫째, 전폭적으로 하나님께 복종함으로써 죽도록 충성해야 한다.

둘째, 육체적 질병도 고쳐주신다(신유)는 말씀의 약속을 의심없이 믿고 그 은혜를 받아야 한다.

셋째, 육체적 생명을 위해서도 그리스도 안에 거해야 하며, 순간순간 그리스도에게 의지함으로써 성령의 능력을 받아야만 한다.

넷째, 충만한 구원을 유지 성장시키기 위해서 항상 성령 충만을 사모하고 성령의 역사를 의지해야 한다.

---

270) 이르시되 너희가 너희 하나님 나 여호와의 말을 들어 순종하고 내가 보기에 의를 행하며 내 계명에 귀를 기울이며 내 모든 규례를 지키면 내가 애굽 사람에게 내린 모든 질병 중 하나도 너희에게 내리지 아니하리니 나는 너희를 치료하는 여호와임이라

271) 여호와께서 또 모든 질병을 네게서 멀리 하사 너희가 아는 애굽의 악질에 걸리지 않게 하시고 너를 미워하는 모든 자에게 걸리게 하실 것이라

272) 믿음의 기도는 병든 자를 구원하리니 주께서 그를 일으키시리라 혹시 죄를 범하였을지라도 사하심을 받으리라

다섯째, 삶을 온전히 주님께 맡기고 오직 하나님의 영광을 위해 살아가야만 한다.

Ⅳ. 궁극적(최종적) 구원(Final Salvation)

"너희는 말세에 나타내기로 예비하신 구원을 얻기 위하여 믿음으로 말미암아 하나님의 능력으로 보호하심을 받았느니라" (벧전 1:5)

구원의 네 번째 국면은 궁극적(최종적/최후적) 구원은 천국(Heaven)에서 주님과 영화(Glorification)로운 삶이다. 우리 주 예수 그리스도는 승천하신 몸대로 천년 시대 전에 공중 재림하신다. 예수 그리스도의 재림은 성경의 중심사상으로 구약성경은 예수님의 초림을 약속하셨고, 신약성경은 예수 그리스도가 재림하실 것을 약속하고 있다. 초림의 주는 범죄한 인류를 대속하기 위하여 육체를 입고 오셨고, 재림의 주는 구원받은 성도들을 맞으시기 위하여(히 9:28) 승천하신 몸대로 영광중에 오신다.

그리스도의 재림은 성도의 소망이고(빌 3:20, 21; 딛 2:13), 만물의 기다림이다(롬 8:19). 재림의 완성은 하나님의 경륜의 성취로써(엡 1:9-10), 우주 만물의 모든 문제해결이다(빌 4:5-6).[273] 하나님의 구원계획 과정에 궁극적 구원은 과거 구원, 현재 구원, 미래 구원으로 설명할 수 있다.

과거 구원(의인: Justification)[274]은 과거의 죄책, 형벌, 죄의 실

273) 헌장 제18조 (편집자 삽입)

천으로부터 구원을 받은 것으로 초기 구원 즉 중생이다.

현재 구원(성결: Sanctification)은 육신을 입고 살아가는 인간의 죄의 세력, 원칙, 더러움으로부터의 성결의 은혜로 충만한 구원이다.

미래 구원(영화: Glorification)은 미래 죄의 존재, 흔적, 상처로부터 구원을 받는 것이다. 이는 영원한 천국에서 우리 주님과 함께 하는 삶으로 구원의 완성으로 궁극적 구원이다.

1. 과거 구원(의인: Justification)

죄로 말미암아 죽을 수밖에 없는 죄인이 예수 그리스도 십자가의 은혜로 믿음으로 하나님의 자녀(양자)가 되었다. 이러한 거듭남의 구원은 하나님께서 의인으로 칭함을 베푸시는 은혜이

274) 헌장 제15조 중생 의인(칭의): 의인(義認)이라 함은 의롭다 여긴다, 의롭게 인정한다, 의인(義人)으로 간주한다는 뜻이니 하나님의 자비하신 주권적 행위로써 죄인이 회개하고 예수 그리스도의 속죄의 공로를 믿음으로써 그의 범한 모든 죄를 사함받고 하나님 앞에 의인으로 용납되어짐을 말함이다. 의롭다 함을 입은 사람은 속죄 즉, 그의 지나간 모든 죄의 형벌에서 면제되며, 의인으로서의 특권을 받게 되며 의롭다 함을 입은 상태는 그 개인이 하나님께 대한 믿음과 순종을 지속시키는 한 계속 유지되는 것이다(롬 1:17, 3:24-26, 28, 4:2-5, 5:12; 빌 3:9; 행 13:38, 39). (편집자 삽입)

다. 성경은 의인은 없나니 하나도 없다고 선언하고 있다. 성경은 모든 사람이 죄로 인하여 하나님의 영광에 이르지 못함을 말씀하고 있다. 그러나 하나님은 이 죄를 구원하시기 위해 독생자 예수 그리스도를 보내셨다(요 3:16;[275] 롬 3:9-12;[276] 롬 3:22-24;[277] 롬 5:17-19;[278] 롬 10:10,[279] 9,[280] 13;[281] 요 1:12;[282] 벧전 1:5,9[283])).

---

275) "하나님이 세상을 이처럼 사랑하사 독생자를 주셨으니 이는 그를 믿는 자마다 멸망하지 않고 영생을 얻게 하려 하심이라" (요 3:16)

276) "그러면 어떠하냐 우리는 나으냐 결코 아니라 유대인이나 헬라인이나 다 죄 아래에 있다고 우리가 이미 선언하였느니라 기록된 바 의인은 없나니 하나도 없으며 깨닫는 자도 없고 하나님을 찾는 자도 없고다 치우쳐 함께 무익하게 되고 선을 행하는 자는 없나니 하나도 없도다" (롬 3:9-12)

277) "곧 예수 그리스도를 믿음으로 말미암아 모든 믿는 자에게 미치는 하나님의 의니 차별이 없느니라 모든 사람이 죄를 범하였으매 하나님의 영광에 이르지 못하더니 그리스도 예수 안에 있는 속량으로 말미암아 하나님의 은혜로 값 없이 의롭다 하심을 얻은 자 되었느니라" (롬 3:22-24)

278) "한 사람의 범죄로 말미암아 사망이 그 한 사람을 통하여 왕 노릇 하였은즉 더욱 은혜와 의의 선물을 넘치게 받는 자들은 한 분 예수 그리스도를 통하여 생명 안에서 왕 노릇 하리로다 그런즉 한 범죄로 많은 사람이 정죄에 이른 것 같이 한 의로운행위로 말미암아 많은 사람이 의롭다 하심을 받아 생명에 이르렀느니라, 한 사람이 순종하지 아니함으로 많은 사람이 죄인 된 것 같이 한 사람이 순종하심으로 많은 사람이 의인이 되리라" (롬 5:17-19)

279) "사람이 마음으로 믿어 의에 이르고 입으로 시인하여 구원에 이르느니라" (롬 10:10)

280) "네가 만일 네 입으로 예수를 주로 시인하며 또 하나님께서 그를 죽은 자 가운데서 살리신 것을 네 마음에 믿으면 구원을 받으리라" (롬 10:9)

281) "누구든지 주의 이름을 부르는 자는 구원을 받으리라" (롬 10:13)

2. 현재 구원(성결: Sanctification)

현재의 구원은 하나님의 선행적 은총 안에서 초기 구원, 중생/신생(거듭남 요 3장)의 은혜를 입은 후 성령세례를 받아 성결의 은혜를 입는 것이다. 현재 구원인 성결의 은혜는 하나님의 자녀다운 삶이자 하나님께서 원하시는 거룩한 삶의 모습이다. "내가 거룩하니 너희도 거룩하라" 하신 말씀의 부합되는 것으로 성도가 마땅히 이루어야 할 은총의 삶인 것이다(벧전 1:15-16;[284] 롬 8:1;[285] 요일 1:7, 9;[286] 엡 2;24;[287] 살전 5: 23,24[288])).

---

282) "영접하는 자 곧 그 이름을 믿는 자들에게는 하나님의 자녀가 되는 권세를 주셨으니" (요 1:12)

283) "너희가 말세에 나타내기로 예비하신 구원을 얻기 위하여 믿음으로 말미암아 하나님의 능력으로 보호하심을 입었나니 믿음의 결국 곧 영혼의 구원을 받음이라." (벧전 1:5, 9)

284) 15)오직 너희를 부르신 거룩한 이처럼 너희도 모든 행실에 거룩한 자가 되라, 16) 기록되었으되 내가 거룩하니 너희도 거룩할지어다 하셨느니라

285) 그러므로 이제 그리스도 예수 안에 있는 자에게는 결코 정죄함이 없나니, 이는 그리스도 예수 안에 있는 생명의 성령의 법이 죄와 사망의 법에서 너를 해방하였음이라" (롬 8:1)

286) "그가 빛 가운데 계신 것 같이 우리도 빛 가운데 행하면 우리가 서로 사귐이 있고 그 아들 예수의 피가 우리를 모든 죄에서 깨끗하게 하실 것이요, 만일 우리가 우리 죄를 자백하면 그는 미쁘시고 의로우사 우리 죄를 사하시며 우리를 모든 불의에서 깨끗하게 하실 것이요" (요일 1:7, 9)

287) "하나님을 따라 의와 진리의 거룩함으로 지으심을 받은 새 사람을 입으

3. 미래 구원(영화: Glorification)

미래의 구원은 성도들의 마지막 소원이자 하나님의 구원의 은총의 완성이다. 미래의 구원은 영원한 구원 즉 궁극적 구원은 예수 그리스도의 공중재림과 지상재림 후에 성취되는 것으로 하나님의 구원계획 중에 마지막 은혜의 과정이다. 이 구원은 성결한 자, 끝까지 믿음을 지킨 성도들에게 주어지는 하나님의 은혜이다(히 9:28;[289] 딛 2:13;[290] 살전 5:23, 24[291]).

하나님의 자녀들의 궁극적 소망은 영원한 나라(천국)에 들어가는 것이다. 이 영원한 천국에 들어가는 일은 데살로니가전서 4장 16-17절 말씀과 같이 예수님의 재림으로 이어지는 궁극적/

라" (엡 2:24)

288) "평강의 하나님이 친히 너희로 온전히 거룩하게 하시고 또 너희 온 영과 혼과 몸이 우리 주 예수 그리스도 강림하실 때에 흠 없게 보전되기를 원하노라. 너희를 부르시는 이는 미쁘시니 그가 또한 이루시리라" (살전 5:23, 24)

289) "이와 같이 그리스도도 많은 사람의 죄를 담당하시려고 단번에 드리신 바 되셨고 구원에 이르게 하기 위하여 죄와 상관 없이 자기를 바라는 자들에게 두 번째 나타나시리라" (히 9:28)

290) "복스러운 소망과 우리의 크신 하나님 구주 예수 그리스도의 영광이 나타나심을 기다리게 하셨으니" (딛 2:13)

291) "평강의 하나님이 친히 너희로 온전히 거룩하게 하시고 또 너희 온 영과 혼과 몸이 우리 주 예수 그리스도 강림하실 때에 흠 없게 보전되기를 원하노라. 너희를 부르시는 이는 미쁘시니 그가 또한 이루시리라" (살전 5:23, 24)

최종적 구원이다. 예수 그리스도의 재림은 하늘로 올라가셨을 때처럼 그대로 오신다.

"주께서 호령과 천사장의 소리와 하나님의 나팔로
친히 하늘로 좇아 강림하시리니,
그리스도 안에서 죽은 자들이 먼저 일어나고
그 후에 우리 살아남은 자도 저희와 함께 구름 속으로 끌어 올려
공중에서 주를 영접하게 하시리니,
그리하여 우리가 항상 주와 함께 있으리라" (살전 4:16, 17).

재림하실 곳: 공중재림(살전 4:16-18). 지상 재림으로 오신다(슥 14:4; 계 19:11-16).

재림의 광경: 구름 타시고(계 1:7; 마 24:30), 불꽃 가운데(살후 1:7) 호령과 천사장의 소리와 「하나님」의 나팔(살전 4:16)과 천사들과 수만의 성도와 함께 오신다(살전 4:14).

재림의 목적: ① 성도를 맞으시려고 오신다(요 14:3). ② 정의의 왕국을 세우시고 다스리시려고 오신다(계 20:6). ③ 산 자와 죽은 자를 심판하시려고 오신다(딤후 4:1).

주님을 맞을 준비: ① 어두운 일을 벗어 버릴 것(롬 13:12), ②광명한 갑옷을 입을 것(롬 13:12; 요일 3:3; 계 19:8), ③ 기름을 준비할 것이다(마 25:4).[292]

292) 헌장 제7절 제18조, 편집자 삽입.

V. 물세례 · 불세례

구원의 사중국면 과정에서 반드시 거쳐야 하는 것은 성령의 역사로 물세례와 불세례를 받는 것이다. 초기 구원과 충만한 구원의 과정에서 물세례와 성령의 불세례를 받아야만 한다. 물세례는 초기 구원에서 필수적 조건이며, 불세례는 충만한 구원의 받을 때 반드시 경험하게 되는 은혜이다.[293]

하나님의 선행적 은총의 진행적 과정과 예비적 과정에서 반드시 거처야 하는 것은 물세례와 불세례이다. 세례는 거룩한 영적 예식으로 예수님도 세례요한에게 세례를 받으셨다(마 3:13-17). 세례의 의미는 예수님의 명령, 하나님의 자녀가 되는 증거이며, 믿는 자는 반드시 세례를 받아 공식적 성도의 삶을 시작해야 한다. 세례는 죄 씻음을 교회 앞에 공식적으로 선포하는 것이다. 성경은 세례에 대해 물세례와 불세례로 구분하여 말씀하고 있다(마 3:11-12;[294]).[295]

---

293) 편집자 추가내용.

294) "나는 너희로 회개케 하기 위하여 물로 세례를 주거니와 내 뒤에 오시는 이는 나보다 능력이 많으시니 나는 그의 신을 들기도 감당치 못하겠노라 그는 성령과 불로 너희에게 세례를 주실 것이요 손에 키를 들고 자기의 타작마당을 정하게 하사 알곡은 모아 곡간에 들이고 쭉정이는 꺼지지 않는 불에 태우시리라" (마 3:11-12)

초기 구원에서 물세례를 받는 것과 충만한 구원에서 불세례를 받은 것은 당연한 은혜이자 축복이다(행전 19:4-7[296]). 물세례는 새사람이 되었다는 증명이자 믿음으로 죄 사함을 받은 자가 마땅히 행해야 할 증명 예식이다. 중생자는 자범죄에 대해 용서받았다는 확신을 하게 된다. 그러나 타락한 성품, 즉 죄성(罪性) 원죄는 여전히 신자 안에 남아있다. 아담으로부터 물려받은 원죄에서 깨끗함을 받는 단계로 거듭난 후에 믿음을 따라 순간적으로 성령세례를 받는 단계이다. 이를 온전한 성결이라고 부르는데 이 단계에서 사람은 원죄로부터 정결함을 받고 하나님께 온전히 헌신자가 되어 능력 있는 봉사를 할 수 있게 된다. 아담으로부터 물려받은 원죄에서 깨끗함을 받는 단계로 이것이 성령세례이다(눅 3:16;[297] 눅 3:22-23;[298] 눅 4:1-2;[299] 행 1;5;[300])

295) 편집자 추가내용.

296) "바울이 가로되 요한이 회개의 세례를 베풀며 백성에게 말하되 내 뒤에 오시는 이를 믿으라 하였으니 이는 곧 예수라 하거늘 저희가 듣고 주 예수의 이름으로 세례를 받으니 바울이 그들에게 안수하매 성령이 그들에게 임하시므로 방언도 하고 예언도 하니 모두 열 두 사람쯤 되니라" (행 19:4-7)

297) "요한이 모든 사람에게 대답하여 가로되 나는 물로 너희에게 세례를 주거니와 그는 성령과 불로 너희에게 세례를 주실 것이요." (눅 3:16)

298) "이 후에 예수께서 제자들과 유대 땅으로 가서 거기 함께 유하시며 세례를 주시더라. 요한도 살렘 가까운 애논에서 세례를 주니 거기 물들이 많음이라. 사람들이 와서 세례를 받더라." (눅 3:22-23)

299) "예수의 제자를 삼고 세례를 주는 것이 요한보다 많다 하는 말을 바리새인들이 들은 줄을 주께서 아신지라 예수께서 친히 세례를 주신 것이 아니요 제

행 9:17-20.[301][302]

사도 바울은 아나니아의 안수를 받고 성령세례(충만)와 물세례를 각각 다른 시간에 별도로 받았다. 바울이 물세례를 받을 때 성령세례를 받지 못했다. 고넬료는 성령세례를 먼저 받고 나서 시차를 두고 물세례를 받았다(행 10:44-48). 에베소 교인들은 물세례를 받을 때 성령세례를 받지 않았다(행 19:1-7). 중요한 성경적 약속은 하나님이 구원의 시작과 완성을 위해 성령세례를 주신다는 것이다. 따라서 성도는 성령충만한 성령세례를 사모해야만 한다.

자들이 준 것이라" (눅 4:1-2).

300) "요한은 물로 세례를 베풀었으나 너희는 몇 날이 못되어 성령으로 세례를 받으리라 하셨느니라." (행 1:5)

301) "아나니아가 떠나 그 집에 들어가서 그에게 안수하여 가로되 형제 사울아 주 곧 네가 오는 길에서 나타나시던 예수께서 나를 보내어 너로 다시 보게 하시고 성령으로 충만하게 하신다 하니 즉시 사울의 눈에서 비늘 같은 것이 벗어져 다시 보게 된지라 일어나 세례를 받고 음식을 먹으매 강건하여지니라. 사울이 다메섹에 있는 제자들과 함께 며칠 있을 새 즉시로 각 회당에서 예수의 하나님의 아들이심을 전파하니" (행 9:17-20)

302) 이 부분은 우성 손택구 목사가 초기 구원과 충만한 구원의 단계에서 언급하고 있는 물세례와 불세례의 부분이다. (편집자 추가내용)

VI. 구원의 사중국면과 수직적·점진적 은총

하나님의 구원은 수직적(垂直的) 은총과 점진적(漸進的) 은총 또는 진행적(進行的) 은총의 국면(兩局面)으로 진행된다.

1. 하나님의 수직적·점진적 은총과 계속적 성장

죄 가운데 깊이 빠진 인간을 구원하기 위하여 베푸시는 하나님의 은총의 역사는 수직적·점진적 양면으로 설명할 수 있다. 그것은 구원의 완성을 위해 하나님이 수직적인 면으로 베푸시는 은총과 점진적으로 또는 진행적으로 베푸시는 은총의 역사이다. 수직적-점진적 은총은 번갈아 가면서 교체적(交替的)으로 이루어진다.

주목할 점은 수직적 은총으로 역사하는 초기 구원이나 전적(충만한) 구원에 있어서, 특히 온전히 성결하게 하시는 역사에 있어서는 그 동사의 시제(時制/terse)가 부정과거법(不定過去法-aorist tense)으로 사용되었다. 그러나 점진적 역사에는 현재동사가 사용되어 있어서 문법상으로도 분명하게 구별이 되어 있는 것이다.

구원의 수직적 은총과 점진적·계속적 은총

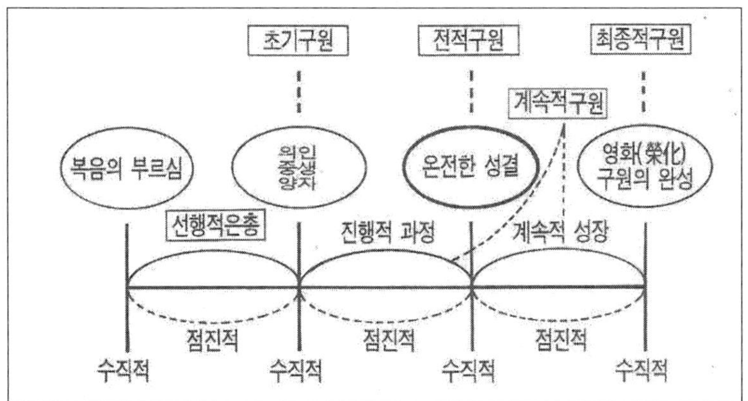

다니엘 스틸(Daniel Steele) 박사는 그의 저서 *"Milestone Papers"* 에서 참으로 감탄할 만한 내용을 해석했다. 그는 특히 헬라어 성경의 시제(時制)에 관해서 흥미롭고 중요한 내용을 다루었다. 부정과거법(不定過去法-aorist tense)이라는 특수한 동사형은 시간의 제한을 받지 않는(timeless) 초시간적(超時間的)이라는 설명이다. 시간을 요하지 않는 역사(投事)를 말하는 것으로서 소위 행동의 단일성(singleness of act)이라는 점이다. 그런고로 현재 동사(present tense)가 사용되는 경우는 계속되는 행동을 나타내는 것이지만, 부정과거법(aorist tense)이 사용되면 시간에 관계가 없다는 것이다.

사실상 영어에는 "aorist" 와 같은 시제(tense)가 없다. 이러한 헬라어 원어에 대한 지식은 중요한 성구 해석에 크게 도움이 된다. 신약성경이 헬라어 원어로 기록된 것은 헬라어 특유의 문법적 시제로 나타내기 위한 하나님의 섭리가 깃들여 있다는 것을 알 수 있다. 다음의 성경 말씀은 독특한 문법적 시제인 부정과거법(aorit)과 현재 동사로 표시된 중요한 성구이다.

"저희를 진리로 거룩하게 하옵소서(부정과거 명령법) 또 저희를
위하여 내가 나를 거룩하게 하오니(현재형-거룩하게 하고 있사오니),
이는 저희로 거룩함을 얻게 하려 함이니이다." (요 17:17, 19)

"믿음으로 저희 마음을 깨끗이 하사(부정과거-순간적으로),
저희나 우리나 분간치 아니하셨느니라" (행 15:9)

"그러므로 형제들아, 내 하나님의 모든 자비하심으로 너희를
권하노니, 너희 몸을 하나님이 기뻐하시는 기룩한 산 제사로 드리라
(부정과거-반복을 요하지 않는 단 한 번의 행동)" (롬 12:1)

"우리를 너희와 함께 그리스도 안에서 견고케 하시고
(현재형-계속적으로 견고케 해주심), 우리에게 기름을 부으신 (하나의
명확한 행동으로써의 부정과거법) 이는 하나님이시니,
저가 또한 우리에게 인치시고(aorist) 보증으로 성령을 우리 마음속에
주셨느니라(aorist, 하나의 명확한 행동으로써)." (고후 1:21, 22)

여기에서 쉬지 않고 계속적으로 견고하게 하시는 것은 기름 부으심과 인치심이다. 성령으로 보증하심은 온전한 성결의 경험으로써 순간적으로 완성된 행동들인 것이다.

공관복음서에 예수님께서 문둥병자를 고치신 역사가 기록되어 있다(마 8:1-4; 막 1:40-45; 눅 5:12-16). 예수님께서 문둥병자에게 손을 대시며, 내가 원하니 깨끗함을 받으라고 하시니 문둥병이 즉시로 깨끗게 되었고, 또 그 문둥병자 자신도 "주여, 원하시면 나를 깨끗게 하실 수 있나이다" (눅 5:12)라고 한 것을 보면, 그에게 예수 그리스도께 대한 확고부동한 믿음이 있었음이 분명하다. 이와 같이 하나님의 능력과 우리의 전폭적 믿음이 합일될 때, 수직적으로 은총이 역사함을 보게 되는 것이다. 하나님의 구원은 선행적 은총이라는 은혜의 테두리 안에 순간적 수직적 은혜와 그 은혜를 유지하기 위한 점진적 · 계속적 · 진행적 은혜를 주신 것이다.

2. 수직적 점진적 양국면의 은총의 상호성

타락한 인간이 철저히 죄 용서함을 받기는 했지만, 어떻게 성결된 생애를 살아갈 수 있느냐는 질문은 흔히 제기되는 문제이다. 웨슬리는 이에 대해 단순하면서도 그의 깊은 체험으로부터 심오(深奧)한 답으로 하나님의 은총을 강조했다.

희랍정교회(Orthodox Church)나 가톨릭에서는 거룩한 생애를 목표로 삼고, 그것을 인간 노력으로 달성하려고 추구하였다. 또 한편으로 종교개혁의 가르침은 인간 노력으로는 결코 구원할 수 없음을 인식하였다. 구원이 전적으로 하나님께로부터 온 은총인 것을 감안할 때 인간이 추구하는 의(義)는 실현할 수 없다는 것을 암시(暗示)한 것이다. 이러한 경향은 칼빈주의(개혁주의) 신학 이론이 크게 뒷받침되었다고 말할 수밖에 없다. 즉, 하나님의 수직적 은총으로 말미암는 이신득의(以信得義)의 입장(立場/standing)과 계속되는 점진적·진행적 은총으로 뒷받침이 되는 의로운 생애(거룩한 생애)라는 실지상태(實地狀態/state)와의 사이를 멀리 벌어지게 한 것이다.

이에 반하여 웨슬리안-알미니안적 입장은 그 입장과 상태 사이를 밀접하게 접근시킨다. 즉 수직적 은총은 하나님이 죄인의 죄를 용서하시고, 거듭나게 하시는 것이다. 또 하나님이 자녀로 삼으심으로써 일차적으로 우리의 신분을 바꾸어 놓으신 것이다. 더 나아가서 수직적 은총은 내재된 죄성까지 온전히 깨끗게 · 성결케 하신다. 이러한 수직적인 은총의 역사는 즉시로 계속해서 점진적으로 베푸시는 은총이다. 이 점진적으로 베푸시는 은총은 의롭고 거룩한 상태를 유지하게 하시는 하나님의 넉넉한 은총이다. 그리스도의 의는 전가(離嫁/impute)해 주실 뿐만 아니라,

더욱 넉넉히 은총을 분여(分與/impart)해 주시는 것이다. 우리는 하나님의 수직적 점진적 은총으로 말미암아 신분의 변화만이 아니라 계속적으로 거룩한(성결) 상태를 더욱 증대시켜 나아갈 수 있게 되는 것이다. 이와 같이 웨슬리안-알미니안의 입장은 그리스도 안에서 신분의 변화와 상태, 그리고 성결의 삶과 밀접하게 접근시키고 있다.

지금까지 논한 바와 같이 하나님의 구원계획은 예지・예정된 것으로 하나님의 선행적 은총 가운데 시작된다. 우성이 강조하고 있는 구원(救援)의 사중국면(四重局面)은 전적 타락한 인간의 실존적 삼중 죽음에 대한 하나님의 구원계획이자 완성 과정을 구원론적 관점에서 해석한 것이다. 구원의 영적 여정은 선행적 은총(Prevenient Grace)을 시작하여 초기 구원(Inital Salvation:중생), 충만한 구원(Full Salvation:성결), 계속적 구원(Continuous Salvation: 성결 은혜 유지와 성장과 신유), 궁극적(최종적) 구원(Final Salvation:재림)으로 완성된다. 이 구원의 여정은 수직적 은혜로 시작하여 점진적, 지속적, 계속적 성장을 하게 된다. 구원은 수직적, 점진적 성장을 통해 완성되는 것으로 성도는 하나님 앞에 성결의 삶이 있어야만 한다(벧전 1:15-16).

"오직 너희를 부르신 거룩한 이처럼 너희도 모든 행실에
거룩한 자가 되라 기록되었으되 내가 거룩하니 너희도 거룩할지어다
하셨느니라" (벧전 1:15-16)

4장 영원한 천국

제4장

영원한 천국

"예수께서 이르시되 네가 말하였느니라 그러나 내가 너희에게
이르노니 이 후에 인자가 권능의 우편에 앉아 있는 것과
하늘 구름을 타고 오는 것을 너희가 보리라 하시니" (마 26:64)

"예수께서 이르시되 내가 그니라 인자가 권능자의 우편에
앉은 것과 하늘 구름을 타고 오는 것을
너희가 보리라 하시니" (막 14:62)

예수 그리스도는 부활하신 몸으로 하나님 우편에 앉아 계시다가 신령한 몸(spiritual body, 고전 15:44)으로 공중에 재림하실 것을 약속하셨다.

"육의 몸으로 심고 신령한 몸으로 다시 살아나나니 육의 몸이

있은즉 또 영의 몸도 있느니라" (고전 15:44)

재림의 주(Lord)는 부활 승천하시어 지금도 하나님 우편에 앉으셔서 성도들의 삶을 위해 중보기도하고 계신다(롬 8:34). 성도는 예수 그리스도 안에서 영원한 구원(천국)을 확신하고 소망가운데 성령 충만함으로 성결의 삶을 살아야만 한다. 성결의 삶의 결과는 영원한 천국이기 때문이다.

"누가 정죄하리요 죽으실 뿐 아니라 다시 살아나신 이는
그리스도 예수시니 그는 하나님 우편에 계신 자요
우리를 위하여 간구하시는 자시니라" (롬 8;34)

Ⅰ. 예수 그리스도의 공중 재림

"볼지어다 그가 구름을 타고 오시리라 각 사람의 눈이 그를 보겠고
그를 찌른 자들도 볼 것이요 땅에 있는 모든 족속이 그로 말미암아
애곡하리니 그러하리라 아멘" (계 1:7)

예수 그리스도는 하나님의 우편에 앉아 계시며 성도를 위해 중보기도하실 뿐만 아니라 하나님의 때가 되면 성도들을 영원히 구원하시고, 불신자는 영원한 지옥의 심판을 위해 재림하신다. 주님은 승천하신 때와 같이 그대로 구름을 타고 (구름을 배경삼아) 신령한 몸으로 재림하신다(행 1:8-11;[303] 마24: 23-31[304])).

II. 그리스도의 재림과 교회의 휴거

1. 공중 휴거의 견해

공중 휴거(空中携去)란 말은 데살로니가전서 4장 17절에서 말씀하고 있다. 예수님이 재림하실 때 성도들이 주님을 영접하는 일에 대하여 "구름 속으로 끌어 올려 공중에서 주를 영접하게

303) "오직 성령이 너희에게 임하시면 너희가 권능을 받고 예루살렘과 온 유대와 사마리아와 땅끝까지 이르러 내 증인이 되리라 하시니라 이 말씀을 마치시고 그들이 보는데 올려져 가시니 구름이 그를 가리어 보이지 않게 하더라 올라가실 때에 제자들이 자세히 하늘을 쳐다보고 있는데 흰 옷 입은 두 사람이 그들 곁에 서서 이르되 갈릴리 사람들아 어찌하여 서서 하늘을 쳐다보느냐 너희 가운데서 하늘로 올려지신 이 예수는 하늘로 가심을 본 그대로 오시리라 하였느니라" (행 1:8-11)

304) "그 때에 사람이 너희에게 말하되 보라 그리스도가 여기 있다 혹은 저기 있다하여도 믿지 말라 거짓 그리스도들과 거짓 선지자들이 일어나 큰 표적과 기사를 보여 할 수만 있으면 택하신 자들도 미혹하리라 보라 내가 너희에게 미리 말하였노라 그러면 사람들이 너희에게 말하되 보라 그리스도가 광야에 있다 하여도 나가지 말고 보라 골방에 있다 하여도 믿지 말라 번개가 동편에서 나서 서편까지 번쩍임 같이 인자의 임함도 그러하리라 주검이 있는 곳에는 독수리들이 모일 것이니라 그 날 환난 후에 즉시 해가 어두워지며 달이 빛을 내지 아니하며 별들이 하늘에서 떨어지며 하늘의 권능들이 흔들리리라 그 때에 인자의 징조가 하늘에서 보이겠고 그 때에 땅의 모든 족속들이 통곡하며 그들이 인자가 구름을 타고 능력과 큰 영광으로 오는 것을 보리라 그가 큰 나팔 소리와 함께 천사들을 보내리니 그들이 그의 택하신 자들을 하늘 이 끝에서 저 끝까지 사방에서 모으리라" (마 24:23-31)

하시리니" 라고 하셨다. 이 말씀을 한 문장으로 간략하게 나타내면, 공중으로 이끌어 올린다는 뜻인 「공중 휴거」이다. 어떤 신학자들은 공중 휴거에 대한 언급이 성경에 오직 한 곳에만 기록되어 있기때문에 문자대로 받아들이면 안 된다고 주장한다. 그러나 한 곳에 있든지 열 곳에 있든지 분명한 문장으로 성경에 언급되어 있다면 그대로 받아들이는 것이 온당한 것이다. 성경은 하나님의 말씀으로 일점일획도 오류가 없고 잘못된 표현이 없으며 가하거나 제해야 할 부분이 없다는 사실을 인정한다면 공중 휴거에 관한 종말적 계시에 대해 이의를 제기해서는 안 된다.

1) 공중 휴거에 대한 개혁주의 신학의 입장

개혁주의 신학의 종말관은 역사적 전천년설과 무천년설의 2대 지류(支流)로 나뉘는데 역사적 전천년설에서는 교회의 공중 휴거설을 문자대로 인정하고 있다. 휴거의 시기에 대해서는 주님의 재림 직전으로 보고 있는데 휴거의 여러 가지 문제에 대해서는 신학자들 간에 의견이 분분하다. 그런데 무천년설을 주장하는 신학자들은 교회의 공중 휴거를 전적으로 부인한다. 무천년설자가 교회의 공중 휴거를 인정한다면 그것은 이미 무천년일 수가 없다. 공중 휴거는 전천년설을 전제로 성립될 수 있는 종말적 사건이기 때문이다.

2) 공중 휴거에 대한 세대주의 신학의 입장

공중 휴거에 관한 한, 세대주의 신학에서는 그 입장이 너무나도 분명하고 확고하다. 공중 휴거설은 7년 환난 전 휴거로 일관한다. 세대주의에서 7년 환난 전 휴거설을 절대적 사실로 주장하는 이유는 그들의 세대주의 신학에 근거한다. 세대주의 종말론에서는 교회 시대와 7년 대환난 시대(세대주의에서는 7년 대환난이라고 부른다)를 구분한다. 교회 시대는 7년 대환난 직전까지로 규정하고 7년 기간은 교회와는 상관이 없고 유대인들의 구원을 위한 회복 기간으로 간주하기 때문에 교회의 7년 대환난 전 휴거는 필수적이라고 주장한다. 그리고 교회의 휴거 기간은 7년간이며 예수님이 재림하실 때 그와 함께 지상에 내려오게 된다.

2. 그리스도의 재림과 교회의 휴거

공중 휴거의 성경적 근거는 물론 데살로니가전서 4장 17절에만 나와 있다. 그러나 공중 휴거를 뒷받침해 주는 여러 성경적 근거들이 있다는 사실을 간과해서는 안 된다.

1) 공중 휴거의 성경적 근거

"구름 속으로 끌어 올려 공중에서 주를 영접하게
하시리니" (살전 4:17)

데살로니가후서 2장 1절에 "우리 주 예수 그리스도의 강림하심과 우리가 그 앞에 모임에" 관하여 그 앞에 모인다는 말은 어느 한 곳에 집결되는 상태로 데살로니가후서 2장 1절과 데살로니가전서 4장 17일의 말씀은 공중에서 주를 영접한다는 말씀으로 같은 의미이다.

"저가 큰 나팔 소리와 함께 천사들을 보내리니
저희가 그 택하신 자들을 하늘 이 끝에서 저 끝까지
사방에서 모으리라" (마 24:15)

2) 성도의 부활

성도의 부활과 부활의 모습은 고전도전서 15장 35절에서 44절에 말씀에 자세히 기록하고 있다(고전 15:35-44[305]).

305) "누가 묻기를 죽은 자들이 어떻게 다시 살아나며 어떠한 몸으로 오느냐 하리니 어리석은 자여 네가 뿌리는 씨가 죽지 않으면 살아나지 못하겠고, 또 네가 뿌리는 것은 장래의 형체를 뿌리는 것이 아니요 다만 밀이나 다른 것의 알맹이 뿐이로되, 하나님이 그 뜻대로 그에게 형체를 주시되 각 종자에게 그 형체를 주시느니라, 육체는 다 같은 육체가 아니니 하나는 사람의 육체요 하나는 짐승의 육체요 하나는 새의 육체요 하나는 물고기의 육체라, 하늘에 속한 형체도 있고 땅에 속한 형체도 있으나 하늘에 속한 것의 영광이 따로 있고 땅에 속한 것의 영광이 따로 있으니, 해의 영광이 다르고 달의 영광이 다르며

부활: 예수님의 부활에 대하여는 미리 예언되었고(시 16:10) 그대로 성취되었다(마 28:6, 7; 행 2:31). 그러나 부활이 없다 하는 사두개인들이 있었으며(마 22:23; 막 12:18; 눅 20:27; 행 23:8), 바리새인들은 부활도 천사도 영도 다 있다고 한다(행 23:8). 예수님의 부활을 부인하는 사상은 기독교 역사 중에도 계속되었으며 현재도 있다. 성경에서와 기독교 역사 중에 또한 현재에도 예수님의 부활에 대한 부인설이 계속되는 것은 영원한 대속의 제물로 십자가에 죽으신 예수님의 그 부활하심이 참으로 무한히 크고 신비하심을 바로 깨달아 알지 못하기 때문이다. 예수님의 부활은 인류 역사 중에 두 번째 큰 기적이다. 첫째는 영원히 자존하신 하나님이 피조물이 되신 것과 동정녀 탄생으로 성육신(incarnation)하신 것이다(마 1:20, 21; 눅 1:26-38; 요 1:14).

사도 바울은 예수 그리스도의 절대 부활하심을 증거하기를 "그리스도께서 만일 다시 살지 못하셨으면 우리의 전파하는 것도 헛것이요 너희 믿음도 헛것이며 또 우리가 하나님의 거짓 증인으로 발견되리니 우리가 하나님이 그리스도를 다시 살리셨다고 증거하였음이라…만일 그리스도 안

별의 영광도 다른데 별과 별의 영광이 다르도다, 죽은 자의 부활도 그와 같으니 썩을 것으로 심고 썩지 아니할 것으로 다시 살아나며, 욕된 것으로 심고 영광스러운 것으로 다시 살아나며 약한 것으로 심고 강한 것으로 다시 살아나며, 육의 몸으로 심고 신령한 몸으로 다시 살아나나니 육의 몸이 있은즉 또 영의 몸도 있느니라" (고전 15:35-44)

에서 우리의 바라는 것이 다만 이생뿐이면 모든 사람 가운데 우리가 더욱 불쌍한 자이리라" (고전 15:12-19)고 강조했다. "사도들이 큰 권능으로 주 예수의 부활을 증거하니 무리가 큰 은혜를 얻어…" (행 4:33-37)라고 말씀했다. "그러나 이제 그리스도께서 죽은 자 가운데서 다시 살아 잠자는 자들의 첫 열매가 되셨도다" (고전 15:20)고 하셨다. 여기의 첫 열매라함은 예수 그리스도의 부활, 즉 죽은 성도들의 부활의 첫 열매임을 가리키며, 이는 예수님의 부활은 성도의 부활의 확신이다.

부활의 순서에 대하여는 "그러나 각각 자기 차례대로 되리니 먼저는 첫 열매인 그리스도요 다음에는 그리스도 강림하실 때 그에게 붙은 자요" (고전 15:23)라고 했다. 첫째, 그리스도의 부활이니, 이는 그리스도는 부활의 첫 열매이기 때문이다. 둘째, 예수님이 부활하실 때 자던 성도들이 일어난 것이다(마 27:52, 53). 셋째, 예수께서 재림하실 때 무덤에 자던 성도들의 부활이다(살전 4:16). 넷째, 예수님 재림 시 살아 있던 성도들이 홀연히 부활체로 변화된다(살전 4:17). 다섯째, 그리스도의 재림 후부터 천년왕국 끝까지 살아 있던 모든 성도들의 부활이다. 여섯째, 불신자는 천년왕국이 지난 후에 부활하여 영원한 지옥 불에 떨어지게 된다(계 20:4-6). 위의 여섯째까지의 부활을 크게 둘로 나누어서 구원받은 성도들의 부활을 1차 부활이라 하고, 불신자의 부활을 2차 부활이라고 한다.

부활한 몸의 모습: 성도의 부활한 몸은 예수 그리스도 부활의 몸체와 같은 모습이다. 예수님 이전에 죽었다가 살아난 사람들이 있다. 사르밧 과부 아들(왕상 17:17-24), 수넴 여인의 아들(왕하 4:17-27), 야이로의 딸(막 5:22-43), 나인 성의 청년(눅 7:11-17), 나사로(요 11:17-44), 여제자 다비다(행 9:36-43), 유두고(행 20:7-12) 등이다. 이들은 죽었다가 살았으나 소생했을 뿐 부활의 몸은 아니었다. 부활의 몸은 지금 몸과 다른 변화된 살과 뼈를 가진 몸이다(눅 24:29-40). 부활하신 예수님은 의심하는 제자들에게 못 자국을 보이시며 손가락을 내밀어 창으로 찔렸던 옆구리 상처를 만져보라고 하셨다(요 20:25-27). 무덤을 찾아왔던 여자들이 예수님의 발을 붙잡았다고 말하고 있다(마 28:9). 성도의 부활의 모습은 현재 우리가 가지고 있는 육체와 동일하지는 않으나 깊은 연관성이 있다.

막달라 마리아가 부활하신 예수님을 보고도 그를 알아보지 못하고 동산지기로 생각했고(요 20:14,15), 엠마오로 가던 두 제자들이 길에서 동행하게 된 예수님을 만나 함께 이야기를 나누면서도 예수님을 알아보지 못했다(눅 24:16). 제자들이 무서워하며 모여 있던 다락방을 찾아오신 예수님의 모습(눅 24:37)을 생각하면 성도의 부활의 몸도 이와 같을 것이다. 즉 부활의 몸은 예수님처럼 시간과 공간의 제한을 받지 않고 영생하는 몸이다. 부활한 몸이 늙거나 병들거나 죽지 않을 것은 하늘의 천사들과 같다(마 22:30). 닫힌 방에 문을 열지 않고 들어가며(요 20:19), 동행 중에 갑자기 사라질 수도 있는(눅 24:31) 몸이 부활의 몸이다. 예수께서 다시 오시는 재림의 날에 죽은 자들이 다시 살고, 살아있는 성도들은 예수님의 영광스러운 몸처럼 변화를 받게 된다(고전 15:51-52).

성경에서 말씀하는 "영원한 천국" 은 하나님의 나라로 죄와 저주, 사망과 고통이 없는 새 하늘과 새 땅, 즉 하나님과 그의 백성들이 영원히 함께 살고 기뻐하고 영광을 누리는 곳이다. 영원한 천국은 예수 그리스도의 재림과 함께 이루어질 것이며, 하나님의 의로운 심판을 통과한 자들만이 들어갈 수 있다. 성경은 영원한 천국에 대해 다음과 말씀하고 있다.

영원한 천국은 예수님이 예비하신 곳이다. "내 아버지 집에 거할 곳이 많도다 그렇지 않으면 너희에게 일렀으리라 내가 너희를 위하여 처소를 예비하러 가노니" (요 14:2)

영원한 천국은 사망과 고통이 없는 곳이다. "모든 눈물을 그 눈에서 닦아 주시니 다시는 사망이 없고 애통하는 것이나 곡하는 것이나 아픈 것이 다시 있지 아니하리니 처음 것들이 다 지나갔음이러라" (계 21:4)"

영원한 천국은 오직 거룩하고 깨끗하고 생명책에 기록된 자들만 들어갈 수 있는 곳이다. "거기에는 부정하거나 가증스럽거나 거짓말하는 자가 결코 들어가지 못하고 오직 어린 양의 생명책에 기록된 자들뿐이라" (계 21:27) 라고 성경은 말씀하고 있다.

전천년설 그림

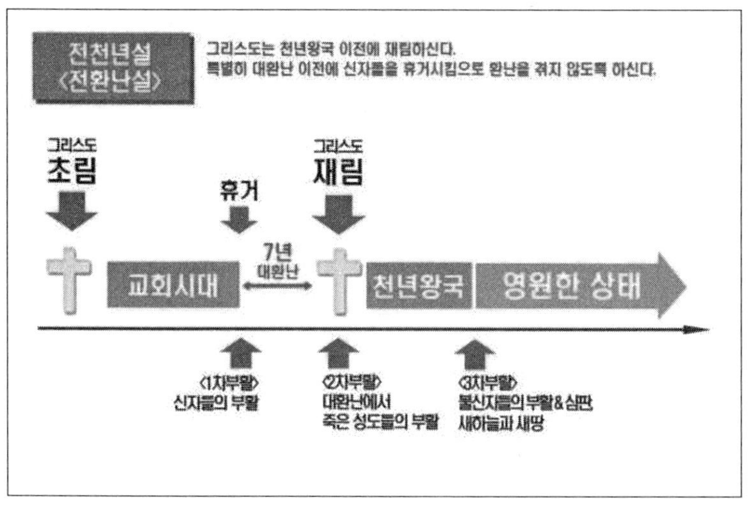

5장 우성(右星)의 성결신학

제5장

우성의 성결 신학

Ⅰ. 성결의 전기와 성장(The Crisis and Growth of Sanctification)

1. 성결교의 전통(傳統)과 현상(現狀)

1) 성결교회의 전통

우리가 이어받은 전통 또는 영적 유산·영적 기업(基 業)은 18세기의 암흑기였던 영국 사회를 변화시켰던 요한 웨슬리의 성결 운동이다. 이러한 성결 운동은 믿음의 은총으로 인한 온전한 성결(entire sanctification)이다. 이 결과 우리 성결교회의 명칭도 "성결교회"로 붙여지게 되었다. 물론 "성결"이라고 할 때, "성결" 만을 분리하여 강조하고 있는 것은 아니다.

성결의 은총에 온전한 성결은 선행적 은총(prevenient grace)으로부터 시작하여 의인(義認)·중생(重生)의 제1차 은총과 성결의 은총 체험의 제2차 은총의 경험을 가지고 계속적 성장의 과정을 거치게 된다. 제1차, 제2차 은총의 최종 은총은 그리스도의 재림으로써 최종적(궁극적) 구원(구원의 완성)에 이르러 완성된다. 이 구원의 은총 과정에서의 중심은 성결한 삶이다.

2) 성결교회의 현상(現狀)

성결교회가 성결의 은총의 전통을 이어받았는데 지금의 성결교회의 현상은 과연 어떠한가? 우리는 여기서 영적 부흥과 영적 침체를 가늠하는 하나의 원칙을 분명히 함으로써 그 답을 분명하게 설명할 수 있다. 우리는 위에서 말한 성결의 영광스러운 전통, 즉 성경적 성결과 거기 따른 신학적 체계·교리를 가지고 있다. 그러므로 우리의 실제 신앙 생애가 그 수준에 일치하거나, 적어도 성결의 삶을 살려고 성심성의(誠心誠意)를 다해 최선의 노력을 해야 한다. 그러나 그렇지 못하고 성결의 은총 수준에 훨씬 미치지 못하는 상태에 머물러 있을 때 어떠한 결과를 가져오겠는가? 결국 그 훌륭한 성결의 교리가 우리의 신앙생활의 수준까지 끌어내리게 될 것이다. 바꾸어 말하면 성결

교리가 유명무실한 교리가 되고 만다는 것이다. 이는 마치 울리는 꽹과리 소리밖에 되지 않게 되는 것이다. 그러기 때문에 성결교회의 성도가 추구하는 신앙생활은 하나님께서 주신 성결 은총을 입는 것이다. 이것이 교리의 수준까지 끌어올리는 것 곧 진정한 영적 부흥이다. 성도가 성결의 은총 수준까지 못 미친다면 성결 복음을 못 지키는 것은 물론 곧 영적 쇠퇴를 의미하는 것이다. 이 성결의 은총을 입어 실천적 삶을 사는 것만이 영적 부흥의 원천이 된다.

II. 성결은 하나님의 창조와 구원의 목적

1. 거룩하신 하나님

성결 복음은 성결교단의 교리 이전에 하나님의 창조와 구원의 목적이라는 것에 주목해야 한다. 하나님의 속성(屬生)에 대한 보다 명확한 인식이 필요하다. 조직신학 교과서에는 하나님의 속성을 절대적 속성, 상대적 속성, 도덕적 속성 등으로 6가지로 분류하고 있다. 그런데 이 여러 가지 속성을 다 합하여 하나의 용어로 표현한다면 "성결"이란 말이 가장 적절할 것이다. 이는 마치 햇빛이 강렬하게 빛을 발할 때, 그 빛이 백색으로 비취이지만, 그 빛을 프리즘으로 분석하면 일곱 가지의 영롱한 무지개 색깔이 나오는 것과 같다고 할 수 있다. 이와 같이 "성결"은 하나님의 도덕적 속성의 하나로 설명하기에는 한계가 있다. 그래서 성경은 하나님의 모든 속성을 다 합하여 "거룩하신 하나님(Holy God)"으로 묘사한다.

이 거룩하신 하나님은 공의(公義)와 사랑으로 그가 창조하신 우주 만물을 다스리시는(통치하시는) 분이시다. 그의 피조물 가운데서 유독(唯獨) 인간만이 하나님의 형상을 닮아 지음받은 영혼을 지닌 만물의 영장(靈長)이다. 이 "영장"의 장(長)이라는 글자는 "어른 장"의 뜻을 가진, 소위 만물 중에서 홀로 "영혼을 가진 어른"이라는 뜻이다. 이러한 인간 또한 거룩하신 하나님이 공의와 사랑으로 통치하신다. 그 공의와 사랑은 어느 한 쪽으로도 치우치지 않는 공정한 저울대와 같다는 사실이다. 그런데 하나님의 공의는 십계명과 전체 율법을 통하여 우리 인간에게 주어졌다. 그러나 인간이 스스로의 능력으로는 그 하나님의 공의의 법을 완전하게 지킬 수 없다. 그래서 하나님의 사랑과 공의를 완성하시기 위해 독생자 예수 그리스도가 십자가에서 죽으시고 3일 만에 부활하셨다. 하나님은 예수 그리스도의 십자가 사건으로 말미암아 하나님의 공의를 충족하셨다. 갈보리산 십자가의 제단에서 보배로운 피를 흘리신 대속(代贖/Redeem)의 사건은 하나님의 공의와 사랑의 충족이며, 죄인 된 인간에 대한 용서이다. 그러므로 예수 그리스도의 속량을 믿고 십자가 밑에서 자신의 죄를 통회자복(회개)하면, 구원을 받을 뿐만 아니라 거룩하신 하나님과 교제하게 된다.

이상에서 말한 하나님의 성결은 다음과 같이 정리할 수 있다. 하나님 구원의 계획안에서 하나님의 성결, 하나님의 사랑과 공의는 공존하며, 서로 상호적 관계이다. 예수 그리스도는 하나님의 사랑과 공의를 모두 충족시킨 분이시다. 그 결과는 구원의 시작이자 완성이다.

하나님의 구원계획

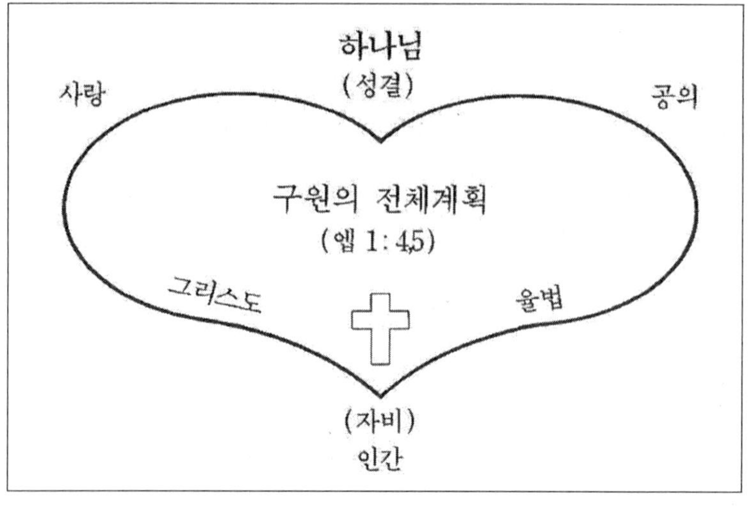

2. 성결은 하나님의 창조와 구원의 목적

우리는 성결의 진리를 논함에 있어, 무엇보다도 성경에 기초한 올바른 예정론의 정립(定立)부터 시작해야 한다. 개신교 신학에 있어, 특히 한국 교계에 있어서 그 양대 주류를 이루고 있는 칼빈신학과 알미니안 신학의 차이가 바로 이 예정론에서부터 시작되기 때문이다.

알미니안 신학의 관점에서 성경의 진리를 이론적으로 뒷받침하는 것은 예지·예정론이다. 우리가 예지 · 예정론을 말할 때, 그 예지(豫知)라는 말과 예정(豫定)이란 말이 성경 전체에 일관된 원칙에 일치하도록 해석되는 것이 지극히 중요한 일이다. 물론 하나님의 예지하심은 하나님이 모든 만물의 과거 현재 미래를 현재 있는 것과 똑같이 명백하게 아심을 의미한다. 그러나 칼빈주의는 예정(豫定)이 예지(豫知)에 앞선다. 하나님의 예정(豫定)은 이 세상에서 발생하는 어떤 사건이든 간에, 특히 인간의 구원 또는 멸망에 관한 것에 대해 영원 전부터 결정하셨음을 의미한다. 하나님 자신이 결정하셨기 때문에 자신이 미리 아시는 것은 당연한 일이다. 따라서 하나님의 예지(豫知)하심이 인간의 운명도 결정하는 것으로 생각한다. 우리는 이 같은 견해는 잘못된 것으로 본다. 우리의 논증(論證)은 하나님은 창조물인 인간의 행동을 미리 아시지만(豫知), 인간의 자유로운 행동으로 예지하시는 것이다.

하나님의 예지하심은 인간의 행동 여하에 있는 것이지, 인간의 행동이 하나님의 예지하심에 좌우되는 것이 아니다. 또한 예정에 대한 웨슬리안-알미니안적 정의(定義)는 인류 타락 이전 또는 창세 전에 하나님이 전체 구원의 계획을 세우셨음을(예정하셨음을) 의미한다. 그 목적은 그리스도의 형상에 일치되는 일이다. 즉 우리는 성결케 되는 목적으로 택함을 입은 것이다(엡 1:4, 5).

예정은 결과의 불가피(不可避)한 것(inevitability of outcome)이 아니라, 하나님의 완전하신 계획 속에 나타난 바람직스러운 것이며 소망스러운 것(desirability)을 의미한다. 칼빈의 예정론이 근거를 삼는 여러 성경구절들 가운데 에베소서 1장 4절, 5절을 예로 들어보기로 하자. "곧 창세 전에 그리스도 안에서 우리를 택하사, 우리로 사랑 안에서 그 앞에 거룩하고 흠이 없게 하시려고, 그 기쁘신 뜻대로 우리를 예정하사, 예수 그리스도로 말미암아 자기의 아들들이 되게 하셨으니" 라고 하신 말씀이다. 여기서 중요한 것은 "그리스도 안에서 우리를 택하사" 라고 말씀하신 대로 누구든지 참되게 그리스도 안에 있어야 비로소 택함을 입은자가 되며, 또 "사랑 안에서 그 앞에 거룩하고 흠이 없게 하시려고, 그 기쁘신 뜻대로 우리를 예정하사" 라고 하셨으니, 우리를 위하여 구원의 전체계획을 예정(계획 · 준비)하신 목적은 하나님 앞에 거룩하고 흠이 없는 성결 된 자녀가 되게 하시려는 것이다.

그런고로 웨슬리안-알미니안 신학에서의 예정(豫定)은 구원의 전반적 계획과 선택된 자가 받을 보상(報賞)을 포함하고 있으며, 선택되었다함은 하나님의 예정(豫定)하심(구원의 전반적 계획하심)의 조건을 갖춘 사람이라는 의미이다. 즉 하나님의 말씀에 순종하고, 현재 이 시간 예수 그리스도 안에 있는 사람은 선택된 자가 되는 것이다. 따라서 하나님이 처음부터 구원받을 자와 받지 못한 자를 하나님의 절대주권으로 임의(任意)로 결정하셨다는 절대 예정은 하나님의 사랑과 공의에 어긋나는 것이다. 그러므로 웨슬리안-알미니안의 구원은 칼빈신학에서 주장하고 있는 절대 예정에 따라 예정되고 선택되었다는 구원론과 다르다. 성결교회는 하나님의 공의와 사랑 안에서 예지하시고 예정한 하나님의 구원의 부르심에 응답하고 믿는 자를 구원하신다는 것을 믿는다.

여기 또 한 가지 "창세 전" 이라는 말씀에 대해서도 설명할 필요가 있다. 우리는 흔히 이런 말에 대해서 이 세상이 창조되기 이전의 그 머나먼 과거의 시간을 즉각적으로 연상하게 된다. 그러한 먼 과거의 시간에 이미 절대자이신 하나님이 개개인의 최종적인 운명을 홀로 결정하신 것처럼 생각하기 쉽다. 그런데 우리는 여기서 시간 또는 공간(time and space)에 관한 인식을 새롭게 해야 할 필요가 있다. 즉 창조주이신 하나님은 우리 인간들과 달리 시간과 공간을 초월하신다. 즉, 시공간에 제한을 받지 않으신다. 하나님은 처음 시간도 없고 마지막 시간도 없으신 영원부터 영원까지 스스로 계신 분이시다. 성경은 하나님에 대해 "영원한 자존자(I am that I am)" 로 번역하고 있다. 즉 하나님께서는 창세 전이나 오늘 이 현재의 시간이나 또 먼 장래의 시간이나 언제나 현재의 시간인 것이다. 다시 말해서 하나님은 과거 · 현재 · 미래의 시간적 제한이 없는 분으로 언제나 현재의 시간뿐이다. 그래서 성경에는 하나님이 해를 멈추게도 하시고, 생명을 연장시키시는 분으로 하루가 천년 같고, 천년이 하루 같은 그런 하나님이시라고 한 것이다.

"사랑하는 자들아 주께서는 하루가 천년 같고 천년이 하루 같은 이 한 가지를 잊지 말라" (벧후 3:8)

따라서 2,000년 전에 갈보리산 십자가 위에서 온 인류의 죄값을 치루신 예수 그리스도의 대속(代贖)의 보혈은 현재 이 시간에도 유효하고 진행되고 있는 것이다. 2,000년이 지난 오늘날에도 한 죄인이 회개하고 그 보혈의 공로를 믿을 때 구원을 받는 것이다. 그 구원의 계획은 지금 회개하고 예수 그리스도를 믿는 그 사람을 위하여 예지·예정된 것과 똑같은 효과로 적용된다는 말씀이다. 이와 같은 하나님의 영원한 시간의 이치를 시간 안에

갇혀 있는 인간의 이성으로 이해할 수 없고 다만 믿을 뿐이다. 그러나 세기의 과학자인 아인슈타인(Albert Einstein A.D. 1879-1955) 박사는 그러한 일이 시간적으로도 가능하다는 이론을 제기한 학자로 유명하다. 바로 유명한 상대성 원리(The principle of relativity)에서 그가 밝힌 것은 시간과 공간이 절대적 존재가 아닌 상대적 존재이며 피조물이라는 점을 증명하였다.

하나님께서 창조하신 시간과 공간은 절대적 존재가 아닌데도 인간들은 이를 절대적 존재로 착각해 왔다. 그러나 아인슈타인 박사를 통하여 시간과 공간이 상대적 존재임이 밝혀졌음에도 불구하고 여전히 그 진리를 바르게 이해하려고 하지 않고 있다. 그런고로 창조주 하나님만이 절대적 존재자로서 이 광대하고 무궁한 공간과 시간을 주관하신다는 것을 인정하는 믿음이 필요하다. 하나님은 창조주로서 그는 창세 전의 시간이나 오늘 이 현재의 시간이나 또는 먼 장래의 시간에도 아무런 제한을 받지 않으신다. 모든 일을 주관하시는 하나님을 깨닫고 믿을 때 모든 것이 가능하다는 것을 믿게 된다.

3. 하나님의 자녀인 성도의 거룩함

거룩하신 하나님은 자신의 거룩함의 성품을 따라 거룩하라고 명하셨다. "여호와께서 모세에게 일러 가라사대, 너는 이스라엘 자손의 온 회중에게 고하여 이르라. 너희는 거룩하라, 나 여호와 너희 하나님이 거룩함이니라" (레 19:1, 2)라고 하신 말씀은 하나님의 요청이자 명령이다. 이와 같이 구약성경의 가르침에 있어서 주목할 만한 사실은 하나님은 그의 모든 백성들이 하나님의 거룩하심과 같이 거룩하기를 원하신다는 사실이다. 하나님은 단지 소수의 제사장들만이 하나님의 성품을 나누어 가지는 것으로 만족하지 않으시고, 그의 이름을 지닌 모든 사람들이 거룩한 성품을 나타내 보이도록 말씀하셨다. 하나님의 의로우신 본성은 죄와 정면으로 반대되는 것이기 때문에 그의 자녀들이 이 점에 있어서 하나님과 같게 되기를 원하시는 것이다. "너희는 스스로 깨끗하게 하여 거룩할지어다. 나는 너희 하나님 여호와니라 너희는 내 규례를 지켜 행하라. 나는 너희를 거룩케 하는 여호와니라" (레 20:7, 8)라고 말씀하셨다. 거룩을 명령하신 하나님은 믿는 자들이 죄에서 떠나 그 생애를 전적으로 하나님께 바칠 때 거룩한 백성이 될 수 있도록 하신다(사 6:1-8).

하나님의 백성에 대한 기대하심은 신약시대에도 그대로 기록되어 더욱 확장되었다(살전 5:23, 24; 벧전 1:15, 16[306] 등). 성결하게 하시는 능력으로 역사하시는 성령의 선물은 모든 크리스천들을 위한 또 하나 분명한 개인적 경험으로 약속된 것이다(마 3:11; 요 17:17-2). 오순절 이전에도 그리스도를 진정으로 믿었던 제자들이었지만, 하나님께서 그들을 위해 예비하신 일들을 감당하기 위해서 성령의 충만함을 주셨다,

"그러므로 하늘에 계신 너희 아버지의 온전하심과 같이
너희도 온전하라" (마 5:45)

"모든 사람으로 더불어 화평함과 거룩함을 쫓으라 이것이 없이는
아무도 주를 보지 못하리라" (히 12:14)

우리가 구할 때 하나님께서 그리스도로 말미암아 값없이 사죄의 은총을 주신 것처럼 그리스도로 말미암아 온전히 거룩한 마음을 주실 것을 약속하셨다.

306) "오직 너희를 부르신 거룩한 자처럼, 너희도 모든 행실에 거룩한 자가 되라. 기록하였으되 내가 거룩하니 너희도 거룩할지어다 하셨느니라" (벧전 1:15, 16).

III. 온전한 성결의 전기(轉機)와 성장(成長)

1. 온전한 성결의 전기적 역사(轉機的 投事)

이 온전한 성결의 전기적(轉機的) 역사는 하나님의 수직적(垂直的) 은총의 역사이다. 전기(轉機-crisis)라는 말은 하나의 상태에서 또 하나의 다른 상태로 탈바꿈하는 결정적인 고비로, 전환기(轉換期)를 의미한다. 어떤 이들은 이 전기라는 말의 영어 단어인 "crisis" 란 말을 "위기(危機)" 로 번역한다. 굳이 "위기" 라는 말을 쓴다면, 여기서 뜻하는 것은 어디까지나 좋은 위기적 사건이지 결코 나쁜 위기적 사건을 말하는 것은 아니다.

우리가 처음 구원받았을 때 일차적인 수직적 은총의 역사로는 죄사(罪赦)함과 의롭게(義認)됨, 그리고 거듭(重生)남과 하나님의 자녀로 받아들여진(양자: 養子) 것이다. 그러나 이 네 개의 은총은 순간적으로 이우러지는 동시발생적(同時發生的-simultaneous) 사건이다. 이 네 가지가 시간 차이를 두고 차례차례로 발생하는 것은 아니다. 다만 그런 일들을 논리적으로 설명할 때 각각 그 용어가 의미하는 내용에 따라 순서대로 설명하게 되는 것이다. 그래서 이 네 가지 용어가 어떤 내용의 것인가를 설명하고자 한다.

1) 죄 사함(Forgiveness of sins): 이는 하나님의 주권적 역사(sovereign work of God)를 의미한다. 우리의 죄를 용서하시는 일은 오직 유일하신 하나님만이 하실 수 있는 절대 주권적인 역사이다. 인간의 죄 문제가 해결되는 것은 두 가지 방법밖에 없다. 그 죄에 해당하는 형벌을 다 받거나 무조건 용서받는 것 밖에 없다. 그런데 형벌을 받는다는 것은 영원한 지옥 형벌을 말하는 것이다. 결국 죄에서 구원받기 위해서는 하나님의 용서를 받는 길 뿐이다. 그런고로 구원을 위한 죄 사함을 받는 일은 선행되어야만 할 하나님의 은총이다.

2) 의롭다고 인정받는 일(Justification by faith): 이는 법적으로 인정받는 법적 조치(judicial act)이다. 죄인이 석방되기 위해서는 재판장이 그의 신분(身分)에 대해 인정하는 사법적(司法的) 조치가 필요하다. 이 사람은 형량을 살았기 때문에 석방해도 좋다든가 하는 결정이 있어야 한다. 또 심리 결과 무조건 용서함을 받을 만하니 석방한다는 그런 사법적(司法的) 조치가 있어야 한다. 의인(義認-justification)이란 말 자체가 사법적 용어(司法的用語)이다. 우리의 죄인 된 신분을 바꾸어 의인(義人)으로 인정해 주실 분은 오직 하나님 한 분이시다. 인간의 유일한 재판장이신 하나님만이 법적으로 의롭다고 판결하실 수 있다. 이로써 우리는 죄인의 입장이 바뀌어 의인(義人)의 입장이 되는 것이다.

3) 거듭나는 일(重生·新生-Regeneration): 이는 부성적 역사(父性的 役事/parental work)로서 생명을 부여하는 일이다. 하나님은 우리를 법적으로 의롭다고 인정해 주실 뿐만 아니라 그리스도의 생명을 부여해 주신다. 이는 성령 하나님이 물과 성령으로 거듭나게 하시고 그리스도의 새 생명을 주시는 것이다.

4) 하나님의 자녀가 되는 일(養子-Adoption): 이는 가족적 면에서 하나님의 자녀로 천국 가족(Heavenly family)으로 받아들여지는 것으로 신분이 변화되어 천국 가족으로 입적(入籍)되는 것이다. 이와 같은 전기적 역사는 제1차 은총인 사죄 · 의인 · 중생 · 양자로 이루어진다. 또한 제2차 은총인 온전한 성결도 하나님의 순간적 수직적 은총으로 이루어진다. 그리고 그와 같은 전기적 역사는 부정과거법시제(不定過去法時制)라는 초시간적(超時間的) 역사로 이루어지는 하나님만이 하실 수 있는 은총의 역사이다. 다음 성경 구절은 이와 같은 하나님의 은총을 설명하고 있다.

"그리스도 예수의 사람들은 육체(육적 마음 또는 죄의 원칙)와 함께 그 정과 욕심을 십자가에 못 박았느니라(aorist-하나의 확실하고도 완료된 행동)" (갈 5:24)

"그 안에서 너희도 또한 믿어(aorist) 약속의 성령으로 인치심을 받았으니(aorist)" (엡 1:13)

"평강의 하나님이 친히 너희로 온전히 거룩하게 하시고(aorist), 또 너희 온 영과 혼과 몸이 우리 주 예수 그리스도 강림하실 때에 흠 없게 보전되기를 원하노라(주 재림하실 그때 현재의 상태)." (살전 5:23)

"그러므로 예수도 자기 피로써 백성을 거룩케 하려고(aorist) 성문 밖에서 고난을 받으셨느니라(aorist)." (히 13:12)

"만일 우리가 우리 죄를 자백하면(현재동사), 저는 미쁘시고 의로우사 우리 죄를 사하시며(aorist), 모든 불의에서 우리를 깨끗케 하실 것이요(aorist)." (요일 1:9)

이상에서 설명한 바와 같이, 하나님의 은총은 일차적, 이차적으로 그리고 수직적, 점진적 믿음으로 받게 된다. 마음이 깨끗하게 될 때 무슨 표적이 따르지 않을까 하는 생각을 가질 수도 있다. 그렇다고 깨끗하게 되는 순간 우리 육체의 어느 부분이 뜨끔하다거나 또는 무슨 특수한 느낌을 가지게 된다거나 하는 것은 아니다. 죄 사함을 받고 거듭날 때 무슨 이상한 느낌을 느낀 것이 아니었던 것처럼, 마음이 깨끗하게 되는 이 은총도 오직 믿음으로 되는 것이다. 이는 성령 충만의 은혜를 받을 때 어떤 신비로운 감정·감격, 또는 어떤 환상이나 이상(異像) 같은 것이 전혀 없다는 말은 아니다. 하나님께서 하시는 모든 일이 다 신비로운 일이기 때문에 어떤 신비로운 감정에만 치우치는 것을 경계해야 한다는 의미이다. 성경은 하나님이 하시는 역사는 믿음으로 받게 된다는 원칙을 말하고 있다.

필자(우성)는 수십 년 동안 신학교에서 이런 강의를 계속하고 있다. 그런데 그 강의를 듣는 수강생들의 반응은 대체로 세 가지로 구분할 수 있다. 첫째 반응은 이 진리를 새롭게 깨닫는 것에 대한 감사와 기쁜 마음이다. 이들은 자신이 한층 높은 차원의 신앙 세계에 들어갈 수 있게 된다는 기대와 의욕을 가지고 있어 그 얼굴에 문자 그대로 희색이 만면했다. 둘째는 지식적으로 이 진리를 좀 더 깊이 알아보려는 의욕을 보인다. 과연 죄에서 깨끗하게 되는 일이 가능한가? 사람이 죄 안 짓는 성결된 생애를 살 수 있는가? 실감이 나지 않는다는 반응이다. 한 마디로 반신반의(半信半疑)하는 상태이다. 이 중에서는 마침내 둘로 갈라지게 될 것이라고 생각한다. 즉 일부는 앞으로 더 힘써 이 은총의 세계에 들어가게 된다. 그러나 의심하는 자는 그저 그런 상태에서 오랫동안 머물러 있거나 더 안 좋은 상태로 내려가는 것이다. 셋째는 처음부터 관심조차 없는 학생들이다.

둘째, 셋째에 속한 이들도 좀 더 진지하고 갈급한 마음을 가지고 성령의 인도하심을 따라 성결의 은혜를 사모하기를 원한다. 성결의 은혜를 간구하는 자는 반드시 성령 충만으로 한층 높은 신앙의 경지를 경험하게 될 것이다.

"여호와의 산에 오를 자 누구며 그 거룩한 곳에 설 자가 누군고 곧 손이 깨끗하며 마음이 청결하며 뜻을 허탄한데 두지 아니하며 거짓 맹서치 아니하는 자로다" (시 24:3, 4)

"의에 주리고 목마른 자는 복이 있나니 저희가 배부를 것이요" (마 5:6)

2. 온전한 성결의 계속적 성장은 필연적 필수적

이와 같이 온전한 성결의 전기(轉機/crisis)가 하나님의 수직적 은총의 역사라면 성결의 성장 과정은 점진적·진행적 은총의 역사이다. 우리 인간의 성결은 어디까지나 하나님의 절대적 성결을 본받는 상대적 성결(Relative Holiness)이다. 성경은 이제는 더 이상 성장할 여지가 없다고 기록되어 있지 않다. 사실상 사도 바울의 서간서의 중심 제목은 바로 성도들의 거룩한 생애·성령 충만의 생애로 모든 일에 사랑의 실천을 요청하고 있다. 그러한 삶은 자력이 아닌 그리스도를 전폭적으로 믿는 믿음 안에서 가능하다.

데살로니가 교회는 믿음의 역사와 사랑의 수고와 소망의 인내를 칭찬받은 교회이다. 그 믿음의 소문이 각처에 퍼져서 칭찬받은 교회였다(살전 1:3, 8). 이 교회에 대해서 더 이상 무슨 권면의 말이 필요하겠는가 생각할 수도 있다. 사도 바울은 칭찬도 하는 동시에 더욱 온전케 할 것을 권면하였다(살전 3:1). 바울은 서로 모든 사람에 대한 사랑이 더욱 많아 넘치게 할 것을 말씀하였다(살전 3:12). 더욱더 중요한 말씀은 그리스도 강림하실 때 하나님 앞에서 거룩함에 흠이 없게 할 것을 강조하였다(살전 5:23). 바울은 사랑과 성결의 삶에 힘쓸 것을 권하였다(살전 4:1). 바울은 빌립보 교회 신자들에게 "...두렵고 떨림으로 너희 구원을 이루라(work out your own salvation)" 고 말씀했다(빌 2:12).

요한 웨슬리는 신자에게 있어서 평생토록 성결한 가운데 성장하는 과정(過程)과 순간적으로 이루어진 전기적 사건을 구별하기 위해서 특별히 "온전한(entire)" 이란 말을 붙이기도 하였다.

중생자가 성장을 해야 할 때 성장을 못 하면 필연적으로 신앙생활의 후퇴를 가져오는 것이 상례(常例)이다. 그 좋은 예로써 고린도 교회 신자들의 경우를 볼 수 있다.

> "형제들아, 내가 신령한 자를 대함과 같이 너희에게 말할 수 없어서, 육신에 속한 자 곧 그리스도 안에서 어린아이들을 대함과 같이 하노라" (고전 3:1)

위의 말씀에 보면 고린도 교회 신자들의 믿음이 자라야만 함에도 불구하고 오랜 침체 상태에 빠져있었다. 그들의 신앙 상태는 마치 나이는 20대가 되었는데도 우유병이나 빨고 어린아이 짓이나 하는 창피스러운 모습에 머물러 있었다. 고린도 교회는 교회 안에는 나는 바울파요, 나는 아볼로파요, 나는 누구파요 하는 식으로 파당이 있었다. 그뿐만이 아니라 음행(淫行)하는 일, 우상의 제물을 먹는 문제로 의견 충돌이 있었다. 은사에 관해서는 방언을 포함한 은사에 관한 문제로 공적 예배의 질서문란, 부활 문제에 관해 분분한 의견 등 여러 가지 문제들로 어지럽고 혼란스러운 교회였다.

영적 성장에 있어서도 자연계의 법칙과 같이 생명이 있는 한 정체(停滯) 없이 자라가야 한다. 어린아이가 제때 자라지 못하고 침체하면 기필코 거기에는 병이 생기고 그 병이 오래가고 악화될 때 생명까지 위협하게 된다. 마찬가지로 구원받아 거듭난 심령은 온전한 성결의 은혜를 체험하는 것이 중요하다. 이는 하나님의 은총이 계속되는 가운데 믿음으로 자라가게 되는 것이 영적 법칙이기 때문이다.

지금까지 말한 구원의 과정을 간략하게 요약해 보면, 성결은 의인(義認)과 중생(重生)에서 시작이 된다(초기 구원/성결). 그 순간부터 그 신자는 하나님과 동행하며 하나님의 은총과 하나님께 대한 보다 완전한 순종 가운데 자라갈 때 점진적 또는 진행적이어서 성결의 은혜가 있게 된다(충만한 구원). 거듭난 신자가 하나님께 자신을 거룩하고 기뻐 받으시는 산 제물로 드릴 때 순간적으로 역사하는 온전한 성결의 전기(轉機)를 마련하게 된다. 이 성결의 전기는 모든 내재된 죄로부터 마음을 깨끗하게 하는 성령세례를 받게 하는 것이다. 이 온전한 성결의 전기(고비)는 그 신자를 사랑 가운데 온전하게 하고 효과적으로 봉사할 수 있도록 그에게 능력을 주신다. 그래서 계속적으로 우리 주 예수 그리스도의 은총과 그를 아는 지식에 평생토록 자라가게 되는 것이다. 성결의 생애는 그리스도의 성결케 하시는 보혈을 믿음으로 말미암아 지속되며, 하나님의 뜻에 사랑으로 순종함으로써 그 자체를 입증(立證)하게 된다(계속적 구원).

그래서 우리는 온전한 성결의 은혜 체험에 뒤따르는 성장 과정의 내용을 좀 더 구체적으로 생각해 보아야만 한다. 여기에 대한 적절한 성경 구절인 갈라디아서 5장 22-26절에서 주목할 것은 첫째, "성령의 열매(the fruit of the Spirit)" 이다. 인간이 자력으로 행하는 행위(works)와 산 나무에 맺히는 과실(Fruits)의 차이가 있다. 인간의 자력행위(自力行爲)는 공장에서 일하는 인간들의 노동과 같으며 열매는 과수원의 나무에 열리는 과실과 같다. 전자는 그때그때의 노동으로 끝나버리는 생명 없는 것이라면 열매는 산 나무에서 계속적으로 열리는 생명이 있는 것이다. 즉 성령의 열매는 성령으로 말미암아 우리 속에서 산출된다. 성령의 열매는 우리 자체에서 산출되는 것이 아닌 성령으로 말미암아 우리 속에 재생산(reproduced)되는 것이다. 그 재생산된 것이 바로 그리스도의 생명을 나타내는 것이다. 성령의 아홉 가지 열매는 다음과 같이 셋으로 분류해 볼 수 있다(계속적 구원).

a. 성령으로 말미암아 하나님께 관련된 열매
사랑, 희락, 화평

b. 성령으로 말미암아 동료에 관련된 열매
오래 참음, 자비, 양선

c. 성령으로 말미암아 우리 자신의 인격에 관련된 열매
충성, 온유, 절제

이와 같이 성령의 열매는 성령께서 우리 생애를 통하여 산출하신 생산품이다. 주목할 점은 아홉 가지 열매 중에 마지막 열매인 절제이다. 내 자신이 해야 할 것, 즉 내 자신을 통제(control)해야 할 것을 가리키는 것이다. 물론 성령께서 우리 속에 역사하시지만, 자아(自我-ego)는 항상 절제 하에 놓여져야 함을 의미한다. 즉 모든 불법적인 죄 된 것은 죄에 대한 죽음으로써 제거되어야 한다. 성욕(性慾)·지배욕·소유욕과 같은 본능적인 욕망은 항상 절제 하에 지켜져야만 하는 것이다.

죄성은 제거되었지만(깨끗하게 됨을 말함) 남아있는 자아는

십자가에 못 박혀 있어야만 한다. 그리스도의 십자가는 죄에 대하여 죽은 것(종지부를 찍은 것)이지만 우리는 예수님이 하신 것처럼 날마다 우리 자신의 십자가를 짊어져야만 한다. 예수님은 자신을 기쁘게 하지 않으시고 하나님을 기쁘시게 하셨다. 그는 말씀하시기를 "내 뜻대로 하지 마옵시고, 아버지의 뜻대로 하옵소서" 라고 하신 말씀이다. 바울은 말하기를 "내가 산 것이 아니오. 오직 내 안에 그리스도께서 사신 것이라" 라고 하였다. 이것이 자기를 부인하고 날마다 짊어져야 할 십자가를 의미하는 것이다. 우리는 하나님의 보다 높은 뜻에 "예" 하기 위해서 자신의 욕망은 정당한 것이라 할지라도 "아니오" 라고 고백해야만 한다.

끝으로 성령의 아홉 가지 열매에 대한 갈라디아서 5장 24-26절 말씀에서 우리는 "성령 안에서 걸어가는 생애" 즉, "성결한 생애" 란 과연 어떤 생애인가에 대해서 귀중한 교훈을 알게 된다. 갈라디아서 5장 24절의 "그리스도 예수의 사람" 이란 신약적 의미에서 예수 그리스도에게 완전하게 헌신하는 사람, 그 정과 욕심과 더불어 육체에 사형선고를 내린 사람을 말한다. 갈라디아서 5장 24절은 로마서 6장 6절과 한 짝을 이루는 구절이다. 우리가 육적 생애를 십자가에 못 박을 때 하나님은 우리 육체 속에서 지배하는 갈등을 일으키는 죄의 세력을 파괴시킨다. 그런고로 속에 있는 죄의 원칙이 완전히 멸하여지기 위하여 육적 생애 · 육적 소욕은 십자가에 못 박혀야만 한다.

우리가 그리스도의 영을 가졌으면, 성령 안에서 걸어가기 위하여 매일 매일의 원칙을 적용해야 한다. 한걸음 한걸음 자기를 부인하고 죄에 대한 전적 승리를 확보하고, 성령의 인도하심을 따라가야만 한다. 명심할 것은 성결한 승리의 생애는 단번에 아무런 노력 없이 자동적으로 따라오는 것이 아니라, 매일 매일 일보일보 행사(行使)되고 확보해야 하는 것이다. 특히 행동으로 나타나는 외적 생애와 아울러 마음가짐의 내적 생애에 있어서 승리를 견지(堅持)해야 한다. 이에 관한 세 가지 주의점은 갈라디아서 5장 26절 말씀에 기록되어 있는 것처럼 헛된 영광을 구하지 말고, 서로 격동(激動: 감정이나 충동에 움직이지 않는)하지 말고, 서로 투기(妬忌)하지 말아야 한다.

구원의 최종은 영원한 구원 궁극적 구원이다. 중생과 성결은혜 후에 성결의 유지와 지속적인 성장의 믿음 생활로 재림 예수 그리스도를 고대해야 한다(궁극적/최종적 구원).

3. 인간 일생의 영적 여정(靈的旅程)

아래 도표는 데일 엠 요컴(Dale M Yocum) 박사의 저서 『거룩한 길』307) 부록에 있는 것을 참조한 것이다. 인간이 세상에 태어난 때부터 시작하여, 구원받아 하나님 앞에 갈 때까지의 전 과정을 묘사하였다. 특히 하나님의 제1차, 제2차 은총의 전기적 경험과 점진적 과정 및 그리스도의 보혈로 감싸주시는 영역이 묘사되어 있다. 이 도표는 그때그때의 영적 수준을 명시하는 등 매우 유익한 자료이다. 이 도표에서 주로 근거한 성구는 고린도전서 1장 30절과 요한일서 1장 7절의 말씀이다.

"너희는 하나님께로부터 나서 그리스도 예수 안에 있고, 예수는 하나님께로서 나와서 우리에게 지혜와 의로움과 거룩함과 구속함이 되셨으니" (고전 1:30)

"저가 빛 가운데 계신 것 같이, 우리도 빛 가운데 행하면 우리가 서로 사귐이 있고, 그 아들 예수의 피가 우리를 모든 죄에서 깨끗하게 하실 것이요" (요일 1:7)

도표의 왼쪽에서 오른쪽으로 굵은 선의 화살표가 진행되고 있는데, 이것은 때를 따라 주시는 하나님의 은총을 받는 한 인간이 성령으로 말미암아 앞으로 진행하는 그 일생의 영적 여정(靈的旅程)을 나타내는 것이다. 이 여정에 있어서 네 군데의 결정적 지점이 있는데 그 네 지점은 고린도전서 1장 30절에 근거한 지혜와 의로움(義認)과 거룩함(온전한 성결)과 구속(榮化-구

307) Dale M Yocum, *The Holy Way*, Schmul Publishing Co., Inc. Salem, Ohio, revised edition, 1981)

원의 완성)함이다. 그보다 가느다란 선이 왼쪽 아래부터 오른쪽 위로 뻗어 올라가고 있는데, 이 선은 개인이 하나님께로부터 받는 빛의 분량을 나타내는 것이다(거룩한 빛). 왼쪽에서 오른쪽으로 그의 생애가 진행됨에 따라, 도표의 낮은 데서 높은 쪽으로 올라갈수록 빛의 분량이 증가됨을 나타내는 것이다.

구원 과정의 영적 여정(靈的旅程)[308]

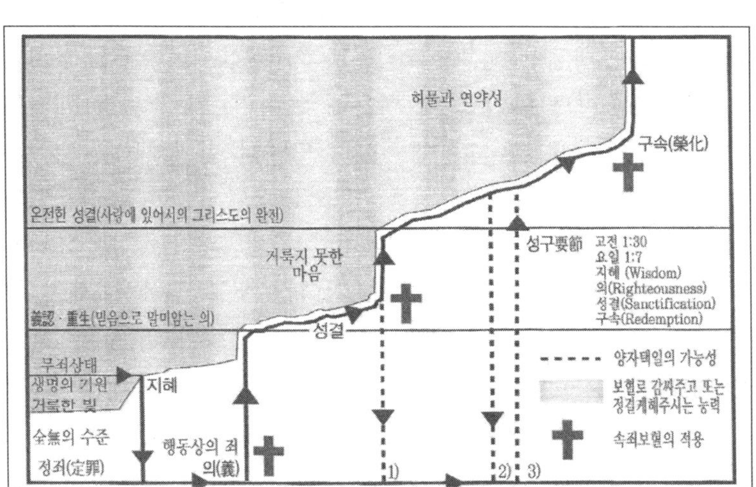

출생 때와 어린아이 시절에는 그 거룩한 빛이 거의 없다. 그

308) Dale M Yocum, *The Holy Way*, 1981.

러나 때가 되면, 개인적 책임을 져야 할 지각의식(意識知覺)이 생기게 된다. 그 빛의 선은 그때부터 상승하기 시작한다. 지혜의 지점에서 그 개인은 하나님께로부터 지혜를 받는다. 그 지혜는 요한 웨슬리가 말한, 중생에 앞서는 하나님의 은총인 선행적(先行的) 은총의 일부분이 되는 것이다. 그 같은 은총으로 말미암아 그 개인은 하나님께 불순종하고 있는 자신과 하나님의 용서를 받아야 할 자신을 깨닫게 된다.

의(義)는 통칭 의인(義認 또는 稱義)으로 일컫는 그리스도로 말미암아 의롭게 되는 전기(轉幾)를 표시한다. 그 옆에 십자가 표시는 누구든지 하나님 앞에 의롭게 되려면, 자기 죄를 깨달아야 할 뿐만 아니라, 그 때문에 그리스도께서 희생제물이 되셨음도 알아야 한다. 이때 그 사람은 믿음으로 말미암아 그리스도의 부활의 능력으로써 "믿음으로 말미암는 의(義認)" 라고 표시된 선까지 들어 올려지게 된다. 그는 지나간 모든 죄에 대하여 그리스도의 의가 진가(轉嫁)되는 동시에 그리스도의 의(義)를 분여(分與)받게 된다. 만일 누구든지 이 지점에서 하나님의 빛을 거절하면 그는 정죄(定罪)라고 표시된 선을 따라 전진하게 될 것이다.

의롭게 된 때에 계속하여 그 사람이 하나님의 말씀을 읽고 그에게 요구된 것을 배워 알게 됨에 따라 빛은 증가하게 된다. 빛은 일정한 속도로 규칙적으로 증가하는 것이 아니라 그 선을 꾸불꾸불한 기복(起伏)이 있는 것으로 나타낸 것이다. 따라서 그 영적 성장도 마찬가지로 일정한 속도로 되는 것은 아니다. 그러나 후퇴가 아니고 전진하고 있다면, 때로는 빛과 성장이 다 같이 빠르기도 하고, 때로는 느린 때도 있을 것이다. 조만간에 그 사람은 자기 마음속에 도사리고 있는 깊은 죄의 문제에 관하여 빛을 받게 된다. 그 문제는 한순간에 그 전모(全貌)가 분명해지지는 않는다. 그러나 그는 은총의 보다 높은 수준에 올라가든가 아니면 또다시 정죄에 떨어질 수도 있다. 사실을 알게 되기까지 그 조명(照明)이 매우 빠르게 올 수도 있다.

성결의 지점에서 그 사람은 그의 마음속에 번민하는 것으로 불결에서 깨끗함을 받든지 아니면 그 같은 거룩하게 하시는 부르심을 거절하고 죄 가운데 다시 빠지는 국면에 이를 수도 있다. 양자택일의 가능성은 1)의 표시가 되어 있는 선이다. 거듭 말하거니와 만일 사람이 승리를 얻으려면 십자가상에서 이룩하신 그리스도 구속의 역사를 자신에게 적용함으로써 가능한 것이다. 그의 죽으심과 부활하심으로써 그는 우리에게 모든 죄에서 전적으로 깨끗하게 하시는 거룩함이 되신 것이다. 그 전기(轉機)로써 그는 "사랑에 있어서 그리스도인의 완전선" 으로 들어 올려지게 된다.

이 획기적인 전기(고비)에 뒤이어서 빛은 또다시 증가하게 된다. 언제나 일정한 속도는 아니지만 의롭게 된 상태에서보다는 대개는 훨씬 더 빠른 속도로 빛은 증가하게 된다. 이 기간에 있어서 앞에서도 그랬던 것처럼 만일 그가 계속 빛 가운데 걷지 않으면 떨어질 수도 있다. 2)가 그 가능성을 표시하고 있다. 그러나 이 도표에서 3)이 보여 주듯이 다시 회복할 수도 있다. 부활의 때에 또는 지상(地上)에 아직 살아 있는 자들을 위하여 그리스도께서 재림하실 때 영화로운 변화(榮化-glorification)로 알려진 육체의 변화로써 구속(救贖-redemption)은 완성될 것이다. 도표에 "구속(榮化)" 이라고 표시되어 있다. 이 구속이란 말은 종종 최후 변화의 뜻으로 쓰인다. 전에는 그렇지 못했지만, 그 때 이르러 비로소 "모든 행동에 있어서 흠이 없는 완전" 한 수준에 올려지게 될 것이다. 아무도 이 현재 생애에서 그러한 상태를 성취하는 사람은 없을 것이다. 오직 천국에 들어가는 사람만이 그렇게 될 것이다. 앞서 말한 바와 같이 이 변화는 그리스도의 죽으심과 부활의 공로로 말미암는 것으로써 십자가 표시가 이를 나타내고 있다.

왼쪽 낮은 데에서부터 오른쪽 위로 올라간 가느다란 선은 두 번째 성구인 요한일서 1장 7절의 말씀으로 하나님과 동행하는 우리에게 비추어 주시는 거룩한 빛의 관계를 표시하는 것이다. "저가 빛 가운데 계신 것 같이 우리도 빛 가운데 행하면 우리가 서로 사귐이 있고, 그 아들 예수의 피가 우리를 모든 죄에서 깨끗하게 하실 것이요." 도표 중에 사선(斜線)을 그은 부분은 그리스도의 보혈로 감싸주시거나 깨끗하게 하시는 부분을 나타낸다. 무죄 상태에 있는 동안은 그 사람은 우리 주님의 속죄 공로로 말미암아 전적으로 지켜주신다. 유아기에 죽은 모든 갓난아이(유아:幼兒)는 주님과 함께 있게 될 것이다. 그의 속죄하심이 그의 유전 받은 죄성에 대비(對備)함이 되는 것(좀 더 쉽게...)이다. "예수께서 가라사대 어린아이들을 용납하고, 내게 오는 것을 금하지 말라. 천국이 이런 자의 것이니라" (마 19:14).

자신의 죄를 책임져야 할 나이부터 의인(義認)에 이르기까지는 속죄하심이 그 개인을 심판으로부터 지켜주지 않는다. 그 사람은 잃어버린(喪失된) 죄인이기 때문이다.

의롭게 된 후 마음의 성결의 필요성을 깨닫게 되기 전까지의 거룩하지 못한 마음에 대해서도 속죄 보혈의 감싸주심이 있다. 사람이 빛 가운데 걸어가는 동안은 그의 현재의 상태와 흠없는 완전의 수준 사이의 간격에 그리스도의 보혈의 감싸주심이 있는 것이다. 물론 여기에는 행동으로 짓는 죄는 포함되지 않는다. 거룩하지 못한 마음은 거기서 구출되는 길을 깨닫게 될 때까지는 그리스도의 보혈의 감싸주심(covering)이 있다. 그러나 깨끗하게 되는 길을 알게 되었을 때는 실제로 깨끗함을 받든가 아니면 불순종과 정죄에 빠질 수밖에 없다.

끝으로, 성결한 생애에 있어서 우리가 빛 가운데 걸어가는 동안은 우리의 허물(faults)과 연약성(infirmities)에 대한 대비(對備)

함이 있다. 그런데 이 영역(領域)은 우리가 하나님과 동행할 때 그 허물과 연약성이 점점 줄어들게 마련이다. 물론 그 허물과 연약성은 우리 최후 구원이 완성될 때까지는 완전하게 제거되지 않는다.

생의 마지막까지 하나님께 순종한 자녀들은 영광의 나라에 들어간다. 빛을 거절한 사람들과 믿음에서 떨어진 사람들은 지옥과 영원한 심판 자리에 들어갈 수밖에 없다. 원하건대 하나님께서 그의 자녀마다 그의 영광의 나라에 들어갈 때까지 승리하면서 여행을 마치게 하시기를 간절히 기원하는 바이다.

우리 각자가 심사숙고(深思熟考)해야 할 문제는 먼저 우리의 신앙생활의 승패는 어디서 결정되는 것인가? 그리고 나 자신으로부터 시작하여 우리 교단, 나아가서 한국교회 전체의 영적 변화와 개혁이 왜 시급한가?에 대한 것이다. "거룩한(holy)" 이란 말은 독일어로 "Heilig" 로서 "건강한(healthy)" 것을 의미한다. 이는 영어의 "whole" 즉 전체가 완전무결한 한 덩어리로서, 아무런 구멍이 없는 그러한 한 덩어리를 뜻하는 말이다. 그와 같이 성결도 우리 영혼의 건강을 뜻함은 참으로 적절한 표현이다.

우리는 "성경적" 이란 말을 즐겨 사용한다. 우리의 성결도 "성경적 성결(Biblical holiness, Scriptural holiness, Bible standard holiness)" 이다. 그 이상도 그 이하도 결코 될 수 없는 것이다. 성결을 지적(知的)으로, 이론적으로 아무리 알고 있다고 해도 그것은 1단계에 불과하다. 2단계, 3단계까지 나아가야 결국 전체 영과 혼과 몸이 건강한 한 덩어리로서 건강한, 온전한(entire) 성결인이 되는 것이다. 그러면 2단계는 무엇이며, 3단계는 무엇이란 말인가? 2단계는 완전한 성별(complete consecration)이다. "그리스도 예수의 사람은 그 정과 욕심을 십자가에 못 박았느니라" (갈 5:24). 온갖 물욕·명예욕·이기심·세상과 정욕에 대한 애착의 줄에 아직도 끈끈하게 매달려 있으면 성결의 은혜를 입을 수 없다. 성별은 말로만 하는 것이 아니고 성령 충만을 100% 믿고 의지할 때 도달하게 된다. 말로만 메아리치는 소리로, 울리는 꽹과리와 같은 성결은 영혼이 건강한 상태가 아니다. 반신불수 중풍 병자와 같이 머리는 말똥말똥한데 몸은 말을 듣지 않는 것과 같다. 아브라함이나 사도 바울 같은 인물은 이 성별이 철저히 이루어진 인물들이었다. 갈라디아 2장 20절의 바울의 간증, 빌립보서 3장의 그의 철저한 헌신을 우리가 본받을 때 성취된다. 3단계는 계속적 믿음과 순종으로 우리 주님이 걸어가신 발자취 그대로 만사에 "내 뜻대로 마옵시고 아버지의 뜻대로 이루어 주옵소서" 하는 온전한 성결, 성령 충만한 생애가 이루어질 것을 굳게 믿는 것이다. 원하건대 우리 각자가 2단계, 3단계에까지 과감히 용기 있게 나아가길 바란다. 앞서간 믿음의 선진들의 뒤를 이어서 우리도 우리 자손들에게 이 영광된 성결의 기업(基業)을 물려주는 사명을 다하게 되기를 간절히 기원한다.

IV. 이득신의(以信得義)와 이신성화(以信聖化)309)
Justification by faith, Sanctification by faith

"복음에는 하나님의 의가 나타나서 믿음으로 믿음에 이르게 하나니 기록된바 오직 의인은 믿음으로 말미암아 살리라 함과 같으니라" (롬 1:17)

"평강의 하나님이 친히 너희로 온전히 거룩하게 하시고, 또 너희 온 영과 혼과 몸이 우리 주 예수 그리스도 강림하실 때에, 흠 없게 보전되기를 원하노라" (살전 5:23)

믿음으로써 의롭게 되어(以信得義) 구원받고, 믿음으로써 성결케 되어(以信聖化), 날마다 죄악의 세력을 이기고 승리하며 살아가게 되는 것은 기독교의 핵심 진리이다. 기독교와 세상 일반 종교를 말할 때, 단적(端的)으로 기독교는 하나님이 인간을 찾아오신 천래(天來)의 종교요, 세상 종교는 인간이 신(神)을 찾아 헤매며 무진 애쓰는 인위적 종교라고 한다.

기독교는 하나님이 우주 만물의 창조주이심을 믿고, 죄 가운데 깊이 빠진 인류를 구원하시기 위하여 하나님 자신이 독생자의 모양으로 육신을 입고 이 세상에 오신 성육신을 믿는 것이다. 인간은 이 세상에 오신 예수 그리스도를 믿음으로써 구원받

309) 롬 1:17, 3:24~26; 행 15:9; 살전 5:23, 24.

는 것이지 인간의 어떤 행위 공로로써 구원받는 것이 아니라는 사실을 분명히 가르친다. 즉, 믿음으로 구원받는 것이지 행함으로 구원받는 것은 아니다.

교회사에 있어서 16세기 마틴 루터에 의한 종교개혁의 열쇠가 되었던 "오직 의인(人)은 믿음으로 말미암아 살리라"(롬 1:17 하)는 말씀은 이를 간단한 말로 표현해서 "이신득의(以信得義)"(롬 3:22. 26~28; 갈 2:16, 3:6 등)이다. 그런데 여기서 제기되는 믿음과 행함이라는 두 가지 문제에 대하여 개신교의 두 신학 체계가 다른 견해를 가지고 있다. 즉 개혁주의 신학(칼빈주의 신학)과 웨슬리안-알미니안 신학 사이의 견해 차이는 매우 중요한 것이다.

개혁주의에서는 우리가 믿음으로 의롭게 되고 행함으로 의롭게 되는 것이 아니다. 우리 인간은 이 세상에 사는 동안 하나님이 원하시는 그런 의(義)의 수준에 도달할 수 없다. 즉 구원은 오직 은총으로 말미암는 것(Sola Gratia)이지, 의로운 행위로 되는 것이 아니라는 점에 강조점을 둔다. 그렇게 된 이유로는 공교롭게도 어거스틴으로부터 연유된 소위 예정론이 칼빈에 의해서 채택되었기 때문이다. 그것이 이른바 칼빈의 절대 예정론 또는 이중 예정론이다. 인간의 구원은 하나님의 절대 예정에 의해서 결정되는 것이지, 인간의 행함에 의한 것이 아니라는 주장이다.

이와는 대조적으로 웨슬리안-알미니안 체계는 오직 은총(Sola rutin), 오직 믿음(Sola fide)으로 구원받는다는 것을 성경에 기록된 진리로 믿는다. 그런데 똑같은 이신득의(以信得義)의 진리에 대한 후속적인 성경해석에서 차이가 생기는 점에 주목할 필요가 있다. 웨슬리안-알미니안은 하나님께서 우리의 믿음을 보시고 우리를 의롭게 하신다고 해석한다. 즉 우리를 구원하신 목적은 죄인의 죄를 용서하시고 의롭다고 인정하실 뿐만 아니라 심지로 그리스도 부활의 생명을 분여(imparted)해 주시는데 있다. 이는 계속적으로 의롭게 살아갈 수 있는 인간이 되게 하시는 것이 하나님이 우리를 구원하신 목적이요(계속적 구원), 하나님의 뜻이요, 소원이라고 믿는 것이다.

이신득의(以信得義)가 구원받는 자격조건이라고 한다면, 그 후속적인 의로운 행실은 그 필연적인 결과 또는 열매로 보는 것이 성경이 가르치는 일관된 진리라고 믿는 것이다. 하나님께로부터 의롭다는 인정을 받고(認) 거듭나기는 했지만(生) 실제로는 전적으로 의롭게 살아갈 수 없다고 부정(否定)하는 것은 성경을 바로 해석하는 것이 아니라고 보는 것이다. 그렇기 때문에 성경은 어느 한 구절, 또는 일부분만 가지고 이리저리 해석할 것이 아니라 전후 문맥을 연결해서 넓게는 성경 한 권, 나아가서는 성경 전체에 일관된 중심사상과 원칙에 모순됨이 없이 해석함을 기본 원칙으로 삼아야 한다.

아무리 풍성한 하나님의 은총 아래에 있어도 하나님이 요구하시는 만큼 의롭게 될 수 없다고 주장한다면, 죄를 안 지을 수 없다는 결론이 나올 수밖에 없다. 또 사실 그 신학 체계(개혁주의)에서는 그렇게 주장한다. 우리가 그리스도의 의로우심과 같이 의롭게 되는 것이 그저 명색(名色)만 의롭다고 인정해 주시는 것이 아니라 실제로 질적(質的)으로 의롭게 해주신다는 것이 성경이 가르치는 진리이다.

로마서 5장 19절에 "한 사람의 순종치 아니함으로 많은 사람이 죄인 된 것같이(many were made sinners), 한 사람의 순종하심으로 많은 사람이 의인이 되리라(shall many be made righteous)"는 말씀대로, 죄인이 된 것도 이름만 죄인이 아닌 실제 죄인이 된 것처럼 의인(義人)이 된 것도 명색(名色)만 의인(義人)이 아닌 실제적 의인(義人)이 되리라는 사실을 'made' 란 동사(動詞)가 명백히 나타내고 있다. 즉 개혁주의 신학에서는 이신득의의 그 의(義)를 거의 전가된 의(imputed righteousness)로만 간주(看做)한다. 웨슬리안-알미니안 신학 체계에서는 지나간 일에 대해서는 전가된 의가 적용된다고 보지만, 현재를 기점으로 앞날에 대해서는 분여(imparted)되는 의(義)에 보다 큰 비중을 두고 있다. 그 의롭게 됨이 초기 구원(生) 단계와 전적 구원(온전한 성결, 성령세례, 성령 충만)의 두 단계로 이루어진다고 보는 것이 웨슬리안-알미니안적인 신학 체계로 성경에 일치한 가르침이라고 믿는다.

로마서 5장에는 한 사람 아담의 죄로 인하여 온 인류가 정죄(罪)에 이르게 된 사실과 한 사람 예수 그리스도의 은혜와 의(義)의 선물을 비교해서 말하면서(롬 5:9, 10, 15, 17, 20), 아담으로 인한 타락의 심각성보다 예수 그리스도의 은총이 더욱더(much more) 넘쳤다고 하였다. 즉 예수 그리스도로 말미암은 구속의 은총은 아담이 타락하기 이전의 그 본래의 위치 이상으로 풍성한 것이라는 의미이다.

개혁주의에서 주장한 바에 의하면 구원받은 크리스천도 이 세상에 사는 동안에는 하나님이 요구하시는 의(義)의 수준에 도달할 수 없다. 즉 죄를 안 지을 수 없다고 한다면, 이는 그리스도의 흘리신 보혈의 공로로도 아담의 범죄 이전의 상태에 미달된다는 말이다. 이는 예수 그리스도 구속의 은총으로도 인간의 죄 문제는 다 해결될 수 없다는 말로써, 성경의 일관된 진리와는 맞지 않는 주장일 수밖에 없다.

성경이 시종일관 가르치는 것은 하나님께서 독생자 예수 그리스도로 말미암아 우리 죄인들을 위하여 예비하신 구원이다. 우리가 행동으로 지은 범죄(犯)뿐만이 아니라 죄의 본성(性), 죄의 세력(原罪)의 성질, 도덕적 부패성까지 우리를 깨끗하게 하신다. 또다시 죄에 빠지지 않고 승리하며 살아갈 수 있는 성령의 능력으로 채워 주실 것을 약속하신 것이다. 찬송가 268장은 바로 이 같은 놀라운 은총의 찬송이다.

1절 죄에서 자유를 얻게 함은 보혈의 능력 주의 보혈, 시험을 이기는 승리되니, 참 놀라운 능력이로다.
(후렴) 주의 보혈 능력 있도다. 주의 피 믿으오. 주의 보혈 그 어린 양의 매우 귀중한 피로다.
2절 육체의 정욕을 이길 힘은 보혈의 능력 주의 보혈, 정결한 마음을 얻게 하니, 참 신기한 능력이로다.
3절 눈보다 더 희게 맑히는 것 보혈의 능력 주의 보혈, 부정한 모든 것 맑히시니, 참 신기한 능력이로다.
4절 구주의 복음을 전할 제목, 보혈의 능력 주의 보혈, 날마다 나에게 찬송주니, 참 놀라운 능력이로다.

성경에는 모든 크리스천들이 성결한 생애를 보내야 한다는 것에 대한 수많은 명령과 약속의 말씀이 기록되어 있다. 특히 신약성경 중 사도 바울의 서간서의 중심 제목은 신자들이 성결한 생애에 나아가야 한다는 권면의 말씀이다. 사실상 성경 66권 전체의 핵심은 하나님의 거룩하심과 같이 그의 자녀들은 거룩해야 한다는 것이다. 따라서 구약성경은 구약시대의 성결 된 삶을 가르친 것이요, 신약성경은 신약 성도의 성결을 가르친 내용이다.

그 많은 구절들 가운데 한 성구를 인용한다면, 데살로니가 전서 5장 23절에 "평강의 하나님이 친히 너희로 온전히 거룩하게 하시고, 또 너희 온 영과 혼과 몸이 우리 주 예수 그 리스도 강림하실 때에 흠 없게 보전되기를 원하노라" 고 하신 말씀이다. 이 한 구절 가운데서 우리는 매우 귀중한 진리를 깨닫게 된다. 하나님께서 그 자녀들에 대한 소원을 말하면서 우리를 온전히 거룩하게 하신다는 동사(詞)가 헬라어 문법의 부정과거법시제(不定過去法時制-aorist tense)로 되어 있음에 주목하게 된다. 이 시제는 초시간적(超時間的) 시간을 의미하는 것으로 '시간과는 관계가 없는, 시간의 제한받지 않는' 의미이다. 즉, 하나님의 시간적 섭리가 담겨있는 헬라어에만 있는 독특한 문법의 시제이다.

이 문법은 어떠한 동작(動作)이 이미 이루어졌는데, 언제 이루어졌는지 단순한 과거나 과거 완료나 현재 완료와도 다른 독특한 시제이다. 즉 하나님께서 지나간 때에 우리의 죄를 용서하시고, 의롭게 하시고(認), 거듭나게 하시고(生), 하나님의 자녀를 삼으신(養) 것도 적용된다. 우리를 온전히 거룩하게 하시는 온전한 성결(또는 성화)의 역사하는 것으로 그 은혜에 대한 내 자신의 믿음이 확고한 것도 포함하고 있다. 또한 그 일이 언제 이루어졌는지 알 수 없지만, 이미 이루어져 있는 것이다.

이와 같은 역사(役事-work) 즉, 하나님은 우리 인간의 죄를 용서하시고, 의(義)롭게 인정해 주시므로 인간을 거듭나 변하여 새사람이 되게 하시고, 내재된 죄성까지 깨끗하게 하셨다. 이는 인간의 힘으로는 결코 할 수 없는 일이다. 이는 "하루가 천년(千年) 같고 천년이 하루 같은" 창조주 하나님만이 하시는 일이다(벧후 3:8).

우리가 온전히 거룩하게 되는 일은 시간을 요구하지 않는 역사이다. 그 은총에 대한 많은 기도와 갈급한 사모함으로써, 마침내 의심 없는 믿음이 확고히 설 때 벌써 정결케 되어 있는 것이다. 동시에 이 구절에서 우리가 주목할 것은, 그렇게 온전히 거룩하게 된((以信得義) 성도들은 계속적으로 그 은혜를 우리 주 예수 그리스도 강림하실 때까지 보전(간직)해야 한다는 점을 현재 동사로 분명히 하였다. 또 그러한 삶을 살 수 있도록 뒷받침해 주시는 하나님의 은총까지 말씀을 통하여 약속해 주셨다. 고린도전서 5장 24절에 "너희를 부르시는 이는 미쁘시니, 그가 또한 이루시리라" 라고 말씀하셨다.

이러한 성경의 일관된 원칙은 구속받은 하나님의 자녀들이 실생활에 있어서 거기에 합당한 열매를 맺도록 되어 있다. 요한복음 15장 포도나무의 비유에서도 말씀하시기를, "나는 포도나무요 너희는 가지니 저가 내 안에, 내가 저 안에 있으면 이 사람은 과실을 많이 맺나니 나를 떠나서는 너희가 아무것도 할 수 없음이라" (요 15:5)라고 하셨다. 이와 같이 좋은 나무가 좋은 열매를 맺고 나쁜 나무가 나쁜 열매를 맺는 것은 하나님께서 정하신 자연의 법칙이요, 영계의 법칙이기도 하다.

우리가 항상 명심해야 할 것은 요한일서 5장 11~12절의 말씀대로 "또 증거는 이것이니 하나님이 우리에게 영생을 주신 것과 이 생명이 그의 아들 안에 있는 그것이니라 아들이 있는 자에게는 생명이 있고, 하나님의 아들이 없는 자에게는 생명이 없느니라." 즉 영원한 생명이란, 예수 그리스도 안에 있는 생명의 본질이다. 그것은 다른 아무데도 그 기원(起源)을 가지고 있지 않다. 만일 우리가 그리스도 안에 있으면, 우리는 영원한 생명을 가지게 된다. 만일 그에게서 떠나가면 우리는 영원한 생명을 잃어버린다. 신약성경 중의 믿음이란 끊임없이 지속적이어야 함을 말하는 것이요. 지속적 믿음이라면 항상 그 믿음, 그 진리가 실생활에 반영되어야 함을 말하는 것이다. 그런고로 이신득의(以信得義)의 신앙은 곧바로 이신성화(以信聖化)의 신앙생활로 이어져야 함이 성경이 가르침이다. 이는 모든 크리스천을 향한 하나님의 간절하신 소원이다. 그러므로 성결한 삶이 하나님의 뜻임을 확실히 깨닫고, 성결한 생애로 나아가야 한다.

V. 온전히 성결의 길

"하나님의 뜻은 이것이니 곧 너희의 거룩함이라" (살전 4:3)

온전한 성결의 길은 하나님의 뜻이다. 성결 즉 거룩한 삶은 하나님께서 마련하신 은총의 길이다. 성결의 길의 우선은 하나님의 뜻이자 성경의 약속이다. 따라서 성도는 예수 그리스도 안에서 하나님의 죄 용서하심을 받았음을 확신(確信)하는 것이다. 그다음은 하나님께서 과거의 모든 죄(罪)를 용서하셨음을 전적(全的)으로 믿고 의심치 않는 일이다. 하나님께서 우리의 죄를 받으셨음(용서하셨음)에 대한 성령의 증거를 가지고 있어야 한다. 죄인이나 타락한 자는 온전한 성결의 체험 하는데 적합하지 못하지만 하나님의 은총으로 가능하다.

구원받은 자는 자신의 삶을 성별(聖別)하여 드려야만 한다. "하나님이 기뻐하시는 거룩한 산 제사로 하나님께 드리라 이는 너희의 드릴 영적 예배니라" (롬 12:1). 이 성별(聖別)은 과거(過去), 현재(現在), 미래(未來)의 모든 것을 포함(包含)하여 보유해 두는 것이 없어야 하며 무조건적이어야 한다. 성별은 완전한 것이어야 하며 전적 성별의 과정은 단계가 있다. <u>1. 나는 성별되기를 원한다. 2. 나는 성별하려고 애쓰고 있다. 3. 그다음은 모</u>

든 것을 포기하고 나의 모든 것을 하나님께 성별하여 바치는 것이다. 그 결과 성별은 완성되고 우리는 다음 단계에 들어갈 준비가 된 것이다.

믿음은 성결의 길을 연결시키는 고리와 같다. 이 과정에 있어서 하나님이 이루어진 나의 성별을 받으시고 그의 약속(約束)하심에 따라 그 예물을 성결케 하심을 믿는 일이다(마 23: 19). 성별이 곧 온전한 성결은 아니지만, 온전히 성결케 되기 위한 조건이다. 믿음은 성별이라는 관문을 통과하는 열쇠와 같다. 믿음은 거룩하게 하시는 하나님이 행하시는 일을 연결(連結)하는 고리가 된다. 하나님은 나를 성결케 하실 수 있다. 거룩하게 하실 것이라고 믿는 것만으로는 충분하지 않다. 우리의 영혼이 그 약속을 믿고 과감하게 뛰어들어야 하고 하나님의 거룩하게 하심을 믿는 것이다. 성결의 길은 느낌이 아닌 믿음으로 말미암아 이루어진다.

대부분의 사람들이 이 지점에서 머뭇거리는 이유가 "믿는 것보다 느껴보고 싶어" 한다. 그러나 영혼(靈魂)은 결코 느낄 수 없으며 성령께서도 우리가 가지고 있지 않은 그 무엇에 대해서 증거(證據)하실 수 없다. 또한 우리는 우리가 약속받은 축복을 믿음으로 받아들이까지는 그것을 소유(所有)할 수 없다. 우리는 우리가 그렇게 느끼기 때문에 거룩하게 되는 것이 아니라 오히려 우리가 거룩해졌기 때문에 그렇게 느끼게 되는 것이다. 우리의 성별에 대한 마지막 시험은 그 경험(經驗)을 얻기 위한 우리의 방법을 포기하고 하나님이 원하시는 대로 하나님 자신을 나타내시도록 하나님께 맡겨 드리는 일이다. "나는 할 수 있습니다. 그리고 나는 하겠습니다. 그리고 나는 믿습니다" 내가 그렇게 느끼기 때문이 아니라, 예수께서 지금 내 영혼을 거룩하게 하신다고 약속하신 하나님은 미쁘시기 때문이다. 그러므로 하나님은 내가 느끼는 것을 요구(要求)하시지 않고 내가 믿기를 요구(要求)하신다.

성결의 길은 우리가 믿는 일에 대하여 입으로 고백(告白)하고 증거(證據) 하는 것이다. 믿음이란 고백하기까지는 아주 완전한 것으로 생각되지 않는다. 어떤 의미에서 믿음과 고백은 손에 손을 잡고 가는 것처럼 생각된다. "사람이 마음으로 믿어 의(義)에 이르고, 입으로 시인(是認)하여 구원에 이르느니라" (롬 10:10). 우리는 때로 믿음은 못을 두드려 박는 일이요, 증거(證據)하는 일은 다른 쪽으로 나온 못 끝을 구부려 두르려 박는 것과 같아서 원수는 그 못을 다시 빼지 못한다고 생각한다. "여러 형제가 어린 양의 피와 자기의 증거하는 말을 인하여 저(사탄)를 이기었으니 "(계 12:11)라고 하셨다. 사람은 자기가 느끼지 않는 느낌에 대해서는 고백하지 않겠지만, 그가 믿는 일에 대해서는 자백한다. 그러므로 믿음으로 선포함으로써 하나님을 존귀케 하고 그의 약속하신 것은 실패(失敗)할 수 없음을 믿어야 한다. 하나님의 말씀은 폐(廢)하여질 수 없음을 아는 것이다. “너희 믿음대로 되라” (마 9:29)라고 하심은 그를 의지(依支)하고 믿는 마음을 가진 사람에 대한 하나님의 말씀이시다.

VI. 구원과 신앙 성장의 단계

1. 구원

1) 무제한 속죄 (Unlimited Atonement), 자유의지(Free Will), 전적 부패(Total Depravity), 선행적 은총(Prevenient Grace)

웨슬리는 무제한 속죄와 자유의지를 주장하고 있어 전적으로 알미니안적 관점이다. 그러나 칼빈 교리가 말하는 사람들은 "멸망으로 예정되었다." 는 가르침은 생각조차 할 수 없는 일이다. 구원은 그리스도의 죽으심을 믿기로 선택하는 모든 사람들을 위한 것이다. 웨슬리는 인류가 전적으로 부패한 존재라는 관점에서는 전적으로 칼빈적 견해와 같았다. 그는 인간이 그 자신들의 선택을 통하여 자신들을 구원할 수 있다는 알미니안의 가르침에 항상 집착했다. 전적으로 부패한 인간이 어떻게 하나님의 길을 택할 수 있단 말인가? 이에 대해 웨슬리는 개혁주의자들과 같은 입장으로 답은 하나님의 은총이다. 어떠한 인간 노력에 앞서며, 우리 인간 편의 어떠한 공적(공로)도 배제하는 하나님의 은총이라고 했다. 인간의 구원은 인간의 의지가 아니라 하나님의 계획된 은혜이자 은총이다.

2) 오직 은총으로 말미암는 구원(Salvation by Grace Alone)

구원은 인간의 선이나 노력이 아닌 오직 하나님의 은혜이다. 인간이 그 많은 율법을 지켜서 의인 될 수 없기에 하나님의 전적인 은혜가 필요한 것이다. 하나님의 선행적 은총은 구원의 전 과정을 설계하시고 완벽하게 계획하셨다. 죄인 된 인간은 오직 그 사실과 과정을 믿음으로 고백할 때 구원을 얻게 된다.

3) 분여(分)된 의(義: Imparted Righteousness)

다른 어떤 개신교도들과는 달리, 오직 은총으로만 구원받는다. 구원의 목적은 의(義), 실제적 성결(聖潔)이라는 사실을 인식하는 것이다. 하나님은 그의 의(義)를 믿는 자들에게 분여(分與)해 주신다. 하나님의 자녀가 되기 위한 그의 성품을 나타내는 것이니 그 이상이나 그 이하의 아무것도 아니다. 즉 성도의 의(義)는 하나님의 선물이다.

4) 은총(恩寵)으로 말미암는 성결(Sanctification by Grace)

타락한 인간이 죄 용서함을 받기는 했지만 어떻게 성결한 생애를 살아갈 수 있는가? 웨슬리의 답변은 단순하면서도 심오(深奧)하다. 여기서 웨슬리는 정통파와 로마 가톨릭의 전통을 한데

묶고 있다. 정통파와 가톨릭의 견해는 거룩한 생애를 목표로 삼고, 그것을 인간 노력으로 달성하려고 추구하였다. 그러나 종교개혁의 가르침은 인간 노력은 결코 구원할 수 없음을 인식하는 것과 구원은 전적으로 하나님께로부터 시작되고 완성된다는 것이었다.

웨슬리는 말하기를 "그러한 하나님의 의(義)는 우리의 목표이다. 그 목표는 오직 하나님만이 가능하고, 깨끗게 하시는 은총으로서만 성취된다. 성도의 마음의 성결은 믿음에 응답해 주시는 하나님의 선물이다. 죄 용서함을 순간적으로 받게 되는 것과 같이 이 정결함도 순간적으로 받게 되는 것이다." 라고 했다.

2. 신앙 성장의 4단계

1단계 : 거듭남의 단계

이 단계는 구원의 기쁨을 누리고 구원의 확신 속에 거하는 단계이다.

2단계 : 성장의 단계(은혜의 단계)

이 단계는 태어난 아기가 젖을 먹고 부모의 사랑과 관심 가운데 자라가듯 말씀과 기도를 통해 훈련되는 단계이다. 하나님의 신비로운 능력도 경험하고 말씀을 통해 말씀의 비밀을 깨달아 가고 기도의 깊이를 경험하는 시기이다. 그래서 우리의 영혼을 살찌우는 단계이다. 이 기간은 하나님의 은혜를 깊이 경험하는 단계이다. 성장은 하나님의 은혜 가운데 있을 때 일어나는 것이기 때문이다.

3단계 : 사역의 단계(일꾼의 단계)

영혼을 살찌운 채 가만히 있으면 영적 비만이 된다. 이러한 사람은 교만하게 될 수 있다. 따라서 성장의 단계를 넘어서서 사역으로 옮겨가야만 한다. 주님과 교회와 다른 이들을 위해 섬기고 봉사하는 단계이다.

4단계 : 성품의 단계(인격의 단계)

이 단계는 모든 사람들에게 있어서 참으로 어려운 단계이다. 목회자도 사역의 단계에만 머물러서는 안 된다. 이 성품의 단계까지 올라가야 참된 목자가 될 수 있다. 모든 그리스도인들의 최종 목적은 이 성품의 단계까지 이르는 것이다. 예수 그리스도를 닮는 것, 하나님의 성품을 닮는 성화(聖化)의 단계이다.

3. 신앙 성장의 2단계

모든 신앙생활은 어느 단계에 있느냐와 관계없이 성장하는 단계이다. 이 성장은 끊임없이 일어난다. 어느 순간 모든 성장이 완전하게 이루어져서 멈추는 것이 아니다. 그러므로 성장의 단계는 그리스도인의 삶 전반에 걸친 단계이다. 이 성장은 주님께서 다시 오는 날까지 계속될 것이다.

특별히 성장의 단계로 사람의 성장 단계와 같다. 사람들도 평생 어느 정도씩 성장해 간다. 몸도 그렇고 인격도 그렇다. 그러나 일반적으로 아동기와 청소년 시기까지를 성장의 시기라고 말한다. 그 시기가 가장 큰 육체적, 심리적, 사회적 성장이 일어나는 시기이기 때문이다. 따라서 그리스도인의 신앙생활도 모든 삶의 전반이 성장하는 시기이지만 막 거듭난 그리스도인이, 막 구원받은 그리스도인이 영적으로 놀랄 만큼 성장하는 시기가 있다. 사람마다 그 시기가 약간 다르고 그 기간도 사람마다 다 제각각이지만 나름대로 그 신앙이 깊어지는 시기가 있다. 베드로후서 3장 18절 말씀에 "오직 우리 주 곧 구주 예수 그리스도의 은혜와 저를 아는 지식에서 자라가라. 영광이 이제와 영원한 날까지 저에게 있을지어다." 라고 기록되어 있다. 베드로 사도는 소아시아에 있는 교회들에게 편지하면서 "너희는 자라가라" 즉 "성장해야 한다" 라고 권면하고 있는 것이다. 이 성장은 그리스도인들에게 있어서 필수적이다. 성장해도 좋고, 안 해도 좋은 것이 아니라 그리스도인들은 반드시 성장해 가야 한다.

1단계: 거듭난 그리스도인은 반드시 성장해야 한다(벧후 3:18).

베드로 사도는 예수님을 따르는 그리스도인들에게 "자라 가라" 고 명령했다. 오늘날 많은 그리스도인들이 거듭나기는 했지만, 그 신앙이 초보의 단계에서 벗어나지 못하는 경우를 많이 보게 된다. 아직도 영적인 어린아이로 머무는 것을 많이 본다. 거듭난 그리스도인이라면, 그리스도의 생명력을 가진 사람이라면, 자라가야 한다. 마치 아기가 태어나면 그 육체와 생각이 자라가듯이, 모든 동물과 식물이 성장을 경험하듯이 자라가야 한다.

오늘날 그리스도인은 많이 있다. 그런데 거듭나기는 했는데, 구원받고 영생을 얻은 것은 분명한데 구원받았을 때의 감격만 잠깐 있을 뿐 자라나지 않는 사람이 너무나 많은 것을 보게 된다. 참으로 안타까운 일이다. 그리스도인이 성장해 가는 것은 선택이 아니라 필수적이다. 그런데 이 필수적인 것조차 하지 않으려고 하는 것은 은혜의 상실로 이어질 수 있다. 그저 가만히 있으려고만 하고, 좋은 게 좋은 거라고 그저 편하게 신앙생활을 하려고 하는 것은 그리스도인의 심각한 문제이다.

바울 사도가 볼 때 고린도 교회의 모습이 그러했던 것 같다. 고린도 교회 성도들은 거듭나기는 했는데 성장하는 것에 게을리했기에 성숙한 그리스도인의 모습이 나타나지 않았다. 그래서 교회 안에서 자주 다툼이 일어나고, 분쟁이 일어나고, 서로 헐뜯는 모습들이 적나라하게 드러났다. 그로 인해 바울 사도는 고린도전서 3장 1-2절에서 거듭나기는 했지만, 아직도 영적인 어린아이와 같은 고린도 교회 성도들의 모습을 한탄하면서 이렇게 말하였다. "형제들아, 내가 신령한 자를 대함과 같이 너희에게 말할 수 없어서 육신에 속한 자, 곧 그리스도 안에서 어린아이를 대함과 같이 하노라. 내가 너희를 젖으로 먹이고 밥으로 아니 하였노니 이는 너희가 감당치 못하였음이거니와 지금도 못하리라." 라고 지적했다.

거듭난 지 시간이 조금 지나면 그 믿음이 자라가야 하는데 늘 제자리에 머물고 있는 성도들을 보면 안타까울 때가 있다. 이제는 조금 깊이 있는 말씀도 이해할 수 있고, 기도 생활도 깊어지고, 성도들의 교제도 깊어져야 하는데 그렇지 못한 모습이 보이면 안타깝다. 그저 어린아이와 같이 자기중심적이고, 다른 사람을 배려할 줄 모르고, 주님께서 원하는 것보다는 자기가 원하는 것에 모든 것을 꿰어 맞추려고 하는 이기적인 신앙으로 변질되어 가는 그리스도인의 모습이 너무 많다.

거듭났으면 자라가야 한다. 반드시 자라야 한다. 빌립보서 3

장 13절은 "형제들아, 나는 아직 내가 잡은 줄로 여기지 아니하고 오직 한 일 즉 뒤에 있는 것은 잊어버리고 앞에 있는 것을 잡으려고 푯대를 향하여 그리스도 예수 안에서 하나님이 위에서 부르신 부름의 상을 위하여 좇아가노라." 라고 말하고 있다. 바울은 우리가 볼 때 거의 완벽할 정도로 신앙생활의 본을 보였다. 그런데 그가 무엇이라고 고백하고 있는가? "나는 아직 내가 잡은 줄로 여기지 아니하고 오직 한 일 즉 뒤에 있는 것은 잊어버리고 앞에 있는 것을 잡으려고 푯대를 향하여 좇아간다." 라고 고백하고 있다. "나는 아직 완전하지 못하다. 내가 온전한 그리스도인다운 삶을 살려면 아직 멀었다. 그래서 앞에 있는 푯대를 향해 아직도 달음질해야 한다. 나는 더 성장해야 한다." 이것이 바울의 고백이다.

성도는 교만해서는 안 된다. 교회 생활을 조금 오래 했다고 성숙한 사람이 아니다. "행복은 성적순이 아니듯" 성숙한 그리스도인의 삶도 교회 생활 연수의 순서가 아니다. 오늘날 많은 교회에서 교회 생활을 조금 오래 했다고 생각되면 집사로 임명하고, 안수집사로도 임명하는데 교회 생활의 연수로 따지면 안 된다. 따지고 보면 베드로와 바나바는 바울보다 훨씬 더 먼저 그리스도인이 된 사람들이다. 그런데 바울을 동일한 동역자로 손색이 없이 대우하고 있지 않은가? 오히려 나중에 바울이 바나바보다 더 부각된 모습이 보인다. 교회 나온 지 조금 오래되었다고, 신앙의 연조가 오래되었다고 교만해져서는 안 된다. 신앙생활을 오래 하면 신앙이 성숙해져서 오히려 더 겸손해져야 한다.

우리는 항상 이렇게 고백해야 한다. “나는 아직 어린아이와 같다. 나는 계속해서 성장해 가야 한다.”

2단계: 하나님의 은혜와 저를 아는 지식으로 자라가야 한다.

성도의 신앙은 어떻게 자라갈 수 있을까? 어떻게 하면 신앙이 성장해 갈 수 있을까? 베드로 사도는 “우리 주 예수 그리스도의 은혜와 저를 아는 지식에서 자라가라” (벧후 3:18)라고 말씀하고 있다.

첫 번째 우리가 알아야 할 것은 우리가 자라가는 것은 예수 그리스도의 전적인 은혜로 말미암는다는 것이다. 예수 그리스도의 피 흘리심과 십자가의 공로로 말미암아 우리는 거듭난 것이다. 거듭남이 없이 성장이 있을 수가 있는가? 그리스도의 공로로 인해, 그 은혜로 우리는 거듭났고 그 은혜로 인하여 성장이 가능해 진다. 많은 사람들이 자라가기 위해, 성장하기 위해 발버둥을 친다. 물론 성장을 향한 갈망은 우리 안에 항상 있어야 한다. 그러나 우리가 발버둥 친다고 해서 자라가는 것은 아니다. 우리가 자라가는 것은, 우리가 성장하는 것은 은혜로 가능한 것이다.

"은혜(恩惠)" 라는 말은 받을 자격이 없는 데도 주어지는 것이다. 이 은혜를 통해 우리는 하나님의 돌보심 가운데 성장을 경험할 수가 있는 것이다. 우리가 아주 갓난아이였을 때 우리가 뭐가 잘나서 부모가 젖 먹여주고 기저귀 갈아주고 목욕시켜 주고 하는가? 그저 은혜이다. 부모이기 때문에 돌보아 주시고 그 부모님의 사랑과 은혜로 우리는 자라난 것이다. 하나님도 우리를 성장시켜 주기 위해 말할 수 없는 은혜를 베풀어 주신다. 우리가 하나님을 단번에 믿지 못하고 의심하면 하나님은 신비스러운 체험을 통해서도 자라나게 하신다. 그래서 성령의 강권적 역사가 임하게 하신다. 하나님의 은혜를 깊이 경험하는 자들이 자라가는 것이다. 인위적으로 훈련받고, 성경 공부 몇 권을 수료했고, 제자 훈련 단계를 어디까지 마쳤다고 해서 성장이 일어나는 것이 아니라는 말이다. 물론 그러한 것들은 우리가 자라가는 데에 있어서 중요한 요소들이다. 절대로 무시해서는 안 된다. 그러나 먼저 우리가 알아야 할 것은 그 무엇보다도 하나님의 은혜로 말미암아 우리가 자라간다는 것이다. 아무리 지식적으로 공부를 잘해도 그것이 깨달아지지 않고, 마음속에 받아들여지지 않는다면 성장할 수 없다. 하나님의 은혜가 있어야만 우리가 성장할 수 있다.

신앙의 성장의 길은 "하나님을 아는 지식" 으로 자라 가야 한다. 우리는 거듭난 하나님의 자녀이고, 거듭난 하나님의 자녀들은 하나님의 뜻대로 살기로 결심한 사람들이다. 하나님의 뜻대로 살려면 하나님의 뜻이 무엇인지 알아야 한다. 무엇을 통해 하나님의 뜻을 알 수 있는가? 바로 말씀과 기도이다. 너무 간단한 것 같지만 이 간단한 것을 게을리해서 성장하지 못한다는 것이 현실이다.

신앙 성장의 첫 번째 방법은 영의 양식인 말씀이다. 말씀은 영적인 양식이다. 식사를 제때 많은 영양소를 골고루 먹는 것만 해도 우리의 건강에는 엄청난 도움을 준다. 옛말에 "밥이 보약" 이란 말이 있다. 제때 식사를 안 하고 편식하면 몸이 상하는 것처럼 영의 양식인 하나님의 말씀도 편식하거나 거르면 신앙이 성장하지 못하게 된다. 신구약의 말씀은 우리를 자라게 하는 영적인 양식이 된다. 영양가 있는 음식을 섭취하고 소화를 잘 시킬 때 잘 자라가는 것처럼 우리도 하나님의 말씀을 깊이 연구하여 그 말씀 속에 숨겨져 있는 영적인 영양소를 잘 섭취하고 소화시킬 때 우리의 신앙이 자라나는 것이다.

영의 양식은 설교를 듣는 것만으로는 부족하다. 성경 공부를 개인적으로든, 작은 그룹으로든 할 때 영적 성장이 가능한 것이다. 그래서 일대일 양육이 필요하다. 교회학교를 통해서 성경을 공부하는 것이 필요한 것이다. 그리고 여러 가지 훈련 과정을 통해 훈련받는 것이 필요하다. 그러한 교육과 훈련을 통해 우리가 자라갈 수 있게 된다.

신앙 성장의 두 번째 방법은 기도이다. 기도는 신앙 성장의 원동력이다. 우리가 숨을 쉬어 생명을 유지하듯이 기도는 우리의 영적인 호흡이다. 아무리 제때 좋은 음식을 먹는다 하더라도 신선한 공기로 호흡하지 않으면 건강할 수가 없다. 요즘 도시의 공기가 심각하게 오염되어 호흡기 장애 등 건강에 막대한 지장을 주고 있다. 기도는 맑은 공기를 제때 공급해 주는 것과 같다는 말씀이다. 그래서 우리가 쉬지 않고 숨을 쉬듯이 쉬지 말고 기도해야만 한다. 데살로니가전서 5장 17절에도 "쉬지 말고 기도 하라" 고 말씀하고 있다, 깊이 기도하는 것은 하나님의 뜻을 깊이 찾는 것이다. 그렇기에 깊이 기도하는 사람은 하나님의 뜻 안에서 잘 성장할 수 있게 된다. 말씀을 깊이 연구하고, 그 말씀에서 우리를 향하신 하나님의 뜻을 부지런히 살펴야 한다. 그리고 기도를 통하여 하나님의 뜻에 내 자신을 맞추는 삶을 살아야 한다.

성경 공부와 기도 생활에 헌신하고 있는가? 신앙이 성장하고 싶은가? 그렇다면 교회에서 제공하는 각종 교회학교와 훈련 프로그램에 참여해야 한다. 일대일 성경 공부에 참여하여 열심을 낼 때 신앙은 성장하게 된다. 그리고 날마다 무릎 꿇어 기도하는 시간을 확장해야 한다. 그렇게 할 때 성장이 이루어지는 것이다. 사도행전 17장 11절에 보면 "베뢰아 사람은 데살로니가에 있는 사람보다 더 신사적이어서 간절한 마음으로 말씀을 받고 이것이 그러한가 하여 날마다 성경을 상고하므로" 라고 기록 되어져 있다. 구원받은 성도는 우리의 신앙 성장을 갈망하는 마음이 있어야 한다. 이것이 성장에 있어서 가장 중요한 것이 될 것이다. 배고픈 자가 밥을 찾고 목마른 자가 물을 찾는다. 그럴 때 허기를 채우고 갈증을 해소할 수가 있는 것이다.

오늘날 그리스도인들의 심각한 문제는 성장에 대한 갈망이 없다는 것이다. 구원받은 자가 이 정도면 다 되었다고 생각할 때가 있다. 집사가 되었으니, 안수집사가 되었으니 이 정도면 되지 않았냐고 스스로 반문한다. 어느 정도의 훈련 단계를 마쳤다고 해서 "이미 다 안다." 며 더 이상 배우려고 하지 않는다. 한국교회가 왜 더 이상 성장하지 않을까? 목회자들이 배우려고 하지 않기 때문이다. 무슨 세미나가 있다 해서 가보면 개척교회 목회자나 작은 교회 목회자, 또는 젊은 목회자는 많이들 참여한다. 그런데 큰 교회 목회자들은 눈을 씻고 찾아봐도 없다. 연세가 지긋한 분들은 별로 오지 않는다. 이 정도면 되었다고 생각하기 때문이다. 그래서 목회자가 더 이상 성장하지 않는다. 목회자가 더 이상 성장하지 않으니까 당연히 성도들의 성장도 멈추게 되는 것이다. 물론 큰 교회 목회자와 연세 드신 분들 중에서도 열심히 배우시는 분들도 많이 있다. 우리 교단의 총회장을 지낸 어떤 목사님이 계시는데 그분을 잘 알지 못하지만 참 존

경한다. 왜냐하면 우리 교단에 세미나가 있을 경우에 그분은 늘 맨 앞자리에 와서 앉으셔서 젊은 목회자가 강의하는 것을 열심히 듣는다. 얼마나 진지하게 배우시는지 모른다. 그분은 다른 사람을 가르칠 정도의 분이시지만 배우는 데에 열심을 내고 있다. 배우려는 갈망이, 성장을 향한 갈망이 그분 속에 있는 것이다.

시편 42편 1절에 보면 "하나님이여 사슴이 시냇물을 찾기에 갈급함같이 내 영혼이 주를 찾기에 갈급하니이다" 라고 시편 기자는 고백하고 있다. 성도는 신앙의 성장에 대한 갈망이 있어야 한다. 배우고자 하는 마음(teachable, learning heart)이 있어야 한다. 여기에서 안주해서는 안 되고, 더욱 자라가야 한다. 중생자여 성결한 삶을 위해 자라가기 위한 열망 해야만 한다. 성결의 은혜를 입은 자는 계속적 성장을 사모해야 한다.

Ⅶ. 성결교회와 사중복음의 역사적 고찰

사중복음(四重福音)은 「중생·성결·신유·재림」으로 하나님의 구원 과정을 핵심으로 담고 있는 성경의 근간이다. 특히 성결 복음을 동양(1901년 일본을 시작으로 1907년 한국)에 전파한 선교사는 찰스 카우만(Charles E. Cowman)이다. 그는 동양선교회(東洋宣敎會) 창시자로 19세기에 미국에서 일어난 만국성결운동(The in national Apostolic Holiness Union: 국제적인 사도적 성결연합운동)과 같은 신앙 노선인 동양선교회 선교사이다. 동양선교회(The Oriental Missionary Society)를 조직한 카우만은 1907년 한국(서울)에 동양선교회 복음전도관(OMS: Gospel Tabernacle)을 시작하였고, 1921년에는 조선예수교(耶蘇敎)동양선교회 성결교회로 명칭을 변경하였다.

역사적으로 성결교회의 사중복음은 미국 만국성결운동이 강조하고 채택한 것을 그대로 계승한 것이다. 동시에 사중복음의 역사적 유래는 미국 만국성결운동보다 한발 앞선다. 19세기 미국교회는 자유주의 신학에 크게 오염되어 있었고, 특히 미국 남북전쟁(1861-65)올 전후한 미국 사회와 교회는 혼돈상태에 빠져 있었다. 이때 하나의 큰 부흥 운동이 일어났다. 그것은 바로 일부 감리교회가 주동(主動)이 되어 일어난 성령 운동의 불길이 장로교회, 회중교회, 침례교회 등 여러 교회로 퍼져나가면서 미국의 성결-오순절 운동(Holiness-Pentecostal Movement)이 시작된 것이다. 이때 Phoebe Palmer, Asa Mahan, Martin Wells Knapp, Seth Cook Rees, A M. Hills, D. L. Moody, A J. Gorden, R. A. Torrey, A. B. Simpson, Andrew Murray 등이 영적 지도자 역할을 하였다.

18세기 요한 웨슬리는 "뜨거운 신앙을 되찾자는 운동" 으로, 이미 구원받은 신자들이 두 번째 은혜(the second blessing)를 받아야 한다는 주님이 약속하신 성령의 불세례를 강조하였다. 이 운동은 각처에서 성령의 강력한 역사를 체험하면서 사도행전 초대교회에 나타난 오순절 성령강림을 재현하는 것으로 확산되었다. 그때 성령 운동에 참여했던 신자들은 성령의 강력한 역사로 불세례 즉, 성결의 은혜를 체험하게 되어 성령의 열매와 은사를 받는 것은 물론 죄 안 짓는 성결의 삶을 체험하게 되었다.

종교개혁자들이 구원에 있어 믿음으로써 의롭다함을 얻게 된다는 의인(義認), 즉 이신득의(以信得義)를 강조하였다면, 이 성결 운동은 이신득의 이후 두 번째로 받는 은혜로 온전한 성결(entire sanctification) 또는 온전한 구원(full salvation)을 강조하게 되었다. 이것이 바로 순복음(純福音: 충만(充滿)한 복음, 전적(全的) 복음(the full Gospel)이다. 이와 같은 성령 운동으로 인한 성결 운동은 기사(奇事)와 이적(異蹟)을 동반했고, 신령한 은혜와 은사를 증거하며 신유(神癒: Divine Healing)의 복음을 강조하게 되었다. 그런가 하면, 성경이 약속하고 있는 천년왕국(千年王國)을 강조하면서 예수 그리스도 재림의 전천년왕국(前千年王國再臨: Premillennial Return of Christ)을 강조하게 되었다.

이처럼 성결-오순절 운동(Holiness · Pentecostal Movement)은 구원(중생), 성령세례(성결), 신유, 재림의 네 가지 복음을 강조하는 시발점이 되었다. 성결-오순절 운동에서 유래(由來)된 교리들은 "순복음" (The full Gospel, the whole Gospel)이라는 주제하에 신학적 해석은 다소 차이가 있지만 복음의 네 가지 국면을 강조하기에 이르렀다. 순복음 범위에 속한 교회들로는 오순절 교회들(Pentecostal Churches), 4중 복음 국제교회 (The International Church of Foursquare Gospel), 하나님의 교회(The Church of God), 선교교회(Missionary Church Associate), C.M.A. 교회(Christian and Missionary Alliance), 그리고 동양선교회(OMS) 계통의 교회 즉, 성결교단의 성결교회가 있다.

그중에서도 C.M.A.의 창설자인 심프슨(A. B. Simpson) 박사는 이 순복음(The Full Gospel)을 4중복음(The Fourfold Gospel)이라 칭하고 구원, 성결, 신유, 재림에 대해 예수 그리스도를 중심으로 강조하였다. 그가 강조한 사중복음은 예수 그리스도의 온전한 복음으로서, 1. 우리의 구주되신 그리스도(Christ Our Saviour), 2. 우리의 성결의 주(主)되신 그리스도(Christ Our Sanctifier), 3. 우리의 신유 주(主)되신 그리스도(Christ Our Healer), 4. 우리의 재림(再臨)의 주(主)되신 그리스도(Christ Our Coming Lord)를 강조하였다.

심프슨 박사는 그 자신의 생애에서 세 번째 전기를 이룬 체험을 하였다. 그는 일찍이 10개월 동안 몸부림치는 자신과의 싸움 끝에 다만 예수님을 자신의 구주로 믿고 영접함으로써 번민에서 벗어나 확실한 구원을 받았다. 바로 그것이 그의 거듭난 중생의 체험이었다. 그때 15년 동안 신실한 크리스천으로서의 삶을 살았을 때보다 더 깊은 죄에 대한 또 하나의 깊은 깨달음을 가짐으로써 온전한 성결의 은총을 체험하였다. 이는 그리스도의 내주하심으로써 성령 충만한 승리의 삶을 의미한다. 그 후 그는 육체의 건강을 잃고 일선에서 은퇴하게 되었는데 하나님은 그를 하나님 나라 확장에 큰 그릇으로 쓰시기로 하셨다. 그는 그리스도가 그의 영혼과 아울러 육체를 위해서도 완전한 구주가 되심을 환상 가운데 보게 되면서 완전하게 건강을 회복하였다. 신유의 복음을 체험한 그는 날마다 성령 충만한 능력의 종으로서 머지않아 만왕의 왕으로 이 땅에 재림하시는 그리스도를 앙망하면서 소망 중에 주의 일에 지칠 줄 모르는 활동을 계속하게 되었다.

심프슨은 구원받은 후 15년이 지난 뒤에 온전한 성결의 은총, 성령 충만의 은혜를 받았다. 그 후 8년 후에 놀라운 신유의 은혜를 체험한 후, 날마다 재림의 주를 앙망하였다. 그것이 바로 심프슨이 사중의 복음을 주장하게 된 계기이다. 그러므로 이 사중의 복음은 어떤 교리체계를 만들려고 생각한 끝에 나온 것이 아니라 심프슨이 자기의 일생에서 체험한 바가 하나님의 말씀 가운데 나타난 진리 그대로 표현된 것이다. 그것이 우리에게 즉, 성결교단에 전해진 사중복음이다.

동양선교회를 창설한 초대 선교사 카우만 부부는 1901년에 일본, 1907년에 한국에 선교할 때 바로 이 사중복음을 기치로 내세웠던 것은 하나님의 오묘하신 섭리이다. 성결 운동은 세월이 흐르면서 성령 충만에 대한 신학적 해석을 달리하며 각각 다른 교파로 갈라지게 되었다. 즉, 성령 충만으로 나타나게 되는 방언(方言)의 은사를 강조하는 오순절학파, 성령 충만의 능력(能力)을 강조하는 장로교 계통의 케직파(Keswick Movement), 그리고 내재(內在)된 죄성(罪性) 즉, 원죄로 인해 유전된 도덕적 부패성에서의 씻음인 성결, 성화를 강조하는 성결파로 나뉘게 되었다. 이 논리의 쟁점은 신자가 성령의 충만을 받으면, 능력 받아 범죄하지 않고 승리의 삶을 살 수 있다는 것을 주장한다. 성결파는 성령 충만 받으면 신자 안에 있는 육(肉: flesh)을 억압(抑壓)함으로써 가능하다는 억압설(suppression theory)을 주장하는 케직파 사이에 각각 상반된 주장을 하게 되었다.

다시 말해서 성결파에 속한 웨슬리는 온전한 성화(聖化: entire sanctification)를 강조하면서 성령 충만을 받을 시에 능력을 받을 뿐 아니라 육에서 씻음을 받음으로 모든 죄(all sin)에서의 성결이라고 주장했다. 이러한 논쟁에서 심프슨은 신자 안에 그리스도가 내재(內住: habitation)함으로써 승리의 생활을 한다고 주장하여 웨슬리의 성결파의 해석에 동조하였다.

이런 가운데 1897년에 성령 충만을 웨슬리적으로 해석하는 성결파들은 만국성결회(The International Holiness Union and Prayer League-국제성결연합 및 기도연맹)를 조직하였다. 주목해야 할 것은 한국에 성결교회를 발생케 한 동양선교회의 창설자인 카우만이 바로 이 단체에서 선교사로 안수를 받을 뿐 아니라, 재정적 후원으로 동양에 나와 선교활동을 시작하였다는 점이다.

즉, 카우만과 길보른 등 초창기 OMS 선교사들이 "The Pilgrim Holiness Church"의 회원이었다. 그 당시 만국성결회의 헌장에서 사중복음을 다음 같이 수용하게 되었다. 1. 하나님 아버지의 영광과 우리 구주 예수 그리스도와 우리를 성결케 하시는 성령을 존귀케 하기 위하여, 2. 성서적 중생과 모든 신자들이 받아야 할 성령의 불세례를 강조하며, 3. 주님의 세계복음화의 대분부에 순종하여, 이 성결의 복음을 온 세계 방방곡곡에 전파하는 목적으로 시작하면서, 그 당시의 부흥운동으로 정착되고 있었던 성결-오순절 운동(Holiness-Pentecostal Movement)에서 강조되었던 신유와 재림도 웨슬리가 강조하는 중생, 성결과 함께 적절히 주장하는 것이 참 성결 운동에 도움이 됨을 믿는다고 하였다. 이처럼 그들의 헌장에 문서화된 것은 이 운동에 가입하고 있는 영적 지도자들의 동의 서명으로 된 것이다.

만국성결회(International Apostolic Holiness Union)에 따라 조직된 동양선교회(OMS)-성결교회(일본과 한국에서) 역시 그런 입장에서 사중복음을 전도 표제로 채택하게 되었다.

Ⅷ. 성결교회의 신학적 배경

1. 신학의 구분과 개혁주의(칼빈주의) 신학과 알미니안 신학의 역사적 발전 과정

일반적으로 신학 계통을 구분할 때 로마 가톨릭 신학과 종교개혁으로 일어난 개신교 신학으로 양분한다. 다시 개신교 신학은 루터란(Lutheran), 칼빈주의(개혁주의), 알미니안(Arminian)으로 구분하는 것이 통례이다. 웨슬리는 알미니안의 신학 체계를 받아들였고, 알미니안 신학 체계에 특히 그리스도인의 완전, 온전한 성결, 성령의 확증을 바탕으로 뜨거운 부흥 운동, 선교의 열기를 불어넣는 것을 강조한다. 오늘날 우리는 이를 웨슬리인-알미니안 신학이라 말한다. 우리가 웨슬리 신학이라고 할 때 그것은 엄밀히 말해서 웨슬리안-알미니안 신학을 뜻하는 것이다.

성결교회가 웨슬리안-알미니안 신학을 바탕으로 하는 것은 그 신학 체계가 성경적으로나 논리적으로 성결 교리를 뒷받침하고 있기 때문이다. 성결교회는 또한 웨슬리가 강조하던 성결의 교시 가르침 그대로 전하려는 사명 하에 시작되었다. 웨슬리는 성결의 진리에 대해서 하나님께서 감리교도들에게 맡기신 "크나큰 위탁물(the grand depositum)" 이라 하였고, 이를 전하기 위하여 우리를 일으키셨다고 하였다.

역사적으로 고찰하면, 16세기 루터의 종교개혁주의는 어거스틴의 신학 이론에서 비롯된 칼빈주의에 의해서 받아들여졌고, 그 뒤를 이어 알미니우스(Arminius)가 칼빈의 신학 이론이 성경에 맞지 않음을 지적한 "항의자의 조항(Remonstrant Articles)" 을 발표함으로써 소위 "칼빈주의의 5개 조항(the five points of Calvinism)" 을 반박하였다.

웨슬리는 알미니우스의 신학 이론을 대부분 채택하였다. 한걸음 더 나아가 내재의 죄성에서 성령세례로 깨끗하게 됨으로써 성령 충만한 능력 있는 승리의 생애를 살피면서 전력투구하여 충만한 복음(the full Gospel)을 전했다. 이 복음은 18세기의 암혹한 영국 사회를 변화시킬 뿐만 아니라, 그 불길은 19세기에 미대륙으로 건너가 국내 선교, 외국 선교의 뜨거운 원동력이 되었다.

2. 개혁주의 신학(칼빈신학)과 웨슬리안-알미니안 신학의 차이점

종교개혁의 열쇠가 되었던 "오직 의인(義人)은 믿음으로 말미암아 살리라" (롬 1:17)는 말씀은 이신득의(以信得義)(롬 3:22, 26~28; 갈 2:16, 3:6 등) 즉, 인간이 하나님 앞에 의(義)롭게 되는 것은 그리스도를 믿음으로 되는 것이며, 행함의 공적(功績)

으로 되는 것이 아니라는 것이다. 그런데 이 성경 구절로 두 신학 체계가 갈라지게 된 사실에 주목해야 한다. 즉 개혁신학에서는 우리가 믿음으로 의(義)롭게 되고, 행(行)함으로 의(義)롭게 되는 것이 아닌 바에는 우리 인간은 이 세상에 사는 동안, 하나님이 요구하시는 그런 의(義)의 수준에 도달될 수 없다. 즉 구원은 오직 은총으로 말미암는 것이지(Sola Gratia), 의(義)로운 행위로는 불가능하다는 방향으로 치우치게 된다. 그러나 웨슬리안-알미니안 신학에서는 "오직 은총"으로 구원받는다는 진리에는 칼빈주의와 조금도 다를 것이 없다. 그런데 똑같은 이신득의(以信得義)의 진리인데, 웨슬리안-알미니안의 성경해석은 하나님께서 우리의 믿음을 보시고 우리를 의(義)롭게 하신 목적 즉, 우리를 구원하신 목적은 우리 죄인을 의(義)롭게 인정하실 뿐 아니라 실질적으로 의인(義人)을 만드신다는 점이다. 다시 말해서 의(義)롭게 된 자들이 중생(重生), 성결(聖潔)의 은혜를 받아 의(義)롭게 살아갈 수 있는 하나님의 자녀가 되게 하시는 것이 하나님의 뜻(소원)이라는 것을 강조한다.

이신득의(以信得義: Justification by Faith)는 죄인 된 인간이 구원받을 수 있는 자격조건(資格條件)을 말한 것이다. 의(義)롭다고 인정은 받았지만, 실질적으로는 의(義롭)게 살아갈 수 없다고 부정하는 것은 성경을 바로 해석하는 것이 아니다. 그렇기 때문에 성경은 어느 한 구절만 따로 해석할 때, 빗나간 해석을 하는 것을 종종 보게 된다. 아무리 하나님의 은총 아래에 있어도 하나님이 요구하시는 만큼 의(義)롭게 될 수 없다고 주장한다면, 죄를 안질 수 없다는 결론이 나올 수밖에 없다. 의롭게 되는 것은 명색(名色)·전가(轉嫁)만이 아니라 실질적으로 그리스도의 의(義)를 나누어 주시는 것이다. 성도가 의(義)롭게 살아갈 수 있는 은총을 주신다고(분여/分與) 믿을 때, 그 믿음대로 중생(重生/新生)의 은혜를 받고 더 나아가서 성결의 생애(성령충만한 생애)가 가능해지는 것이다.

웨슬리안-알미니안 신학의 입장은 이신득의(以信得義)는 계속 이신성화(以信聖化: Sanctification by Faith)로 진행되는 것이 하나님의 그 자녀들을 향한 뜻(소원)이요, 성경이 가르치는 중심사상으로 믿는 것이다. 성결의 진리를 믿고 사는 신자들은 성경의 교훈을 다음과 같이 설명하기도 한다. 즉 중생하고 성결한 신자라 할지라도 ① 죄는 절대로 지을 수 없다(범죄불가능성: 犯罪不可能性)는 것이 아니다. ② 그렇다고 죄는 안 지을 수 없다(불범죄의 불가능: 不犯罪의 不可能性)는 것도 아니다. ③ 죄를 안 짓고 살 수 있다(불범죄의 가능성: 不犯罪의 可能性). 세 가지 중에 세 번째인 것이 웨슬리안-알미니안의 입장이다. 이는 역설적 말(paradox) 같지만, 온전한 성결된 생애, 그리스도인의 완전을 바르게 설명하는 논리이다. 또한 성결교회가 종교개혁자들과 같이 "오직 은총(sola gratia)", "오직 믿음(sola fide)"을 강조하지만, 그 내용에 있어서 칼빈주의와는 달리 웨슬리안-알미니안적 해석을 하여, 하나님의 "오직 은총" 의 선물을 "오직 믿음" 으로 받아야 하는 "인간의 책임" 도 인정하는 것이다.

칼빈주의에서는 우리가 믿음으로 하나님의 구원의 "선물" 을 받는다고 하는 말에 대하여, 그렇다면 그것은 "하나님의 오직 은총" 이 못 된다고 반론을 제기하지만, "오직 믿음으로" 라는 말은 성경이 하는 말씀 그대로이다. 또 선물을 받을 만한 아무런 공로도 없는 사람이 선물을 받았을 때, 그것을 자기의 공로로 돌릴 사람이 어디 있겠는가? 모든 감사는 전적으로 선물을 준 분에게 돌려질 것이다. 하물며 하나님의 "큰 구원의 선물" 에 있어서야 더욱더 그럴 것이다. 그래서 웨슬리안-알미니안의 입장을 복음적 협동설(Evangelical Synergism)이라 하고, 칼빈주의에서 말하고 있는 신단동설(神單動說/Monergism)[310]이 아니다.

310) 또는 독력주의(獨力主義/monergism)는 개인의 구원이 성령을 통한 하나님의 역사에 오롯이 달려있다는 사상이다. 흔히 장로교, 성공회 등 개혁 교회의 불가항력적 은혜의 교리와 밀접한 관련이 있다. 또한 칼뱅주의와 아르미니우스주의 사이의 대표적인 교리적 차이가 여기서 온다. 칼뱅주의는 독력주의를 주장하는 반면, 아르미니우스주의는 개인의 노력과 하나님의 역사가 협력하여 구원을 이룬다는 협력주의를 주장한다. (Salter, Roger (2018년 2월 1일).
"THE MARTYRS' STAKE: The Ensign of Reformational Anglicanism" (영어). VirtueOnline. 2019년 6월 23일에 확인함. The code and creed of Anglicanism is richly Trinitarian(divine self-disclosure), soteriologically monergistic(grace alone), and warmly pastoral(godly care) in its approach to the people it serves within and beyond the bounds of its membership.

웨슬리의 성결론 관점에서 볼 때, 성결의 과정(過程: Process of Sanctification)은 중생(重生)으로 시작하고(Initial Sanctification), 성령 충만으로 온전한 성결(Entire Sanctification)에 이르게 되고, 예수 그리스도의 재림(再臨)으로 완결(完結)되는 것이다. 그래서 초창기의 동양선교회-성결교회는 성결을 주로 성령론적으로 설명한다. 헌장에서는 "모든 신령한 은혜와 은사 받는 것을 증거하여 받게 하는 것으로 정했다. 이상에서 우리는 성결교회가 헌장에서 성결교회의 사명을 다음과 같이 특정 있게 명시(明示)한 것을 이해할 수 있을 뿐만 아니라, 4중 복음이 성결-전도(Holiness Evangelism) 운동의 "실천적 과제" 로 성결 운동에 부합(符合)되는 전도표제(傳道標題)임을 알 수 있다.

1925년에 발행된 동양선교회-성결교회 교리(敎理) 및 조례(條例)에는 다음과 같이 명시하였다. 즉 성결교회는 요한 웨슬리가 주장하던 성결의 교리를 그대로 전하려는 사명 하에서, 본 교회는 중생, 성결, 신유, 재림의 사중복음을 힘 있게 전하여 모든 사람을 중생하게 하며, 교인들을 성결한 신앙생활로 인도하여 주의 재림의 날에 티나 주름 없이 영화로운 교회로 서게 하려는 것이다.

3. 칼빈주의의 강령과 알미니안의 5개 조항

칼빈주의 5대 강령(Five Points of Calvivism)

1. 전적 타락(부패) (Total depravity)
   - 이로써 인간은 그 자신의 구원을 위하여는 아무것도 할 수 없는 존재이다.
2. 무조건 선택 또는 이중 예정 (Unconditional election, or Double predestination)
   - 이로써 각 사람은 영원한 생명 또는 영원한 멸망으로 선택(예정) 되었다.
3. 제한된 속죄 (Limited atonement)
   - 영생으로 선택된 자들만의 구원을 예비하신 것이다.
4. 항거할 수 없는 은총 또는 효과적 부르심 (Irresistible grace or effectual calling)
   - 이로써 선택된 자들이 구원받게 된다는 것은 절대적으로 확실한 것이다.
5. 궁극적 구원 또는 무조건 구원 보장(Perseverance, or Unconditional security)
   - 이로써 한 번 그리스도를 믿은 사람은 영원토록 떨어지지 않고 보전(保全)될 것은 무조건으로 확실하다.

알미니안의 5개 조항(Five Articles of Aminianism/Remonstrant Articles)

-

1. 하나님은 그가 예견(豫見-豫知)하신 대로 믿음 안에서 예수 그리스도를 믿고, 그 믿음을 끝까지 지속하는 자에게 구원을 주시기를 정하셨다. 그는 또한 끝까지 불신앙을 고집하는 자에게 영원한 형벌을 주시는 것이다.

2. 예수 그리스도는 그의 고난 받으심과 죽으심으로써 모든 사람을 위한 속(贖)함이 되셨으나, 오직 그를 믿는 자들만이 이같이 예비된 구원에 참여하게 된다.

3. 인간은 본성(本性/in nature)으로 부패(타락)되었으므로, 그는 자신의 의지로 자신을 구원할 능력이 없다. 그런고로 그는 믿고 구원받을 수 있게 되기에 앞서 하나님의 은총을 받아야 한다(은총의 예비적 상태/선행적 은총: 先行的恩寵).

4. 인간 속에 선(善)이라고 일컬어질 수 있는 모든 것은 하나님의 은총으로 말미암아 오는 것이다. 이 은총은 인간 자신의 성향(性向)에 상반(相反)되게 행동하도록 그를 강요(强要)하지 않으며, 저항(抵抗)을 받고 끝내 거절될 수도 있다.

5. 신자(信者)로서 그리스도와 연합(聯合)된 자들은 그들이 직면하게 될 모든 시험(유혹)을 견디어내도록 풍성한 은총과 능력을 받을 수 있다. 그러나 그 같은 은혜와 능력을 소홀히 함으로써 은혜에서 떨어져 결국 멸망 받을 수도 있다.

구원의 사중국면(四重局面)

The Four-fold Aspect of Salvation

-구원의 시작에서 완성까지-

Salvation : Its Beginning to the Completion

초판 인쇄 2024년 5월 20일
초판 발행 2024년 5월 20일
저　　자 손택구
편　　집 김상인
발　　행 예수교대한성결교회 총회 (만남과 치유)

주　　소 서울특별시 송파구 위례성대로 12길 34 2층
저자 E-Mail : counseling@anver.com
연 락 처 : 0502-847-3024

정가 15,000원

ISBN 979-11-966283-4-5